Golf Gaga

Eugen Pletsch

Golf Gaga
Der Fluch der weißen Kugel

KOSMOS

Inhalt

Der Fluch der weißen Kugel	7
Der Scoreflüsterer	13
Persimmon-Diary	19
Von der Unendlichkeit der Zeit	29
Dagobert Seicht	32
Die 23	38
Die Nacht vorm Turnier	45
Am Rande des Wahnsinns	50
Die Lesung	62
Drei Männer im Boot	72
Der alte Brinkmann	89
In der Klapse	91
Der Ficus	93
Frau Dr. Zeisig	100
Eine kleine Runde	104
Die Mitgliederversammlung	107
Besuch von Janzen	115
Drei Bekloppte im Nebel	123
Zwei Driver	129
Die Reise nach Bad Berzich	134
Bad Berzich	139
Aufnahmegespräch	142
Der erste Tag	146
Biographisches	147
Mittagsschläfchen	153
Limburger-Rap	155

Buchkonzepte	158
Die Welt kippt	160
Der Turm	165
Wochenende	168
Ho Lin Wan	173
Tommy Armour	178
Unter der Zirkuskuppel	182
Heilendes Wasser	186
Selbstverantwortung	188
Golfsucht	199
Coaching	206
Grötschmann	210
Gruppensitzung	213
Trommelsession	226
Geführte Meditation	227
Der Vortrag	234
Am Kamin	241
Coming-Out	246
Mit Heinz im Turm	251
Wochenendfahrt	253
Hogans Geheimnis	257
Das Mädchen	263
Danksagung	270
Empfehlungen	271
Literaturverzeichnis	272

Der Fluch der weißen Kugel

*»Ich sah die besten Köpfe meiner Generation,
von Golfwahn zerstört, hungrig, von Ehrgeiz zerfressen,
im Morgengrauen über neblige Fairways irrend,
auf der Suche nach dem perfekten Schwung,
Golfsüchtige mit verbrannten Köpfen,
hohläugig, verzweifelt, getrieben, Stablefordpunkte jagend,
die alles verloren, sich nicht mehr besinnen,
das Haupt dem Himmel entblößen,
perlender Angstschweiß, die Hände zitternd, vom Wahnsinn gezeichnet,
rechts Aus, links Wasser, grausam und lüstern, Hook und Slice,
die beiden Dämonen höllischer Tragödien ...«*

Es war der Tag, an dem ich versuchte, Allen Ginsbergs großes Sucht-Epos »Das Geheul« ins Golferische zu übersetzen, als ein leises »Ping« die Ankunft elektronischer Post meldete.

Mein Verlangen, die Dämonen des Golfsports lyrisch zu bannen, wurde schließlich von meiner Neugier besiegt. Also öffnete ich die Mail und las zu meinem größten Erstaunen eine Anfrage meines Verlages: Ob ich mir vorstellen könnte, ein zweites Golfbuch konzeptionell anzudenken. Etwas Modernes vielleicht – mein humoristischer Golfratgeber würde sich überraschend gut verkaufen.

Ob ich mir vorstellen könnte, ein zweites Golfbuch konzeptionell anzudenken? Ich hatte immer geglaubt, dass in meinem ersten Buch alles beschrieben sei, was man über den Golfsport wissen muss. Oder sagen wir besser: was ich darüber weiß. Sollte es wirklich noch mehr geben? Ich grübelte vor mich hin, während ich auf meine Ode starrte.

»Ich sah die besten Köpfe meiner Generation, von Golfwahn zerstört, hungrig, von Ehrgeiz zerfressen ...«

Warum keine Golfgedichte? Ellenlange, tragische Heldengesänge, die von Abenteuer, Ruhm und Schmach künden, ein großes lyrisches Werk, Wagners Götterdämmerung in St. Andrews ... aber wäre das modern?

Dann fiel mir ein, dass ich schon immer einen Golf-Science-Fiction schreiben wollte. Genau! So würde ich anfangen:

»*Auf dem 18. Grün tanzten drei betrunkene, halbnackte Frauen zu dem grauenhaften Dumpfbackenpop, der vom Clubhaus herüberdröhnte. Sie hatten ihre Pumps auszogen, um die Grüns zu schonen, warfen die Arme in die Luft, bewegten ihre steifen Hüften hin und her und bildeten sich ein, wild und ekstatisch die unvergessliche Nacht ihres Lebens zu feiern. Keine der Frauen bemerkte das golfballgroße UFO, das hinter ihnen in dem Teich verschwand, in dem bereits Tausende von golfballgroßen UFOS gelandet waren. Die Invasion stand bevor und das Einzige, was die Menschen vor den Aliens schützte, war dieser grauenhafte Dumpfbackenpop.*«

Ob das die richtigen Sätze wären, ein Golfbuch zu beginnen, fragte ich beim Redakteur an. Das wäre doch eine klare Positionierung zu dem, was ich von dröhnenden Golfclub-Partys und betrunkenen Frauen halte. Der Verlag antwortete, ich möge in meinem zweiten Erstlingswerk etwas Milde walten lassen. Die Zielgruppe lesender Golfer sei zu klein um Frauen, gesellige Golfer und Außerirdische gleich im ersten Satz auszugrenzen.

Die Zielgruppe lesender Golfer! Wenn ich das schon höre. Ein Golfer liest nicht, er spielt Golf. Wenn er ein Buch hat, dann, um etwas nachzuschlagen, was sein Spiel verbessern könnte. Aber dass ein Golfer irgendwelche Geschichten lesen will, ist reine Spekulation. Vielleicht sollte ich ein Buch schreiben, dass auch dem Nichtgolfer Wohl, Wehe und Wahn des Golfsports erschließt. Nichtgolfer sind eine viel größere Zielgruppe und damit würde sich die Auflage um ein Vielfaches erhöhen.

Ich schrieb meinem zuständigen Redakteur, dass ich ein Anti-Golfbuch konzipieren würde, in dem die Schrecken dieser Leidenschaft so beschrieben wären, dass auch dem jungen, von Horrorfilmen abgestumpften Menschen schlecht wird und Frauen zum Golfplatz rasen, um ihre Männer zu retten. Arbeitstitel: »Der Fluch der weißen Kugel«. »Leidenschaft« sei auch so ein Stichwort. Das letzte große Tabu: Haben Golfer wirklich keinen Sex? Hat überhaupt noch irgendwer Sex? Eine großangelegte Studie zum Thema »Haben Sie noch Sex oder spielen Sie schon Golf?« würde darüber Aufschluss geben.

An der Uni machte ich einen Aushang im Fachbereich Soziologie. Dummerweise gab ich meine Adresse an. Es hagelte Beschimpfungen. Eine Studentin schrieb mir, dass sie als politisch motivierte Vegetarierin lieber Robben schlachten würde, als ihre Zeit so einem unappetitlichen

Thema zu widmen. Als studentische Aushilfskraft im regionalen Golfclub leidgeprüft, wäre sie gerne bereit, diesen alten Ferkeln, die sie täglich auf der Clubhausterrasse mit den Augen auszögen, per Knopfdruck einen letzten elektrischen Impuls ins Gemächt zu jagen. Dummdreiste Vollidioten, die sie anmachen und sogar antatschen würden, während sie sich für unwiderstehlich hielten mit dem dritten Netto im Arm und fünf Weizenbier im Kopf. Es bräuchte nur einen Tag aus der Perspektive einer Bedienung, um zu sehen, dass diese morbiden Auswüchse einer fehlgeleiteten Libido keiner weiteren Untersuchung bedürften. Was da noch zucke, sei krank, und die einzige wirksame Maßnahme, die sie nach Rücksprache mit einer Kollegin von der medizinischen Fakultät, die ähnliche Erfahrungen gemacht habe, empfehlen könne, sei die Amputation.

Ich merkte an den Reaktionen, dass ich ein echtes Tabu angefasst hatte. *Lust im Alter!* So appetitlich, wie wenn sich Helge Schneider bei »Wetten, dass ...?« die Fußnägel schneiden würde. Bei meinen Recherchen wurde mir bewusst, dass ich mir vor wenigen Jahren auch nicht hätte vorstellen können, dass man jenseits der 50 noch irgendwelche erotischen Ambitionen haben könnte. Echte Liebe oder eheliche Symbiose – na klar. Wenn eine Beziehung einen golfenden Partner aushält, dann muss die Liebe echt sein. Aber Eros im Alter? Und dazu noch in Verbindung mit Golf? So unwahrscheinlich wie geschmacklos. Als ich meinen Fünfzigsten ausgenüchtert hatte, war ich bereits lange genug im Golfsport aktiv, um alle anderen Aktivitäten mit desillusionierter Langeweile zu betrachten.

Aber jetzt erschien es mir als ein Thema von brisanter Sprengkraft. Ich schrieb ein Konzept für eine Umfrage in allen regionalen Bordellen und Eheinstituten, um diese beiden Antipoden über Golfers Lust und Leid auszufragen. Auf meine Bitte um Spesenerstattung antwortete der Redakteur, er fände das Konzept in Ordnung. »Machen Sie nur«, schrieb er, »aber vergessen Sie bei Ihrer Studie nicht, dass wir ein großes Sortiment Jagdliteratur haben. Jäger haben vermutlich ähnliche Probleme wie Golfer. Und wenn bei Ihren soziologischen Studien noch eine Jagdgeschichte herauskäme, würde uns das helfen.«

Er schloss damit, dass Spesen leider nicht gezahlt werden könnten.

»Golf ist Jagd«, schrieb ich zurück. »Unendlich grausam, ein Kampf jeder gegen jeden und gegen sich selbst. Selbstzerfleischender Kannibalismus bei Kaiserwetter in herrlicher Natur.«

Kannibalismus bei Kaiserwetter! Das klänge sehr vielversprechend, antwortete der Redakteur, der vom Thema Alterserotik persönlich nicht überzeugt war. Die Rechte für bezaubernde Naturbilder und Originalaufnahmen vom Festschmaus einer Gruppe Kannibalen habe der Verlag kürzlich gekauft. Die Illustrationen würden also kein Problem darstellen. Irgendetwas mit Alligatoren wäre auch schön. Da gäbe es einen Trend! Also verschwand die Golferotik in der Schublade und ich änderte den Arbeitstitel in »Ein Golfer auf Krokodiljagd«.

Dabei blieb es für eine Weile. Die Zeit verging und der Sommer war zu schön, um zu schreiben. Ich spielte fast täglich Golf, um Krokodile aufzuspüren – fand aber keine. Nach einigen Wochen, in denen ich den Ball sehr gut traf und auch die Putts fielen, kam ich auch von dem Gedanken ab, den Golfsport zu verteufeln oder als Zeitvertreib für juvenile Perverse niederzumachen. Golf ist doch eigentlich eine schöne Sache, solange man es nicht übertreibt, dachte ich. Frische Luft, Bewegung, Ruhe. Außerdem erschreckte mich der Gedanke, dass einige Männer nach der Lektüre über die tödlichen Schrecken des Golfsports auf die Idee kommen könnten, für ihre Frauen Golfstunden zu buchen, um sie auf diese grausame Weise zu entsorgen. Das durfte nicht geschehen. Also schrieb ich dem Verlag, dass ich das Konzept geändert hätte und ein paar lustige Geschichten und Erinnerungen aufschreiben würde. In Form eines anarchistischen Golfromans gedachte ich, die üblichen Themen wie Steuerhinterziehung, Kapitalflucht, Alkoholsucht, Drogenmissbrauch, sexuelle Exzesse beim Sommerball, sowie einige regionale Skandale im Spannungsfeld zwischen Politikfilz und Pornografie aufzuarbeiten. Eine zeitkritische Posse. Namen würden genannt, aber niemand erschossen werden. Solange es kein Krimi sei, schrieb der Redakteur zurück, wäre das schon in Ordnung. Ein Kriminalroman würde nämlich nicht ins Verlagsprogramm passen. Diese Antwort machte mich langsam misstrauisch. Nehmen die wirklich alles, außer Krimis? Ich schrieb zurück, dass die Posse auf Eis läge, da ich mittlerweile in einem Polit-Thriller feststecken würde. Die Eröffnungsszene beschriebe die legendäre Golfrunde zwischen Che Guevara und Fidel Castro, ein Lochspiel, bei dem der Verlierer die Revolution in Südamerika verbreiten müsse. Im zweiten Kapitel würde ich die golfspielenden Größen des amerikanischen Showbusiness beschreiben und dann die großen Kriminellen der amerikanischen Geschichte, inklusive aller golfenden Präsidenten. Danach würde ich mich ausführlich mit internationalen Golfgrößen aus Politik, Wirtschaft und Kultur befassen. Meine These: Golf sei der gemeinsame Nenner einer planetaren Verschwörung. Die Schrecken der Globalisierung, das Ozonloch, den ganzen globalen Holocaust verdankten wir einer geheimen Bruderschaft von Golfern, die unsere liebe Mutter Erde wie Heuschrecken leer fräßen. Meine schrecklichste Vermutung: Die Außerirdischen seien längst gelandet und zwar die übelste Sorte! In jedem Land, in dem sie einfielen, legten sie zur Tarnung grüne Feuchtwiesen mit gelben Sandlöchern an. Wo immer Golfbälle lägen, ließen sie ihre kleinen, weißen Eier fallen, weil sie zwischen den Golfbällen ideal getarnt seien. Manche Eier legten sie in den Sand, wo sie ausgebrütet würden, andere in die Wasserlöcher, wo die Eier feucht blieben. Diese Golfheuschrecken würden sich immer weiter ausbreiten, bis das Land und die Menschen rundherum ausgelaugt und vergiftet seien. Mein Buch würde damit enden, dass ich – erstmalig im Westen – die Ideologie arabischer Freiheitskämpfer auf verständliche und sympathische Weise vorstellen würde. Eine kleine Anleitung zum Bombenbau, um Plünderheuschrecken aus ihren Sandlöchern zu vertreiben und um die Menschheit zu retten, sei am Ende des Buches gedacht. Der Redakteur schrieb zurück, dass ihm manches auf der Welt nie eingeleuchtet habe, zum Beispiel die Staus in Stuttgart oder die tägliche Verspätung bei der Bundesbahn. Meine Vermutung, dass Außerirdische hinter allem stecken würden, habe Sinn. Das ganze Konzept, auch mit dem Bombenbau, sei großartig, da seinem Verlag mit dem berühmten Chemiebaukasten ein praktisches und preiswertes Produkt zum Crossmarketing zur Verfügung stünde. Sein Haus zeige Interesse, sofern auch eine Geschichte für Angler dabei sei, denn der Verlag sei seit jeher als Spezialanbieter von Angelbüchern eingeführt. Etwas aus der Astronomie, seinem Fachgebiet, würde er persönlich auch sehr begrüßen.

Na prima! Ich schrieb zurück, dass Golfer, besonders die mit latenter Prostatitis, nach jedem Weizenbier auszutreten pflegten, was sich an der Eiche hinter dem Parkplatz genussvoller ausleben lasse als in der Reihe auf der Herrentoilette, wo sich das Weizenbier nur als nervöses Rinnsal äußert. Draußen an der Eiche, da schaue der Golfer zu den Sternen auf. Manchmal sähe er einen Meteor, der mit einem herrlichen, unendlich zarten Draw am Firmament entlangstreift und verlischt. Dank der Sternschnuppe habe der Golfer einen Wunsch frei und deshalb wünsche er sich, auch so einen schönen, hohen Draw schlagen zu können. So kämen Himmel und Erde zusammen, wie Laotse sagt. Darüber könnte ich schreiben, sowie ich meine Kurzanleitung zum Atombombenbau fertiggestellt hätte. »Au ja«, war die begeisterte Antwort, »hinauf zu den Sternen!«

Aber ich schrieb nichts mehr. Ich spielte nur noch Golf. Jeden Tag. Irgendwann, ich stand am ersten Abschlag und brütete über meinem Ball, sah ich einen gelben Hasen namens Erwin, mit rosa Streifen an den Ohren. Erwin erzählte mir, er käme von da draußen, wo die Sternlein funkeln und der Mond so voll ist wie eine Clubmannschaft auf Mallorca. Seine rosa Streifen auf den Ohren blinkten fröhlich. Dann sah ich vor meinem inneren Auge eine große, rote Kugel. Die Welt blieb stehen, die Zeit hielt an und im Universum war kein Laut mehr zu hören. Es war aber keine Erleuchtung, eher das Gegenteil. Mir wurde bewusst: Ich war vollkommen GOLFGAGA geworden.

Der Scoreflüsterer

Golfschamanen, wie mein Freund Manni Mulligan, können dissonant schwingende Driver auf einer feinstofflichen Quantenebene harmonisieren, indem sie mit der Schwanzfeder eines Erpels[1] am Schaft entlangstreichen, um die Atome neu zu ordnen.

Auch ich übte mich darin, wie man Golfschläger entstören und energetisch aufladen kann. Mit dieser Energiearbeit hatte ich gewisse Erfolge in meinem Bekanntenkreis esoterisch ambitionierter Golfer. Irgendwann begann ich, meinen Mitspielern *aus dem Schwung zu lesen*. Wie bekannt sein dürfte, führt der Golfschwung durch alle Tierkreiszeichen. Nach kurzer Zeit konnte ich ziemlich exakte Prognosen über Ehe, Beruf, Geld und Erfolg geben. Immer öfter wurde ich von Mentaltrainern und Journalisten angeschrieben, die sich über meine Arbeit informieren wollten.

In jenem Sommer litten die Golfplätze unter grässlicher Dürre. Alle stöhnten über Hitze und Trockenheit. Die Fairways glichen einer Mondlandschaft, die OPEN wurde in Badehosen gespielt, die Hitze war mörderisch.

Es war ein heißer Tag im Juno, als ich mich mit einem Psychologen traf, der sich auch als Journalist einen Namen gemacht hatte. Bezüglich geistiger Aussetzer beim Golfspiel sei ich ihm als Experte empfohlen worden. Ich vermied, ihn darauf hinzuweisen, dass meine Kenntnisse der Materie komplett auf der Patientenseite gesammelt waren. Doch wenn man mich so sieht – weißes Polohemd, gebügelte Hosen, graue Schläfen, dicke Brille –, nimmt man mir sofort den Therapeuten ab.

Wegen der glühenden Hitze saßen wir zurückgezogen im schattigen Clubrestaurant. Auf dem Tisch stand ein Eiskübel mit dunkelblauen Wasserflaschen. Wie es so meine Art ist, hielt ich mich nicht mit langen Vorreden auf, sondern begann sofort, meinen Lebenslauf ausführlich zu schildern, wobei ich die karmischen und vorgeburtlichen Aspekte nicht aussparte. Nach etwa zwei Stunden in der mittleren Phase meines Lebens angekommen, begann ich, meine Laufbahn als Golfer auszubreiten. Es war drinnen wie draußen unerträglich heiß. Wir tranken liter-

---

[1] Siehe Eugen Pletsch: »Der Weg der weißen Kugel«, S. 179f.

weise Wasser. Hin und wieder bestellte sich mein Gast einen Espresso, vermutlich um wach zu bleiben. Nach vier Stunden kam ich auf mein Lieblingsthema zu sprechen: die mentalen Fragen des Golfsports. Mittlerweile ziemlich erschöpft, wollte er etwas Konkretes über meine Arbeitsweise wissen. Ob ich ihm Beispiele nennen könne.

»Nun«, begann ich gewichtig, »man nennt mich hier den *Scoreflüsterer*! Ich arbeite meist mit Patienten, die das ›Paralysis-by-analysis-Syndrom‹ haben«. Klang schon mal gut. Er nickte.

»Diese Golfer leben in einem komatösen Schockzustand, in dem sich verschiedene Schwunggedanken und depressive Erinnerungen in einer mentalen Endlosspule repetieren. Solche Leute müssen ständig an ihrem Driver rumfingern, ihren Rückschwung einleiten und dabei die Ebene korrigieren, selbst wenn sie gerade in einem Restaurant beim Essen sitzen.« Wie ich denn konkret arbeiten würde, wollte mein Besucher wissen.

»Vocal-Musak«, sagte ich. »Eine geheime Tradition alter Golfmeister. Eine endlose Folge von Lauten, die in eine Trance führen. Dabei ist der Patient hellwach.« Jetzt war auch der Psycho-Journalist wieder hellwach und rückte seinen Sessel näher. Er hatte seine Story. Er roch die Fährte. Sein rotes Gesicht leuchtete vor Hitze und Aufregung. Schamanengesänge in der Mongolei, fragmentale Chibibo-Strukturen am Amazonas, Trancen in der Hopi-Kiwa – alles schon gehabt, aber Vocal-Musak als Golftherapie, davon hatte er noch nicht gehört.

»Mit solchen Leuten beginne ich eine leichte Unterhaltung«, fuhr ich fort. »Ich lulle sie ein. Ich dämpfe ihre Gedanken in einem Wattepolster von Worten, kurz gesagt: Ich höre mir keine Probleme an, denn Probleme habe ich selbst genug. Ich schwalle die Leute zu. Wenn meine Patienten dann im Wabbelpudding meiner Wortsülze feststecken, beginnen meine Gedanken ihre Gedanken zu überlagern. Ich beschäftige ihren Geist derart, dass sie erstens nicht merken, dass sie Golf spielen und zweitens keinen Platz mehr für eigene dumme Gedanken haben.«

Der Journalist schaute mich neugierig an. »Aber das können Sie doch nicht auf der Runde bringen?«

»Warum nicht«, sagte ich. »Der Patient merkt es nicht. Es ist wie eine Hypnose. Nach wenigen Worten weiß er nicht mehr, was ich mit ihm rede. Er spielt nur noch sein bestes Golf.«

Jetzt war er verunsichert.

»Hören Sie«, sagte ich. »Ich bin dafür bekannt, dass ich auf der Runde wenig rede, am Abschlag schon gar nicht. Ich spiele seit 20 Jahren. Ein Gentlemen-Golfer von altem Schrot und Korn. Vielleicht ein kurzes, trockenes Knurren, falls jemand den Ball gut getroffen hat. Wenn mein Partner am 8. Loch ein Ass spielt, nicke ich knapp, und wenn jemand am 16. Loch zum Eagle einputtet, ist gerade mal ein ›Nice putt‹ angemessen. Am Ende der Runde schaue ich meinem Mitspieler in die Augen, sage ›Danke für die Runde‹, und jeder geht seiner Wege. So wird Golf gespielt.«

Ich richtete mich auf, winkte dem Butler und rückte mein Monokel zurecht: »Meine Patienten denken, ich hätte kaum mit ihnen gesprochen. In Wirklichkeit aber, habe ich ihren Gedankenkreislauf zum Stillstand gebracht.«

Der Journalist nippte an seinem Espresso. Er sah nicht wirklich überzeugt aus.

»Na gut«, sagte ich. »Ein Beispiel: Sehen Sie den Burschen dort drüben am ersten Abschlag? Ein armer Hund mit einstelligem Handicap, der für Wochen keinen Ball traf. Seine Welt brach alle zehn Minuten zusammen. Sein Kopf war voll von Notprogrammen: Schwunggedanken haben, keine Schwunggedanken haben, dazwischen an Sex denken (ist noch jung), an das nächste Turnier denken, daran denken, dass sein Ball auf der Driving Range 280 Meter bergauf fliegt, aber vom Abschlag direkt ins Nirwana geht und so weiter. Schauen Sie wie er jetzt lächelt. Wie er mit seinem Schläger spricht. Der ist geheilt.

Ich werde Ihnen mal erzählen, wie das ablief: Er stand kürzlich am ersten Tee und war so richtig schön daneben, als ich mit einem neuen Driver im Bag dazukam. Er wusste nicht mal, dass er eine Therapiesitzung mit mir hatte ...

›Okay für dich, wenn ich meinen neuen Driver spiele?‹

›Klar, warum nicht?‹, sagte er mürrisch und nickte.

Was sollte er auch sonst sagen. Ihm war egal, womit sich andere Leute quälen. Dass ich mitging, war ihm eigentlich ganz recht, weil er gerade am Rad drehte und Ablenkung brauchte. Nachdem er seinen Ball den Hügel hinauf kurz vor das Grün des Par 4 genagelt und ich den kleinen Bachlauf hinter dem Damenabschlag mit Bravour genommen hatte, sagte er:

›Der neue Titleist?‹

›Yep!‹

War seine Frage der Versuch, mir, dem als Schweiger bekannten Spieler, mitzuteilen, dass ihm eine kleine Konversation durchaus recht wäre? Eine kleine Ablenkung, ein wenig Kurzweil, die sich zwischen seine Gedankenfetzen von Wahnsinn, Trübsal und unendlichem Weh schieben könnte. Ich verstand das sofort.

›Dieser Driver ...‹, begann ich und dann erzählte ich ihm, dass ich alle Driver von Titleist seit dem D-Modell hatte. Die nächsten hundert Meter kommentierte ich die Testergebnisse, verglich die Schäfte und kam dann auf die klassische Tropfenform zu sprechen. Nach einem kleinen Vortrag über die Lackierung spürte ich, dass er bereits vollkommen abgeschaltet hatte. Ich erzählte ihm von all meinen Golfschlägern, die bei mir zu Hause als Familiengruppen zusammenstehen, liebevoll in verschiedenen Bags sortiert. Das interessierte ihn, da er an der Uni mal Psychologie belegt hatte und das eine seiner Kernkompetenzen gewesen war (er arbeitet jetzt im Personalbereich).

Wir hatten längst unseren zweiten Schlag gemacht. Sein Ball lag am Stock. Er lochte gedankenlos zum Birdie ein, während ich ihm beschrieb, wie ich meine Schlägersets zusammenstelle. Natürlich die Loftkomposition, ist klar. Dann ist da der Schaft. Für einige Zeit habe ich die Schläger eines Sets nicht mehr nach dem Kickpoint der Schäfte zusammengestellt, sondern danach, ob die Schäfte farblich zur Tasche passen beziehungsweise untereinander vom Design her harmonieren.

›Interessant‹, meinte er am nächsten Tee und zog sein Eisen 5 durch den Ball, der ohnmächtig auf das Grün des Par 3 fiel.

Ich holte mein 19-Grad-Fairwayholz heraus und verpasste das Grün nur kurz.

›Tja, und dann bin ich darauf gekommen, mit meinen Schlägersets vor Turnieren Familienaufstellung zu machen. Ich entwerfe zu Hause Spielsituationen und visualisiere Lösungen. Dann frage ich die Schläger, wer sich einer solchen Situation gewachsen fühlt. Ich erspüre intuitiv die Antworten und stelle die Schläger dann gegenüber. Was immer die sich zu sagen haben – ich mache einen kinesiologischen Muskeltest und der Schläger, bei dem mein Arm fest bleibt, darf mit auf die Runde.‹

›Du redest mit deinen Schlägern?‹

Sein Birdie am zweiten Loch hatte er gar nicht bemerkt, sein Drive an der dritten Bahn schoss auf der Tigerline[2] carry hinter die Bunker rechts, so dass er noch ein Wedge ins Grün hatte. Ich versuchte auf der linken Seite der Bahn zu bleiben, spielte aber einen fürchterlichen Slice, so dass wir gemeinsam weitergehen konnten.

›Klar rede ich mit meinen Schlägern. Du nicht?‹

›Bisher nicht.‹

›Solltest du mal tun. Ich habe früher nur Ärger mit meinen Bällen gehabt und war immer am Streit schlichten. Dann fing ich an, mit den Schlägern zu reden, damit die sich um die Bälle kümmern. Heute ist das für mich ganz normal.‹

Wir fanden meinen Ball, ich hackte mich voran.

›Ich habe viele Schläger. Generationen. Eine große Familie. Ist doch klar, dass man dann auch Familienaufstellung macht. Zum Beispiel, wenn es eine Trennung gibt.‹

›Trennung?‹

Sein Pitch lag wieder am Stock, rollte dann aber durch den Backspin fast drei Meter vom Loch weg.

›Klar. Scheidung tut weh, auch einem Putter. Besonders, wenn man dann weiterhin zusammen unter einem Dach lebt. Früher habe ich Schläger verkauft, wenn ich sie nicht mehr spielen wollte. Heute bringe ich das nicht mehr fertig. Auch wenn es Ärger mit Alex gibt.‹

Ich puttete zum Doppelbogey und er lochte gedankenlos zum dritten Birdie.

›Wer ist Alex?‹

›Meine Partnerin. Alex Mitchell. Ein Persimmon[3]-Holz 4. Hab ich aus Schottland mitgebracht. Wir leben seit fast zehn Jahren zusammen. Ich hab sie immer nur wegen ihrer Schönheit angestarrt und manchmal gestreichelt, aber jetzt hat es geknallt zwischen uns. Jetzt sind wir ein Paar.‹

Die vierte Bahn war ein Par 5 bergab. Auf der linken Seite lag der Wald sowie die Ausgrenze. Gute Spieler fürchten dieses Loch, weil sie hier Gas geben können, aber mit der Gefahr, den ersten Ball, manchmal

---

2 Den direkten Weg über ein Hindernis oder einen Wald nennt man Tigerline.
3 Hartholzschlägerkopf, nur noch von Liebhabern gespielt. Die Mehrheit der Golfer spielt das *Metal Wood* mit einem Metallschlägerkopf aus Titan oder Stahl.

auch den zweiten Ball, in den Wald zu hooken. Das Angstloch meines Freundes.

›Geknallt, Paar ...‹ Er holte tief Luft. ›Und, ähh, wie ist das, mit einem Holz 4 zusammenzuleben? Ich meine, mal im Ernst: Das ist schon etwas ungewöhnlich, oder?‹

Sein Drive war der feinste Draw, den ich in meinem Leben gesehen hatte, sagen wir, außerhalb der European Tour. Ich zuckte die Schultern.

›Was ist heute schon ungewöhnlich. Ein Mann und ein Holz 4. Was soll's. Wie gesagt: wir haben schon zehn Jahre zusammengelebt, eine große Familie. Natürlich gab es erst mal Szenen, Dramen, Geheul. Früher hatte ich ständig neue Putter im Bett, aber das ist jetzt natürlich vorbei. Ich weiß, dass Alex das nicht mag, also lasse ich es. Ich bin ihr treu. Sie ist jetzt der einzige Schläger in meinem Schlafzimmer.‹

Mein dritter Schlag hoppelte links an den Grünrand. Wir näherten uns seinem Ball, der kurz vor dem Fairwaybunker lag. Das müssen gut und gerne 350 Meter gewesen sein. Wie gesagt bergab, aber immerhin.

›Und wo ist Alex?‹ Er deutete auf das 19-Grad-Metallholz in meinem Bag und lächelte süffisant. ›Heute doch mal fremdgehen?‹

›Nein, natürlich nicht, sag mal, also wirklich. Alex darf in ihrem Zustand nicht spielen.‹

›In ihrem Zustand?‹

›Ja, sie ist schwanger. Der Arzt sagte nach dem Ultraschall, wir bekommen einen kleinen Persimmon-Putter!‹

Jetzt sagte er nichts mehr. Er ging zu seinem Ball und lochte zum Eagle ein. ›Dein Holz 4 ist schwanger. Das soll ich dir glauben?‹

›Nein‹, sagte ich. ›Ich hab' nur Spaß gemacht. Alex kann keine Kinder mehr kriegen. Sie ist zu alt. Übrigens‹, ich schnippte vor seinen Augen mit den Fingern. ›Weißt du eigentlich, dass du jetzt nach vier Loch fünf unter Par liegst?‹«

Der bekannte Mentalcoach und Journalist schwieg eine Weile.

»Fünf unter nach vier Loch? Interessante Methode, mit der Sie da arbeiten.«

Er sann einen Moment nach, beugte sich dann zu mir vor, nahe an mein Ohr.

»Ich bin ein Slicer«, flüsterte er. In seinen Augen spiegelten sich

Hoffnungslosigkeit und Scham. Er lehnte seinen Kopf an meine Schulter und begann leise zu wimmern.

»Ich bin ein Slicer«, wiederholte er, jetzt lauter schluchzend.

»Ich weiß«, sagte ich mit meiner wärmsten Stimme. »Ich wusste es vom ersten Moment an als ich Sie sah. Aber alles wird wieder gut.«

Er nickte tapfer und wischte sich die Tränen ab.

»Und«, fragte ich, »noch was? Sie haben ihren Putter und ihr Wedge sehr, sehr lieb?« Er nickte.

»Und ihre Frau?«

»Ist weg.«

»Hmmm«, dachte ich, »das wird wieder ein langer Abend.«

Etbin, der Kellner, kam auf Zehenspitzen und brachte eine Rolle »Wisch und Weg«. Er kannte diese Sitzungen.

Persimmon-Diary

Schon seit Tagen war ich absolut schlecht gelaunt. Mann, was hatte ich eine miese Laune. Es war einfach zu heiß, um zu spielen. Wenn ich morgens aufstand, um einen kurzen Blick aus dem Fenster auf diese grelle Sonne zu werfen, war schon wieder alles gelaufen.

An jenem Morgen holte ich auch noch dummerweise die Post hoch. Ein Spaßvogel schrieb mir, dass er über mein Buch überhaupt nicht lachen könne. Ein bisschen schmunzeln vielleicht, aber richtig lachen – Fehlanzeige. Über mein Buch nicht und auch sonst nicht. Na und? Was glaubt er denn, wie es mir geht? Ich bin angeblich *humoristischer Golfautor*. Dabei ist »Golf und Humor« in einem Atemzug gesagt ein Widerspruch in sich. Wie alle Humoristen, Satiriker und Asthmatiker bin auch ich eine miesepetrige Natur. Morgens grantelig, mittags muffig und abends schlecht gelaunt. Was ich vollkommen in Ordnung finde. Warum sollte man anders sein? Gibt es irgendeinen Grund zur Freude? Ein Birdie spielen vielleicht? Pah. Prompt folgt mit ewiger himmlischer Gesetzmäßigkeit ein Triplebogey. Soll ich mich freuen, wenn ich 38 Stablefordpunkte spiele? Damit so ein kahlköpfiger BWL-Student mit nagelneuem BMW, der nie trainiert und erst gestern neue Schläger

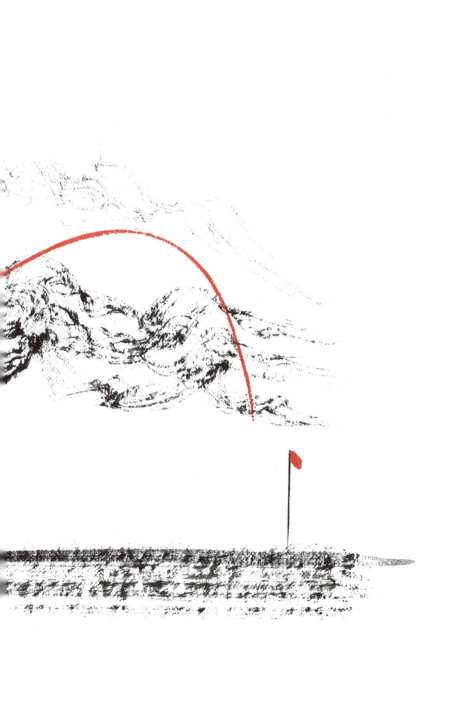

bekam, heute damit 60 (!) Stableford-Punkte spielt und natürlich auch noch den »Longest Drive« holt?

Ähnlich den Clowns, die privat höchst depressiv sind und als suizidgefährdet gelten, haben auch wir Humoristen keine echte Freude am Leben. Jede Zeile, die unseren Lesern ein schmales Lächeln abringt, ist unter Schmerzen erkämpft. Ich selbst habe ewig nicht mehr gelacht. Das Leben ist nun mal ein Jammertal, besonders wenn man überall diese grinsenden Blödköppe sieht, die stets zu Scherzen aufgelegt sind und alles toll finden, was selbst man am liebsten verbrennen würde.

Ich saß in meiner abgedunkelten Wohnung, schnitt ein paar Rosen die Köpfe ab und überlegte, was ich schreiben sollte. Wenn ich etwas schriebe, würde sich irgendjemand darüber ärgern und dann ginge es mir besser. Ich schlurfte gerade in die Küche, als es klingelte. Wer sollte das sein? Kaum jemand kennt mich, niemand besucht mich. Wenn es klingelt, bedeutet das normalerweise Ärger. Vorsichtig schaute ich über den Balkon. Es war ein Paketmann von diesen neumodischen Ausfahrerdiensten. Ich öffnete ihm und ließ mir seinen Ausweis zeigen. Man weiß ja nie. Man hört so viel. Nachher kommt er rein, quasselt mich voll und raubt mir eine Idee! Aber er hatte gottlob keine Zeit. Er schwitzte in seinem kackbraunen Hemd und seinen kurzen Hosen. Immerhin hatte er Arbeit. Ich krakelte etwas auf ein Plastikgerät, das auf KEINEN FALL nach meiner Unterschrift aussehen durfte. Das wird nämlich eingescannt und an Geheimdienste und Versicherungen geschickt. Plötzlich ist man entweder Terrorist oder man hat einen Goldfisch gegen Feuer versichert, den man gar nicht besitzt. Nicht mit mir, solche Tricks! Was wohl in dem Päckchen war? Es war lang und schmal und sehr leicht.

Zurück in meiner Stube schob ich die Stilvase auf dem Tisch beiseite und legte den Karton darauf und schaute ihn an. Er rührte sich nicht, deshalb hob ich ihn noch mal mit einer Hand und schüttelte. Es raschelte. Ich saß da und dachte nach. Was, wenn mir jemand einen Streich spielen wollte? Tiefgekühlte Fliegen, die alle gerade aufwachen, wenn ich die Pappe einen Spalt aufritze? Ich hasse Fliegen. Das ganze Gesumse und Gezuppe. Wenn ich mir den Karton ans Ohr hielt und rüttelte, knisterte es leise. Ich nahm ein kleines Messer, um den Karton zu öffnen und eine Machete, um sofort zuzuschlagen, wenn etwas

Widerwärtiges aus dem Karton kriechen würde. Mir wurde schlecht, als ich mit dem Messer bei dem Klebstreifen einstach und vorsichtig die Seite auftrennte. Von wem war das Päckchen? War es nicht vollkommen leichtsinnig, das Ding alleine zu öffnen? Wäre das nicht eher Aufgabe der Feuerwehr? Mir fiel ein, dass ich die zwei kleinen Streuner weggeschickt hatte, die angeblich für die freiwillige Feuerwehr Geld sammeln wollten. Mir wäre nur recht, wenn meine Hütte endlich abbrennt. Das Loch, in dem ich hause, um vor Entführungen sicher zu sein, lässt sich weder verkaufen noch abreißen. Höchstens als Sondermüll entsorgen.

Jetzt hatte ich den Karton an der Seite einen kleinen Spalt weit geöffnet, bereit, jederzeit zuzuschlagen. Aber es war nur Zeitungspapier darin. Ich zog das erste, verknüllte Blatt heraus und begann zu lesen. Schau, schau. Wir hatten also eine neue Regierung. Zu allem Ärger schien dieser Kanzler eine Frau zu sein. Auf der zweiten Seite der Zeitung, die ich aus dem Karton fummelte und glatt strich, waren die Todesanzeigen! Die mag ich. Na, alter Junge, hat doch nicht gehalten, der teure Plastikdeckel auf der Pumpe? Tja, aber dein Doc kann sich jetzt neue Golfschläger kaufen. Golfschläger? Irgendetwas in meinem Gedankenkramskasten räusperte sich. Könnte in diesem Karton ein Golfschläger sein? Es war ein Aufkleber drauf. Ein Strichcode. Noch so ein Trick der Amis oder Chinesen, um uns auszuspionieren. War nicht zu entziffern. Die Schrift war zu klein. Wieder rüttelte ich. Jetzt klackerte etwas. Sollte da wirklich ein Golfschläger drin sein? Ich konnte es nicht mehr halten und rannte zum Klo. Dort saß ich und überlegte: Wer sollte mir einen Golfschläger schicken? Vielleicht dieser missmutige Leser, der nicht lachen konnte, um sich zu rächen?

In der Stube lag der Karton, wie ich ihn verlassen hatte. Zu allem bereit, öffnete ich die restlichen Klebstreifen mit einem Ratsch des Messers. Ein dunkelgoldener Schaft glänzte hervor. Der Schlägerkopf, noch in Zeitungspapier gewickelt, war schnell befreit. Er steckte in einer weichen, schwarzen Lederhaube mit einer roten Beschriftung und einem roten ZEN-Kreis. ZEN-Leute, wie mir schien. Das sind die komplett Wahnsinnigen. Wer sich mit der eigenen Erleuchtung beschäftigt, hat alle Hoffnung fahren lassen oder offensichtlich sonst nichts zu tun. Ich zog den Schläger aus der weichen, engen Hülle und starrte ihn an. Ein Persimmon-Driver! Offensichtlich nagelneu. Nie gespielt. Größerer Kopf als die alten Driver. Den Loft schätzte ich auf 13 oder

14 Grad. Wie das klassische Holz 2, das ich früher zu spielen pflegte. Das nussbraune Holz glänzte wie eine Stradivari. Auf der Hand liegend hatte der Schläger eine perfekte Gewichtung. Der Schaft war lang, sogar noch länger als meine Rarität mit Aluminium-Insert, ein Toney-Penna-Driver, den einst Roger Chapman in seinen jungen Jahren auf der Tour spielte. Auf der Bodenplatte war ein Name verzeichnet: *Persimmon Golf Europe*. Der Schläger hatte die schlanke Eleganz eines Elbenschwertes. Im schwarzen Insert waren vier tiefergelegte Rillen, dazu waren im Halbkreis fünf goldene Punkte angeordnet. Irgendetwas erwachte in mir. Eine alte Leidenschaft. Ein Gefühl, das man bekommt, wenn man seine Jugendliebe auf einem Klassentreffen wiedersieht. Ich hatte fast vergessen, wie schön ein Golfschläger sein kann, obwohl ich alte Persimmon-Schläger in meiner Sammlung habe. Aber um einen Persimmon-Driver zu treffen, müsste ich jeden Tag trainieren. Dazu müsste ich unter Menschen gehen, die mich ansprechen oder lachen oder irgendetwas von mir wollen. Am Ende der Runde wollen sie einem die Hand geben, voll mit Viren, Bakterien, Streptokokken und dem ganzen Gezuppe, was auf der Haut rumkriecht. Igitt. Also habe ich meine Persimmon-Schläger seit Jahren versteckt. Nur Alex, mein Holz 4, nehme ich manchmal in die Hand, um es zu betrachten. Es weckt alte Erinnerungen in mir.

Das Holz entdeckte ich einst in Falkirk, wo unsere Uroma lebt. Falkirk liegt zwischen Glasgow und Edinburgh, oben in Schottland. Es stand zwischen Latten und Stangen in Jimmy Jarvies Garage. Es war schmutzig, das Insert kaputt, die Wickelung locker. Unter der losen Messingplatte, wie unter den Fingernägeln eines Trolls, klebte uralter, steinharter Dreck. Ein Name war in die Messingplatte eingraviert: »Alex Mitchell«.
»Was ist das für ein Ding, Jimmy?«, fragte ich den Nachbarn.
»Aaahggnnn mrrrdbaffynääausedrrr, yoeuuu, ngää, jo,boy!«
»Aye«, sagte ich und schnappte mir das Teil.
Als ich Jimmy kennenlernte, war er 72 und spielte, wie ich damals, Handicap 14. Mehr als vier Jahre zog er mich auf einem kleinen Inlandcourse mit Bergziegendesign regelmäßig ab. Als er 76 war, schlug ich ihn das erste Mal. Da hatte er aber schon mehrere Ersatzteile im Körper. Es war an dem Tag sehr heiß und zusätzlich stellte ich seinen Elektro-Trolley – ein Monster, das vermutlich noch von Edison selbst gebaut war

– auf schwächste Leistung, so dass der alte Knabe bergauf schieben musste, anstatt sich von seiner Karre ziehen zu lassen, wie er das sonst gewohnt war. Ich versteckte auch sein Eisen 9 in meinem Bag. Mit diesem Teil hatte er mich lange genug gedemütigt. Jimmy schlug seine Drives ca. 165 Meter Mitte Fairway, ich um die 200 Meter in die Pampa. Jimmy nahm seinen Baffler[4] und peitschte das Bällchen (er spielte grundsätzlich die alte englische Größe und schien davon noch Wagenladungen gehortet zu haben) an den Grünrand. Ich schlug meinen Ball aufs Grün. Dann nahm Jimmy sein Eisen 9 und chippte ein oder sein Ball lag tot am Stock. Ich brauchte zwei oder drei Putts.
»Aaawwboy«, röchelte er, »goddammgoodchippn, aye, hee?!«
Und dann gackerte er los.
Nee, Jimmy, diesmal nicht. Ohne sein Eisen 9 und mit reduzierter Akkuleistung war Jimmy nur noch ein Schatten seiner selbst, der um Luft rang und das Match um ein Loch verlor.

Im letzten Jahr ist Jimmy mit knapp 90 Jahren gestorben. Schade um den Kerl. Hat mir die letzten Jahre immer Spaß gemacht, dem alten Knaben zu Weihnachten ein paar neue Titleist zu schicken. HA! Das ist die Höchststrafe! Einem alten schottischen Golfer, der nicht mehr spielen kann, neue Bälle schicken. Hätte mich ja nicht so zerlegen müssen, in den Jahren zuvor. Na gut. Wo war ich?
Jedenfalls stand das Alex-Mitchell-Viererhölzchen jahrelang bei mir rum, bis ich es eines Tages zu Armenio Cortes nach Köln brachte, dem Meister der Persimmon-Restauration. Ich hab nie gedrängelt, dass das Ding fertig wird, wozu auch. Spielen wollte ich damit sowieso nie. Wollte nur mal sehen, wie es ausschaut, wenn Armenio Hand anlegt. Es wurde ein Meisterstück. Wie eine alte Geige. Dieses Hölzchen holte ich raus und stellte es neben den neuen Driver. Als kämen die beiden vom gleichen Baum. Alter, Weisheit, Würde, Ruhe, zeitlose Schönheit. Stille umfing mich. Ein Gefühl, angekommen zu sein. Kein Hasten und kein Husten mehr, nur heitere Gelassenheit. Genau! Die Hölzer strahlten jene heitere Gelassenheit aus, um die ich mich seit Jahren umsonst bemühe. Irgendetwas in meinem trüben, schwermütigen Leben war

---

[4] Traditionelle Bezeichnung für ein Fairwayholz, vom Loft her ähnlich wie die heutigen Hybridhölzer.

aufgerissen und aus dem Riss in der dunklen Wolkendecke blinzelte vorsichtig die gute Sonne hervor. Hat das Leben doch einen Sinn?

Am nächsten Tag fuhr ich raus. Der Platz war vorne voll, hinten voll und von der Driving Range her klang das Geschepper von Drivern wie kopulierende Blecheimer im Liebesrausch: Plänk. Bänk! Auf der 10 sah ich einen Silberrücken-Single an seinem Bag rumfummeln. Offensichtlich hatte er bereits abgeschlagen und warf die Turbinen seines Monster-Trolleys an, um seinem Ball nachzufliegen. Er winkte mir zu, dass ich mit abschlagen könne. Ein resignierender Blick auf die 11. Bahn und ich wusste, dass es keinen Sinn hatte, den netten Herrn zu fragen, ob ich durchspielen dürfe. Drüben auf der Bahn war mein Lieblings-Ehepaarvierer damit befasst, das Alte Testament auswendig zu lernen. Zumindest standen sie oben am Abschlag und hatten die Hände in der Höhe, als wollten sie Jahwe, dem alten Schmock, ein Opferlamm darbringen. Aber nein. Sie hatten – für uns kaum hörbar – FORE! gerufen. Das konnte nur bedeuten, dass weitere Krebsgänger in der Senke vor dem Bach rumkrochen, die sich dort unten schon so lange versteckt hielten, dass man sie oben im allgemeinen Geplapper vergessen hatte. Dann war Vadder gedankenlos aufs Tee gestürmt und hatte »seine Bertha fressen lassen«. Vom hohen Haaransatz her hoffte er, ein wenig wie Kevin Costner in »Tin Cup« auszusehen, ein Gedanke, auf den außer ihm niemals jemand gekommen wäre. Ein bisschen auch ein Seitenhieb auf sein mageres Weib. Ähnlich dürr wie die Hauptfigur in Costners Golferfilm Dr. Molly Griswold (Rene Russo), hatte sie mit Atkins-Diät konsequent jene Gewebeteile ihres Körpers mumifiziert, die zur Zeit ihrer Hay´schen Trennkost noch mühselig durchblutet wurden. Jetzt stand sie frierend in der sommerlichen Nachmittagssonne und hauchte »Fore«, denn Vadders flotter Abgang hatte mittlerweile die 150-Metermarke überschritten und steuerte im Gleitflug direkt auf jenes Gespann selbstvergessener Ballsucher zu, das sich im Biotop ein Nest gebaut hatte.

Was kümmerte es mich. Mit einem resignierten Blick auf meinen neuen Mitspieler sah ich, dass er noch atmete und offensichtlich in der Lage war, sich von seinem Trolley ziehen zu lassen. Ich turnte aufs Tee.

Ich hatte weiche Bälle und Holztees dabei, ein Muss bei Persimmon-Hölzern. Die Defloration geschah, ohne nachzudenken, mit einem weichen Schlag durch den Ball. Geschmeidig kickte der Schaft. Der Schläger klang, als würde man mit einer Blockflöte leicht auf einen Ledersandsack schlagen. Ein sanftes »Klack«. Sonst nichts. Der Ball war lang. Er flog in den linken Fairway-Bunker. Der zweite Schlag meines neuen Freundes war gar nicht schlecht, in Anbetracht der Tatsache, dass er nur gelegentlich spielte, wie er mir erzählt hatte. »Höchstens einmal am Tag«, dachte ich. Ein Italiener, der sein Leben in Deutschland verbracht hatte und sich beim Golf geschickter anstellte, als ich befürchtet hatte.

Ich kam bei meinem Ball im Bunker an und chippte auf die Bahn. Jetzt noch eine Premiere, Jimmies Hölzchen! Mit Alex hatte ich bisher noch nie geschlagen. Der Treffmoment war weich, der Ball flog sehr flach und hoppelte dann endlos Richtung Grün. Am Grün des Par 5 angekommen, lag der Ball einen Meter von der Fahne weg. Das waren gut 200 Meter bergauf. Okay – es war trocken. Trotzdem.

Der Himmel hatte Erbarmen. Sowohl die Biotopbewohner als auch der Ehepaarvierer zogen es offensichtlich vor, vom 11. Grün direkt zur Clubhausterrasse zu marschieren. Das schuf Luft im unendlichen Raum des Universums. Vor uns war es jetzt einigermaßen frei, weil die, die »nur noch rasch ein paar Löcher spielen wollten« längst am Tresen hockten, um dummes Zeug zu erzählen.

Am Abschlag der 12 druckste mein Mitspieler rum und fragte dann, was das denn für ein Schläger sei, den ich da spielen würde. Er hatte noch nie ein »echtes Holz« gesehen. Typisch. Ein Persimmon-Holz gehört wenigstens zu Ansichtszwecken in jeden Proshop und müsste neuen Spielern bei Schnupperkursen und Regelabenden gezeigt werden. Einfach, damit die mal sehen, dank welcher Handwerkskunst der Affe den Aufrechtgang erlernte und zum Menschen wurde.

Aber ich war froh, dass er fragte. Meine Persimmon-Hölzer sind ein Augenschmaus und es ist für einen Gentlemen keine Art, ordinär mit seinem Golfbesteck zu protzen. Man wartet, bis man gefragt wird. Und hätte der Herr noch lang gewartet – Jehova ist mein Zeuge – ich wäre bald geplatzt. Jetzt konnte ich ihm endlich als Ouvertüre die Geschichte des Golfschlägers seit den holländischen Keulen im Zeitraffer lautmalen, dabei die Herstellung und Lagerung des kostbaren Persimmon-Holzes seit Auchterlonie in St. Andrews streifen, das Drama des Niedergangs aus Materialmangel in Moll legen, um dann, in einem leichten Scherzo, die persönlichen Lieblingsschläger aus meiner Sammlung herunterzuflöten. Im Finale meiner kleinen, italienischen Privatoper triumphierte dann der moderne Persimmon-Schläger als Held über das böse Rough. »Bravo«, rief der Herr. »Bravissimo!« Nein, rief er nicht. Hatte ich mir nur so vorgestellt. Er nickte nur und wurde dann von seiner Blase in eine andere Richtung gezerrt. Sein weißes Löwenhaupt verschwand in den Büschen. Das *Adagio Prostata* tröpfelte Ton für Ton, wie die Blockflöte der kleinen Luise auf Tante Almas Geburtstag.

Es ist nicht meine Art, den verehrten Leser mit der Beschreibung der ganzen Runde zu langweilen. Nur so viel: Es spielte sich schön und der Herr Italiener und ich vertrugen uns so gut, dass ich ihm auf dem 17. Tee anbot, auch mal einen Ball mit meinem *Molto gratioso Persimonosa* zu schlagen.

Zugegeben: mein kleines, eitles Ego, das ich – meist – mit den drei M (Medikamente, Meditation und Masogolf) im Griff habe, schielte nach besonderer Anerkennung. Hätte Adam Weißhaupt erst mal drei Bälle 50 Meter links und 70 Meter rechts im Rough versenkt, dann wäre ihm endlich bewusst geworden, wie *schwierig* es war, ein Persimmon-Holz zu spielen. Dann hätte er mich mit seinen wässrigen, kleinen, braunen Augen ehrfurchtsvoll angestarrt, der ich, Titan in Menschengestalt, bescheiden abgewunken hätte. Und was machte er, der Herr? Er schlug den Ball knapp 200 Meter geradeaus. Sein bester Schlag heute.

Wo man so einen kaufen könne, fragte er. Der sei ja wunderbar leicht zu spielen. Was für mich der Beweis war, dass diese neuen Persimmon-Dinger offensichtlich anders sind, als die alten Keulen, mit denen man sich früher so schön blamieren konnte.

Es mag dem Junggolfer vielleicht gar nicht bewusst sein, aber es ist noch nicht lange her, da hatten die Topspieler noch Echtholz im Bag. Langer war einer der letzten, die auf Metall umstiegen. Der neue, etwas größere Kopf in Verbindung mit einem modernen Schaft war zu dieser Zeit aber noch nicht auf dem Markt. Heutzutage muss jeder Hersteller jede Saison eine neue Kollektion »innovativer Produkte« aus dem Hut zaubern. Der riesige Marketingaufwand rechnet sich nur, wenn weltbekannte Top-Spieler solche Produkte benutzen. Es würde mich jedoch mal interessieren, ob ein Langer oder Ballesteros, die nicht mehr in der Weltspitze mitspielen können und genug Geld haben, um darin zu baden, ob die nicht mal irgendwann auf die Idee kommen, alte Schläger in neuem Gewand zu spielen. Laut Test sind neue Persimmon-Modelle nur unwesentlich kürzer, vermitteln dafür aber ungleich mehr Gefühl. Hat Ballesteros seinen Schwanengesang nicht etwa zu der Zeit angestimmt, als er seine Persimmon-Hölzer weglegte und seinen Slazenger-Pulli auszog, um sich das Fürchten zu lehren?

Von der Unendlichkeit der Zeit

Drei Wochen später wieder ein Päckchen. Das Vorspiel bestand im langsamen Öffnen des Kartons, den ich zwar im Blickfeld, aber sonst links liegen ließ, so, wie man scheinbar unbeteiligt auf die Bar zusteuert, obwohl die schönste Frau auf Erden am anderen Ende des Raumes steht. Mit gespieltem Desinteresse schnitt ich die Klebstreifen auf und versuchte, meine Gier zu zügeln, um dann, fassungslos stammelnd, sowohl das erhoffte Fairway-Holz, als auch den wunderschönen, schwarzen Persimmon-Putter aus ihrer Verpackung zu schälen. Das Fairway-Holz hatte den gewünschten Schaft, der Putter verfügte über zwei zusätzliche Gewichte, um ihn den jeweiligen Geschwindigkeiten der Grüns anzupassen. Jetzt war ich komplett und musste mich nur noch beherrschen, bis die meisten Spieler vom Platz weg und Richtung Bar abgewandert waren. Leider klappte das nicht. Es war und blieb Mittag. Ich hielt es nicht mehr aus. Ich stellte den Wecker auf 16 Uhr und packte mir etwas Futter ein. Als ich wieder an der Uhr vorbeikam, dachte ich: »Ei pardauz, wie die Zeit vergeht, schon so spät, jetzt aber los.« Ich sprang in mein wunderbares Endzeit-Automobil, das meine Eile nicht mehr so ganz verstand, geschweige denn umsetzen konnte, und so tuckerten wir gemächlich durch die hessischen Voralpen zum nächsten Club.

Dort war mein kleiner Zeitsprung nicht nachvollzogen worden. Das 1. Tee war noch belegt. Eine freundliche Schar netter Menschen, etwa acht Personen, unterhielt sich auf herzliche Weise über ihre wunderbaren Erlebnisse in fremden Ländern. Unnötig zu sagen, dass die erste Bahn in unberührter Stille lag, weshalb auch ich sie nicht stören wollte.

Ich ging zum 10. Abschlag, dankbar, dass es noch irgendwo auf der Welt Frieden und Frohsinn gab. Dort stand bereits ein freundliches Paar, das bereit war, mich mitspielen zu lassen. Es stellte sich nach wenigen Schlägen heraus, dass sie kein Paar waren, denn er verzichtete darauf, ihren Schwung zu korrigieren, während sie seine Schläge lobte. Es waren Zahnärzte, wie ich einige Loch später erfuhr, Kollegen, die den Mittwochnachmittag zur Regeneration nutzten, um ihren dankbaren Patienten mit frischem Atem den letzten Nerv zu rauben. Zahnärzte! Meine besonderen Freunde, die ich als Menschen, Golfspieler und gewissenhafte Handwerker immer wieder in meinen Zeilen würdigen durfte.

Wir warteten. Worauf? Es war mir nicht ersichtlich, aber es wurde mir erzählt. Vor uns seien zwei Senioren jenseits des Rentenalters in einem Buggy unterwegs, denen man bereits seit neun Loch hinterherspielen dürfe. Die hätten schon am 1. Tee gestanden, als meine beiden Dentisten dort eintrafen. Es habe eine Weile gedauert, bis es dem einen Herrn gelungen sei, seinen Buggy zu besteigen, da er offensichtlich an einer schweren Gehbehinderung und einem angerosteten Hüftgelenksimplantat litt.

Nach alter Golfer Sitte ist kein Brauch bekannt, nach dem Senioren den jüngeren Spielern Vortritt zu gewähren hätten. Das hat einen einfachen Grund: Wenn ein flotter Achtzigjähriger seinen wesentlich älteren Kumpel überredet, den Katheterbeutel abzulegen, um noch mal eine heiße Runde auf einem der schwierigsten Plätze Hessens runterzureißen, dann ist es entgegen aller Vorschrift wahrscheinlich, dass auf dem Buggy zu dritt gefahren wird, denn Freund Hein wird es sich nicht nehmen lassen, diese Runde mit seinem ewigen Eisen zu begleiten.

Es ist also verständlich, dass der jüngere Mensch, der statistisch noch mehr Runden spielen kann, gefälligst zu warten hat, denn ab einem gewissen Alter könnte jeder Schlag der letzte sein.

Meine beiden Zahnärzte hatten sowohl den Respekt als auch den Anstand, das Ungemach gewähren zu lassen. Die beiden alten Herren genossen das Glück, viele Schläge machen zu dürfen, denn keiner ging viel weiter als etwa 25 Meter. Wären die Zausel bereit gewesen, mit einem einfachen Eisen 7 einen Spaziergang zu machen, während eine hilfsbereite Schwester den Buggy bereitgehalten hätte, um bei einem Schwächeanfall helfen zu können, dann wäre alles kein Problem gewesen. Aber die Herren bestanden darauf, die ersten 25 Meter vom Tee mit Drivern, die zweiten 5 Meter aus dem Rough mit dem Holz 3 zu spielen, um dann stets den quälenden Versuch zu unternehmen, in den Buggy zu klettern. Mir kam die Frage in den Sinn, welchem Club die beiden entsprungen waren und warum sie nicht im Bad Homburger Kurpark auf jenem herrlichen Kurzplatz ihre Furchen zogen, der zu der Zeit erbaut wurde, als der Ältere der beiden noch dem Kaiser auf dem Pferd zuwinken durfte.

Wir gingen neun Loch mit gesenktem Kopf, einem Trauermarsch gleich, hinter den beiden her, so als hätte der Herr in seinem unergründlichen Ratschluss das Unaussprechliche schon vollzogen. Sie seilten sich gemächlich aus ihrer Karre, hackten ihren Schlag und kletterten wieder rein. Ich überlegte, wie das wäre, wenn ich nicht mehr so könnte. Dann fiel mir ein, dass ich längst nicht mehr so kann, wie ich gerne würde, weshalb ich Golf spiele. Ab wann ist man eigentlich alt? Ich meine, sogar zu alt, um Golf zu spielen? Ist man zu alt, wenn man mit 30 merkt, dass man bei der Clubmeisterschaft gegen 15-jährige Knaben keine Chance mehr hat, weil die nicht nur perfekte Bewegungsabläufe einstudiert haben, sondern weil sie auch noch nicht jenes Quäntchen Zweifel besitzen, das letztendlich die Meisterschaften im Kopf entscheidet?

Wird man erst beratungsresistent, dann schwerhörig, bis dass der Altersstarrsinn unseren Nächsten das Leben zur Hölle macht? Ist das die Reihenfolge, die uns blüht? Wenn zwei alte Burschen überhaupt nicht merken, dass sie alles hinter sich aufhalten? Und wenn sie es merken, nicht mehr verstehen, warum wir hier warten? Und wenn wir rufen würden (was wir nicht taten) und die das hören könnten: Würden sie dann wissen, was unsere Zeichen bedeuten? Oder würden sie freundlich zurückwinken?

Ich überlegte, wie glücklich ich sein würde, wenn mich später noch mal jemand mit auf den Platz rausnehmen würde. Also hielt ich meine Klappe und Schritt für Schritt folgten wir der Bahn durch die Unendlichkeit der Zeit.

Anderntags schrieb ich dem Verlag, dass mein neues Werk mit dem Arbeitstitel »Die Persimmon-Tagebücher« in Arbeit sei. Ich gedachte die Geschichte des Golfsports und seiner Traditionen zu schreiben, ein Werk von zeitloser Schönheit. Gedruckt auf Büttenpapier, verpackt in Schweinsleder und dunkelgrünem Samt, eine Goldprägung als Titel wäre schön. Das große Weisheitsbuch der Golftradition – das wäre ein Thema! Ich schrieb mich so richtig in Rage, was gar nicht so einfach war, weil ich mit dem Federkiel mehrfach im weichen Büttenpapier stecken blieb und die Tinte große Flecken machte.

Da mein Traditionskonzept vom Verlag nicht weiter kommentiert wurde, begann ich mit der Arbeit. Ich machte es mir dort bequem, wo es einen Nachschub an Federn gab und wo ich am liebsten schrieb: auf der Terrasse des Golfclubs Bauernburg. Hier hatte ich meine Ruhe.

Am anderen Ende der Terrasse saß Dagobert Seicht.

Dagobert Seicht

Die Sonne stand am Himmel, die Lerchen zwitscherten über dem 18. Grün. Auf der Clubhausterrasse residierte Dagobert Seicht unter dem Sonnenschirm bei einem vollen Glas Zitronenlimonade. Seine scharfen Augen peilten über die 18. Bahn, um jeden Etiketteverstoß zu registrieren.

Seicht war »Single und Singlehandicapper, Mitte 50 ohne BBB[5]«, wie er sich gerne im Kontaktanzeigenmarkt einer Golfzeitschrift bezeichnete. Er hatte Zeit, viel Zeit. Seicht war Lehrer und sowohl bei Kollegen als auch bei Schülern gleichermaßen unbeliebt. Vor nicht allzu langer Zeit fand er im Golfclub Bauernburg eine neue golferische Heimat. Zuerst mochte ihn niemand kennen, aber nach der Veröffentlichung zweier Leserbriefe in einer überregionalen Fachzeitschrift, die er an der Pinwand des Clubraums anbrachte, galt er als ein Mann der Feder. Dagobert Seicht pflegte dieses Image, indem er ehrenamtlich und zuverlässig alle Turnierergebnisse und andere Clubnachrichten, mit Anmerkungen

---

5 In Kontaktanzeigen eine gängige Abkürzung für »Bauch, Brille, Bart«.

versehen, an die Regionalpresse schickte, die seine Meldungen fachgerecht und pünktlich im Papierkorb entsorgte.

Dank seines phänomenalen Erinnerungsvermögens gedachte er als Club-Chronist zu wirken. Anfangs hatte er nur die Eckdaten von Turnieren, Festen und den besten Spielergebnissen parat. Mit der Zeit lernte er die Handicaps aller Mitglieder auswendig, die ihn grüßten oder ihm sonst würdig erschienen. Da er ohnehin nach den Turnieren im Clubraum oder auf der Terrasse hockte und jeden Gesprächsfaden und jeden Score mitbekam, entwickelte er sich zu einer Art wandelndem Clublexikon. Selbst sein breiiges Formulierungsgehabe und seine Besserwisserei ließ man ihm durchgehen, denn wenn der Sekretariatscomputer wieder mal abgestürzt war, kannte er allein die Startzeiten und wer mit wem spielte. Das gehörte sozusagen zu seinen gesellschaftlichen Pflichten. Er pflegte seine Tagesberichte in eine altmodische, schwarze Kladde einzutragen, aber Daten, Zahlen, Handicaps und Telefonnummern hatte er im Kopf.

Sein Wissen machte Seicht, dessen Schneidezähne zu einem tulpenförmigen Oberdeckbiss hervorstanden, nicht attraktiver, aber manche Dame schätzte seine diskreten, gelben Zettel mit Modell und Autonummer ihres Wagens, womit die Sucherei auf dem Parkplatz aufhörte.

Nachdem Seicht seinen Platz im Clubgeschehen gefunden hatte, brach der Lehrer aus ihm hervor und er nahm kein Blatt mehr vor den Oberdeckbiss. Er wusste alles besser und pflegte seinen Standpunkt ausführlich darzustellen.

Es ist das häufige Schicksal der Wissenden, dass die Dummen einfach nicht zuhören wollen, und so erging es auch dem Dagobert Seicht. Nach einer kurzen Zeit der Verunsicherung begann er deshalb, seine Kommentare in Form von halboffiziellen Verlautbarungen an die Pinnwand des Clubs zu heften. Er machte das geschickterweise auf dem offiziellen Briefpapier des Deutschen Golfverbandes, von dem er sich, als die Herren zu Gast waren um den Platz zu vermessen, ein Blanko-Blatt hatte mopsen können. Hundertfach kopiert war es die angemessene Grundlage für seine Kommunikees. Seitdem schrieb er auf einer IBM-Kugelkopf in Courier-Schrift alle Nachrichten und Verlautbarungen, die er als wichtig erachtete, selbst.

Nach dieser deutlichen Positionierung im Club wandte er sich sowohl der historischen als auch der aktuellen Golfliteratur zu und begann mit dem ausführlichen Studium der Golfzeitschriften. Es kam ihm, der keineswegs zu den Bessergestellten, geschweige denn zu den Club-Granden gezählt werden konnte, sehr gelegen, dass der frühere Manager in seiner Einfalt alle am Markt erhältlichen Golfzeitschriften abonniert hatte, dazu ein englisches und ein amerikanisches Journal. Der mittlerweile geschasste Fantast hatte die Hoffnung gehegt, einen Haufen trunkener Barbaren mit etwas Lektüre in kultivierte Gentlemen verwandeln zu können. Frisch gewaschen sollten sie mit roten Köpfen im Clubraum sitzen, um bei einer guten Zigarre die angemessene Fachlektüre zu studieren und tiefgründige Gespräche über Gott, Golf und die Welt zu führen. Heilige Einfalt. Wozu dieser Clubraum mit seinen schweren Ledersesseln gut war, wurde dem Manager erst klar, nachdem ein Mitglied in den alten, englischen Schirmständer gereihert hatte und am Morgen nach dem Sommerfest mehrere Kondome zwischen den Lederpolstern gefunden wurden. Aber das ist Schnee von gestern.

Seicht hatte die Sekretärin darauf gedrillt, ankommende Hefte ungeöffnet in sein Fach zu legen. Dafür war er auch bereit, Namen, Daten, Handicap und Startlisten auszuspucken, wenn der Bildschirm mal wieder blaumachte und die Hotline der Firma, die ihren Wartungsvertrag als Blankoscheck betrachtete, dauerbelegt war.

Den Kellner stets in Rufweite, verbrachte Dagobert Seicht die Nachmittage mit dem Erzählen von Geschichten aus der großen Welt des Golfsports, seiner Einschätzung von Weltklassespielern, seiner Warnung bezüglich mancher Trainingsmethoden, Kommentare zu Golfartikeln, die besten Szenen in den visuellen Medien: Unaufhörlich plätscherte das Seicht-Gebrabbel über die Clubhausveranda. Die meisten Mitglieder flüchteten, nur einsame Seelen blieben hocken, wenn Seicht die Lippen spitzte. Es hieß, jemand habe Seicht auf einem MP3-Player aufgenommen und eine halbe Stunde Seicht-Gesäusel auf CD gebrannt. Man könne fantastisch dabei einschlafen, war der Kommentar des Seicht-Produzenten.

Dagobert, dessen gewelltes, graues Haar mittlerweile in künstlerisch anmutenden, lockigen Strähnen herabhing, gefiel sich in der Rolle des »Weisen von Bauernburg«. Seit er P. G. Wodehouse gelesen hatte, war er von dem Gedanken besessen, dass er der *Clubälteste* werden könnte, jener joviale Senior, der junge, unerfahrene Menschen mit trefflichen und humorvollen Anekdoten auf das Leben vorbereitet. Sein Problem war, dass es im Club kaum junge Menschen gab, die dem Gelaber eines – in ihren Augen – Scheintoten, auch nur eine Minute länger als unbedingt nötig zuhören mochten. Nach ein paar Monaten pädagogischer Versuchsreihen begann Seicht, jegliche pubertäre Lebensform zu ignorieren. Nur die Kleinen, die ihn noch mit glänzenden Augen respektvoll anschauten, kamen in die Gunst seiner Ansprache.

Meist erwischte es den fünfjährigen Tobi, wenn der auf die Terrasse kam, um seine Eltern zu suchen, die mit zwei Stunden Verspätung irgendwo am 16. Abschlag hockten, weil Bercelmeyer und Fahrenbach eine Regelfrage in den Decisions[6] nachschlugen, die noch auf dem 17. Grün gelöst werden musste. Seicht winkte Tobi heran und der nahm brav am Tisch Platz. Ein hübscher Junge. Tobis Mutter war Eurasierin. Tobi hatte leicht mandelförmige Augen. Der Kellner notierte Eiscreme, drei Kugeln ohne Sahne, und Seicht kam in Stimmung.

»Na Tobi, wie geht es uns heute?«

Tobi zuckte mit den Schultern.

»Schöner Tag, nicht war?«

Tobi zuckte mit den Schultern.

»Deine Eltern – Startzeit 14 Uhr 15 – sind noch auf der Runde?«

Tobi zuckte mit den Schultern.

»Ja, ja, da kann es leicht später werden. Auf dem Platz sind 86 Personen im mittleren und oberen Handicapbereich.«

Tobi zuckte mit den Schultern.

»Hatte ich dir von meiner Runde gestern erzählt?«

Tobi zuckte mit den Schultern.

»Vor uns kämpften vier Spieler, die das Spiel auch nicht gerade erfunden hatten. Das wäre an sich keiner Erwähnung wert, wenn sie uns nicht, als wir auf dem zweiten Grün ankamen – und wir waren keineswegs schnell –, gleich ein Angebot zum Durchspielen signalisiert hätten, das wir sofort annahmen. Ein Gentlemen sagte:

›Ihr Spiel scheint eine größere Konstanz zu haben als das unsere, weshalb wir Ihren Spielfluss nicht unterbrechen möchten. Bitte spielen Sie durch.‹ Es geschehen Zeichen und Wunder, Tobi!«

---

[6] Offizielle Regelentscheidungen der R&A und USGA bei strittigen Regelfragen. Eine Decision hat den gleichen Stellenwert wie die Regeln.

Der Kellner kam mit dem Eis. Tobi nickte.

Seicht fuhr fort: »Ich war einigermaßen baff und fragte ihn, von welchem Club die Herren den seien. Er sei mit seinen Kameraden aus verschiedenen Clubs der neuen Bundesländer angereist. Ich habe in den neuen Bundesländern, ehrlich gesagt, noch kein Golf gespielt, Tobi, aber mir deucht, dass da ›drüben‹ doch offenbar eine Spielkultur herrscht, von der wir uns eine Scheibe abschneiden könnten.«

Mit der Formulierung »mir deucht« wollte er nicht nur den kleinen Tobi mit den Feinheiten deutscher Sprache vertraut machen, sondern er fühlte sich seinem geistigen Vater, dem *Clubältesten*, dadurch näher verbunden.

Eine Wespe umflog die Zitronenlimonade. Seicht nahm seine Golfzeitschrift, um die Wespe wegzuwedeln.

»Hast du das Editorial dieser Ausgabe gelesen?«

Tobi, den Mund voll Eis, zuckte mit den Schultern.

»Im Editorial geht es um die Frage nach der mentalen Stärke der deutschen Nachwuchsspieler. Fast dreißig Jahre alt, meint einer in einem Interview, dass er noch jung sei, Erfahrungen sammeln müsse und mit einem ›Mentaltrainer‹ arbeiten wolle, wenn er genug englisch gelernt habe. Was der mit einem Mentaltrainer will, wissen die Götter. Was meinst du, Tobi? Vermutlich beten, was kein schlechtes Konzept wäre. Langer ist damit immerhin zum Weltstar geworden. Aber Langer – höchstens noch Cejka – hatten den Biss der Underdogs. Sie gehörten nicht zu den feinen Leuten. Die mussten mehr bringen. Die hatten kein Eis im Golfclub, Tobi!«

Tobias hatte sein Eis beendet. Er rutschte vom Stuhl. Seine Eltern waren in Sichtweite.

»Mach's gut, Junge«, rief ihm Seicht nach.

Tobi zuckte mit den Schultern.

»Netter Junge.«

Dagobert Seicht hatte sich jetzt dem Kellner zugewandt, der zum Himmel betete, dass ein neuer Gast, irgendeine dringliche Aufgabe, ein Unfall oder Erdbeben, das verhindern könnte, was jetzt kommen würde. Seicht winkte den Kellner heran, der sich mit zögernden Schritten dem Tisch näherte und dabei Ausschau hielt, ob nicht die alte Frau Sundheimer am anderen Ende der Terrasse kollabierend um Hilfe winkte.

»Ja, ist netter Junge«, sagte der Kellner.

»Sein Vater ist in der IT-Banche«, stellte Seicht fest. »Kommunikation, Netzwerke.«

Der Kellner ahnte, worauf das rauslief. Verzweifelt blickte er zum blauen Himmel, in der Hoffnung eine kleine Wolke zu entdecken, die sofort den Aufbau der großen Schirme erforderlich machen würde.

Seicht holte tief Luft: »Dieser ganze moderne Kram. Wissen Sie, was ich davon halte?«

Der Kellner zuckte mit den Schultern.

»Alles Betrug!«

Seicht schaute triumphierend auf.

»Was immer man kauft, funktioniert nicht! Und wenn man dann die Hotline anrufen muss, erreicht man niemanden oder bekommt für 1,89 Euro pro Minute Tinnef erzählt. Wir alle glauben an die große Lüge von den neuen Möglichkeiten der Kommunikation, an E-Mails, Call-Center und das ganze moderne Zeug. Und was ist die Realität? Einen Vertrag musst du denen zufaxen oder als Brief schicken. Die wissen schon warum. Einmal unterschrieben, ist niemand mehr zuständig. Keiner übernimmt Verantwortung. Keiner weiß weiter. Aber vorne, an der Verkaufsfront, klopfen die Jungs vom Marketing große Sprüche und locken immer mehr Menschen ins Verderben. Überall das Gleiche, egal, ob in der Politik, bei den Dienstleistungen oder bei Produkten. Alles Betrug. Ich hab alles hier drin!«

Dabei tippte er sich mit dem Finger an die Stirn.

»Alles hier drin!«, wiederholte er.

Der Kellner zuckte mit den Schultern.

»Schon die Ergebnisse von der OPEN gelesen?«

Der Kellner verneinte.

»Tja, der Tiger.« Seicht lächelte wissend.

»Tja, die Tiger.« Ein seltsames Leuchten flackerte in den Augen des serbischen Kellners. Er dachte an seine Sondereinheit, die »Tiger«, die er während des Bürgerkriegs kommandiert hatte, bis ihm angeraten wurde, zu verschwinden, um sich eine friedliche Frischlufttätigkeit in Deutschland zu suchen, die angenehmer wäre, als die Klimaanlagen im Haager Gerichtshof.

Ein kühler Schatten überzog die Veranda. Seicht fröstelte, klappte seine Kladde zusammen und machte sich bereit, zu gehen.

»Schreiben Sie das Eis und die Limonade auf die 817«, sagte er zum Kellner, der in seine gewohnte, devote Haltung zurückgefunden hatte. 817 war die Clubnummer von Tobis Eltern.

Das also war Dagobert Seicht. Ich saß gewöhnlich auf der anderen Seite der Terrasse. Wir beobachteten uns manchmal, wobei wir uns kaum mehr als beiläufig zunickten. Wenn ich den Tag benennen sollte, an dem sich mir der Irrsinn kichernd nahte, dann würde ich an jenen Tag denken, an dem mich Dagobert erstmals ansprach. Er hat wirklich einen ausgewachsenen Vogel und ich finde, ich habe mich wacker geschlagen, aber bitte, lesen Sie selbst:

Die 23

Es war viel zu heiß, um zu spielen. Wer an diesen Tagen spielte, hatte einen Schatten. Auch auf der Clubterrasse, wo sonst eine sanfte Brise wehte, war die Luft wie gebacken. Die Sonne prallte von den weißen Wänden des Clubhauses, weshalb ich es an solchen Tagen vorzog, mir im Restaurant ein kühleres Plätzchen zu suchen.

Etbin, der Kellner, trug wie immer ein weißes Hemd zur Weste und schwarze Hosen. Ihm schien die Hitze nichts auszumachen. Er ruhte regungslos im Schatten, aber in dem Moment, in dem ich Platz genommen hatte, stand er bereits mit einer großen Flasche Mineralwasser im Cooler neben mir. Er wusste, was ich bei diesen Temperaturen zu trinken pflegte. Etbin hatte etwas Katzenhaftes, er schlich. Man hört ihn nicht, er bewegte sich wie ein Samurai.

Ich trank mein Wasser und war in Gedanken, als sich Dagobert Seicht näherte. Wir grüßten uns, seitdem ich wieder häufiger in Bauernburg verkehrte, aber der gütige Herr hatte mir das gemeinsame Spiel bisher erspart. Vermutlich hatte die Sekretärin teuflische Angst vor dem, was passieren könnte, wenn zwei besserwisserische Korinthenkacker aufeinandertrafen.

Als wenn nicht genug andere Plätze frei wären, trat Herr Seicht an meinen Tisch und fragte: »Gestatten?« Ich schaute beiläufig auf und nickte, was weder herzlich noch höflich war, aber Seicht nicht abzuhalten schien, sich zu setzen. Er schwieg. Etbin brachte Seicht seine Zitronenlimonade. Ich schwieg auch. Wir schwiegen beide.

Wenn zwei Personen, die den leeren Raum des Universums in wenigen Stunden mit Sprechblasen ausfüllen könnten, einander anschweigen, dann entsteht eine gewisse Spannung. Etwa so, wie wenn ein von Sprechblasen ausgefülltes Universum kurz davor ist, den Urknall zu zelebrieren.

Ich schwieg, Seicht schwieg. Ich spürte, wie auch die wenigen Gäste an den anderen Tischen still wurden. Tiefe Stille. Nur der Koch klapperte in der Küche.

Ein großer Sumsemann, eine Hummel oder Hornisse, flog durch die offene Verandatür in den Raum. In der Stille klang das Brummen wie ein Moped in einer spanischen Nacht.

Hnnnnnnmmmmmm Hnnnn Hnnnnjäännnnnnngggggzzzzzzzzm ....

Das Geräusch kam näher. Offensichtlich hatte der Sumsemann Seichts Zitronenlimonade auf dem Radar. Wir saßen beide da und schwiegen. Die Gäste im Raum schauten fasziniert zu.

Die Szene vom Showdown zweier Verbal-Pistoleros.

Sumsemann umflog mich, wechselte zu Seicht, konnte sich nicht entscheiden und landete auf meinem Haar, was mir ausgesprochen unangenehm war. Ich verharrte regungslos. Jetzt Angst zeigen, wäre unmöglich gewesen. Ich hatte mir bei manchem Turnier schier in die Hosen gemacht, mit angstvoll zitternden Händen Zehn-Zentimeter-Putts vorbeigeschoben, jetzt blieb ich standhaft.

Sumsemann krabbelte auf meinem Haar. Mein Kopf war der Mond, auf dem das Raumschiff landete, um den Planeten auszuspähen. Der Planet war unser Tisch, auf dem die Zitronenlimonade stand. »Sumsemann«, dachte ich, »es gibt noch ein zweiten Mond, der näher am Planeten steht, mach die Flatter!«

Sumsemann hatte sich in meinem Haar verhakelt. Ich kannte das aus dem Kino. Der Trabant wird angebohrt, um eine Beobachtungsstation zu errichten. Seicht hob sein Glas, um einen Schluck aus seiner Limonade zu nehmen. Ich versuchte unmerklich, mit dem Kopf zu schütteln. Sumsemann schien festzusitzen, aber plötzlich hob er ab.

Vielleicht sah er in seinem Insektenradar, dass sich sein Beuteobjekt vom Planeten zum anderen Trabanten verschoben hatte.

Sumsemann ging im Steilflug zum Angriff über und nahm das Glas ins Visier, aus dem Seicht gerade trank. Dessen Reaktion war abrupt. Das Glas mit der rechten Hand am Mund, hob er den Kopf und versuchte mit der linken Hand nach Sumsemann zu wedeln, wobei er den Kopf zurückkippte und ihm sein Gesöff über die Backen schoss.

»Ahhhhggggrrr ...«

Aber Sumsemann konterte mit: »HnnnnnnmmmmmmmHnnnn-Hnnnnjäännnnnnggggggzzzzzmmm ....

»Ahhhhggggrrrgggggnnnnn ...« Seicht wedelte mit den Armen, das Glas zerschellte am Boden, als ich merkte, dass er offensichtlich ein Eisstück in die Luftröhre bekommen hatte. Sein Kopf war immer rot, seine Augen standen immer vor, aber an seinem Röcheln erkannte ich, dass etwas nicht stimmte.

Ich saß etwas ungünstig, aber ich holte mit dem rechten Arm weit aus und schlug dem armen Seicht mit Wucht auf den Rücken, wobei ihm ein Eisbröckchen aus dem Mund sprang. Im selben Moment hatte der flinke Etbin den Sumsemann mit einem Schlag erlegt. Mit beiden Händen gleichzeitig frei in der Luft erwischt. Es war eine Hornisse. Keine Zeit zum Stechen. Sofort tot. Ich betrachtete das bisschen Insektenmatsch auf den harten, schwieligen Händen des Kellners. Seicht rang um Atem und Fassung. Wir dankten Etbin für seinen Einsatz. Der nickte und verschwand.

»Vielen Dank, das war knapp«, sagte Seicht.

»Kein Thema«, erwiderte ich kurz.

Er blickte auf seine Uhr. »17 Uhr 23. Na klar! Typisch.«

»Was ist typisch?«

»Der Versuch mich umzubringen, 17 Uhr 23, verstehen Sie?«

»Äähh – nein? Sollte ich?«

»Na, die 23. Müssten Sie doch kennen«.

Seine Stimme wurde leiser.

»Sie wissen doch was ich meine, die D r e i u n d z w a n z i g!«, wisperte er. »Sie haben das doch alles in Ihrem Buch drin!«

»Wie bitte?«

»Na, hören Sie mal, ich weiß doch wer Sie sind. Sie haben doch dieses Buch geschrieben. Sie sind doch der Autor von ›Der Fluch der weißen

Kugel‹?« Ich schaute ihn wohl ziemlich fassungslos an und er fuhr fort.
»Das ganze Buch ist doch codiert. Ich habe im Internet Geschichten darüber gelesen und dann recherchiert. Ich bin auch ein Eingeweihter, wissen Sie. Wir können offen sprechen. Ich habe alles herausgefunden.«

»Was herausgefunden?«

»Na zum Beispiel die Geschichte vom ›Golf auf anderen Planeten‹, die deutet doch an, dass sich die Erde bald über außerirdischen Besuch freuen darf, was im letzten Kapitel noch einmal bestätigt wird. «

Seicht öffnete seine Kladde, die auch einige ausgedruckte Texte enthielt.

»Ich darf mal aus einem Newsboard zitieren:

›Also dann, am 23.5. um 11 Uhr‹, ruft mir Mulligan zu. So steht es in der aktuellen Ausgabe, aber in der ersten, mittlerweile verschollenen Originalschrift wurde das exakte Datum der Landung Außerirdischer mit dem 23.5. 2001 angegeben!

Der Magnat im Kapitel ›Alte Golfclubs‹ wird als jener Adam Weishaupt identifiziert, der am 1. Mai 1776 den Geheimbund der Illuminaten und 1906 den Deutschen Golfverband gründete.

Auf S. 230 (23 und 0!) schreibt er: ›(...) und Sie beginnen, sich für das Geheimnis zu interessieren.‹ Welches Geheimnis meint er, fragen sich manche Leser. Die ›18 Bahnen des Golfsports‹ (S. 226) erklärt der Autor in einem buddhistischen Kontext, was von Verschwörungstheoretikern eindeutig als falsche Fährte angesehen wird, die der Autor legen musste, weil er ahnte, dass er als Medium bereits zu viel verraten hatte. Das Kapitel ›Ein letztes Geheimnis‹, das Golf als Geschicklichkeitsspiel beschreibt, wirkt trivial, gibt aber den Hinweis, dass es ein letztes Geheimnis gibt!«

Seicht schaute mich erwartungsvoll an. Ich schaute zurück.

»Und? Was hat das mit der 23 zu tun?«

Seicht holte tief Luft. Verschwörerisch beugte er sich zu mir.

»Ich weiß doch, in welchem Club ich bin. Ich weiß doch, was der Manni Mulligan treibt. Was meinen Sie, warum ich hier bin? Das Mysterium des Golf enthüllt sich durch die 23. Und wenn es Eingeweihte gibt, dann hier. Ich verstehe nicht, warum Sie so tun, als würden Sie das alles das erste Mal hören?«

»Weil ich es das erste Mal höre. Aber was hat das Mysterium der 23 mit dem Golfsport zu tun?«

»Bobby Jones hat 1923 sein erstes Major, die US Open, gewonnen. Der Golfclub Magdeburg wurde 1923 gegründet. Die erste Swiss Open fand 1923 statt. Miriam Burns gewann 1923 die Women's Western Golf Championship im Alter von 23 Jahren! Die Bonzo Dog Zigarettenkarte von 1923 wurde gerade bei ebay für 23,95 versteigert.«

Er schaute mich triumphierend an.

»Ein Birdie und ein Par an einem Par 3 ergibt kabbalistisch eine 23! Unser Platz hat ein Par 72. Drei unter Par, eine 69, ist dreimal 23, klar? Ein reguläres Par 5, aus dem Blickwinkel der Tarotkarte des »Gehenkten« (Bahn vom Grün zum Abschlag betrachtet) besteht aus zwei Putts und drei Fairwayschlägen, das gibt: 23. HA! Die Quersumme aller Golfbälle der Welt ist 23, was auch dem traditionellen Loft eines Eisen 3 entspricht.«

Dagobert Seicht blickte mich mit seinen vorstehenden Augen an. Seine dünnen Künstlersträhnen waren am Schädel angeklebt. Er schnupperte mit der Nase wie eine Ratte. In dem Moment dachte ich, er sei irre geworden.

»Sie schauen mich an, als würden sie denken, ich sei irre geworden. Na gut, was halten Sie hiervon: Der große Förderer dieser Golfanlage, unser Magnat Senator Grösius, behauptet, er würde am 23.10.2006 sterben. 18 gespielte Bahnen und danach fünf Hefeweizen ergibt?«

»Schon klar: 23!«, kam ich ihm zuvor.

»Na, sehen Sie.« Jetzt schaute er mich gütig an, als hätte ich irgendetwas verstanden.

»Gut«, sagte ich, »und was bedeutet das alles für Sie?«

»Ich kann Ihnen das zusammenfassend vortragen.«

Er schlug seine Kladde auf, blätterte einen Moment und fand dann die gesuchte Seite. Seicht begann:

»Golf ist ein Virus, der zu schweren Suchterscheinungen führt und dabei ist, das Wirtschafts- und Kulturleben auf diesem Planeten nachhaltig zu zerstören.

Die Außerirdischen sind bereits gelandet, haben Präsident Kennedy ermordet und übernahmen die Regierung der USA. Natürlich auch die Wallstreet. Diese außerirdischen Plünderheuschrecken, die von einem kleinen Planeten in der Nähe des Sirius stammen, überfallen seitdem ein Land nach dem anderen mit dem Ziel, das Wirtschafts- und Kulturleben auf diesem Planeten zu zerstören.

Die einzige Schwäche, die Plünderheuschrecken haben: Sie spielen gerne Golf (amerikanische Präsidenten!) und sie sind nicht immun gegen den Golfvirus, was eine Chance birgt, den Planeten zu retten, denn Golf macht süchtig, dann blöde und dann depressiv. Damit könnte man sie schlagen. Wir sind nicht alleine. Von irgendwoher kommt Hilfe.«

»Sehr interessant«, sagte ich.

»Nun, was halten Sie davon, Sie haben doch das Buch geschrieben!«

Plötzlich kam mir eine Idee.

»Dagobert, ich darf Sie doch Dagobert nennen?«

Er nickte erwartungsvoll.

»Ein Schlüsselroman ist verschlüsselt, sonst wäre es kein Schlüsselroman.« Ich schaute ihn freundlich an. »Es gibt Mysterien und Geheimnisse, die sich um das Golfspiel ranken. Kennedy und die Monroe sind die beiden bipolaren Koordinaten. Die YabYum-Energie der beiden bekanntesten Amerikaner ihrer Zeit verbannte schreckliche Kräfte in den unterirdischen Gewölben des Pentagon. Beide wurden ermordet. Das Biest wurde entfesselt. Seitdem regiert das große Tier und überzieht die Welt mit Krieg. 666 ... Sie wissen schon.«

Ich spürte, wie es Seicht schauderte. Er war dem Geheimnis auf der Spur.

»Ein Schlüsselroman hat einen Schlüssel«.

Er nickte.

»Der ist verborgen«.

»Wo?«

Etbin näherte sich unserem Tisch.

»Etbin, zahlen!«, rief ich, worauf er zur Kasse zurückging.

»Dagobert, ich habe schon zu viel gesagt. Sie wissen schon zu viel.«

Er schob sich dicht an mich heran.

»Sie müssen schweigen«, flüsterte ich, »es ist *gefährlich*! Schweigen Sie! Das Mysterium ist nah. Warum glauben Sie, haben sich so viele Kräfte in Bauernburg versammelt?«

Er zuckte die Schultern. Etbin war auf dem Weg zu uns.

»Der Teich an der 14 wird von Mulligan bewacht! Tief unten wohnen Geheimnisse, die nicht gehoben sein wollen. Die 14!«, wisperte ich heiser. »Kabbalistische Quersumme fünf! Zweimal 14 ist 28 minus fünf ist?«

»23«, hauchte Seicht fassungslos.

»Genau!«

Etbin stand am Tisch, mit dem Kassenzettel in der Hand.

»Des warren denn de Pasta, wo se gestern nicht bezahlt haben und zwei vonne große Flasche Wasser, macht 18 Euro.«

»Ich übernehme noch die Drinks von Herrn Seicht«, sagte ich.

»Das wärren dann zwei Zitronelimonad, zusamme fünf Euro, macht 23 Euro.«

Ich schaute Seicht tief in die Augen, während ich Etbin 23 Euro in die Hand drückte. »Stimmt so, der Rest ist für Sie!«

Seicht saß stumm da. Sein Mund stand offen. Etbin verbeugte sich. Er hatte meine Art von Humor schon öfter genossen.

Nachdem ich wieder zu Hause war, war ich nervlich bereits etwas angefressen. Aber dann passierte mir die nächste Schote, die mich in jene dramatischen Zustände katapultierte, von denen in diesem Buch die Rede ist.

Liebevoll streichelte ich meine Persimmon-Schläger, dachte nicht lange nach, telefonierte mit dem Club und meldete mich für das Turnier am nächsten Tag an, das trotz großer Hitze stattfinden sollte. Es folgte eine unruhige Nacht.

Die Nacht vorm Turnier

»*Heut mach ich mir kein Abendbrot, heut mach ich mir Gedanken.*«
Wolfgang Neuss

 Da sitze ich im 3. Stock einer Mehrfamilienhütte, der gegenüber ein anderer Kasten steht, womit mir die herrliche Aussicht in das weite Tal versperrt ist. Nach langem Nachdenken bin ich zu dem Schluss gekommen, dass *Sprengen* die einzige Lösung wäre. Aber ich bin ein friedlicher Mensch. Also schaue ich in eine andere Richtung und stelle mir vor, ich säße hoch am Berge in meinem Palazzo über dem Lago, von dem ein feiner Nebel aufsteigt. Mir fröstelt, obwohl die Nacht sehr warm ist. Mein Blick wendet sich vom See ab und dem alten Kamin aus rötlichem Buntsandstein zu. In der wunderbaren Steinarbeit aus dem 15. Jahrhundert ist ein Symbol eingemeißelt, dass an eine Pyramide erinnert. Hier an diesem altehrwürdigen Ort meiner Gedankenwelt, werde ich meinen Erfolgsroman schreiben, der sich mit dem wunderbarsten Kautschukperlenspiel befasst, das die Götter den Menschen zur Prüfung auferlegten: dem Golfsport! Gleich dem Zirpen einer Grille trällert die Inspiration in meinem Geiste und schenkt mir die ersten Sätze meines romantischen Welterfolges:

»*Wann wäre, oh Liebste, die wunderbarste Zeit für eine Runde Golf? Wenn die ersten Birkenblätter fallen und die Spätsommerabende unwirklich leuchten? Oder wäre es ein frischer Sommermorgen auf einem einsamen Platz, wenn der Tau auf den Grüns glänzt und das Brummen der Mähmaschine in der Ferne den Gesang der Vögel mit einem sanften Bass unterlegt?*«

Ich werde einen klassischen Schlossroman schreiben. Mein Schloss liegt direkt an einem Golfplatz und die leider etwas insolventen Grafen hoffen, einen Investor zu finden, der das Schloss aus dem 15. Jahrhundert so renoviert, dass man dort ordentlich übernachten kann. Die Grafen wären zwei Brüder, die dadurch endlich ein Auskommen fänden, dass der eine das Halfway-House betreibt und der andere die Driving Range, was für ein Adelsgeschlecht mal was anderes ist, als immer nur Morgenlandfahrt und Kreuzzug und zudem den Vorteil hat, dass sich eine gewisse Summe Schwarzgeld abzweigen lässt, besonders bei den kleinen Businessturnieren, die auf der Anlage des Investors veranstaltet werden.

Oh Gott, das Turnier! Jetzt fällt mir ein, dass ich mich morgen für ein Turnier angemeldet habe, was mir eigentlich nicht mehr passt, aber wegen Rückenschmerzen kann ich unmöglich absagen. Das kauft mir keiner mehr ab, da ich immer Rückenschmerzen habe und damit jeden Tag spiele. Also bleibt nur, dass ich hingehe, was besonders ärgerlich ist, weil es vorgabenwirksam ist und ich nicht geübt habe, was auch absurd ist, da ich jeden Tag übe, wenngleich ich nicht mehr so wie früher trainiere, weil ich nach all den Jahren keinen Bock mehr habe, zumal ich weiß, dass es, wenn es zählt, entweder klappt oder nicht und die Dinger manchmal fallen oder auch nicht, und da kann man gar nichts machen, weil die schönste Übung eine Übung bleibt und der Ernstfall etwas anderes ist, eine Perspektive, die ich mal genauer ausformulieren müsste, vielleicht in einem kleinen Handbuch der Golfpraxis, das doch nicht als Schlossroman angelegt sein sollte, sondern die mentalen Fragen des Spiels ergründen müsste, wofür es einen großen hungrigen Markt von verwirrten Fairway-Neurotikern gäbe.

Meine These wäre, dass es ist, wie es ist, es sei denn, es käme anders. Das hätte eine gewisse grundsätzliche Einfachheit, um die herum ich ziemlich schwierige Sätze drechseln könnte, die den Leser so verwirren, dass er zumindest bis Seite 46 liest. Dann muss es ihm zu kompliziert werden, aber plausibel und gut scheinen, worauf er festen Glaubens zu seinen Kumpels sagen kann, dass er etwas gelesen habe, was seinem Spiel sehr geholfen hat, zumindest bis jetzt, wo er auf Seite 46 ist und nicht mehr weiterkommt, weil das Einfache in seiner Schlichtheit so kompliziert wird wie Fahrradfahren, wenn man gerade im Wasser schwimmt, was die Kumpels als gutes Beispiel durchgehen lassen, denn Golf ist wie Fahrradfahren: Hat man es einmal gelernt, dann kann man es für immer, wobei man im Strom des Lebens steht, das Wasser bis zum Hals, wodurch das einmal Gelernte dann doch nicht zur Anwendung kommt und das Rad durchdreht und der schwimmende Radfahrer mit, was mich wieder an das Turnier erinnert, aber was soll ich tun? Es ist zu spät, um abzusagen und tatsächlich ist es wirklich schon spät, wie ich gerade sehe. Ich sollte endlich mal in die Koje klettern und mir eine

Mütze Schlaf gönnen, guten, tiefen, festen Schlaf wie in Abrahams Schoß – war das Abraham? Ich hoffe, dass ich wie ein Murmeltier schlafen werde, obwohl es leider, dummerweise, so ist, dass ich vor Turnieren nie schlafen kann, sogar vor einem nicht vorgabenwirksamen Herrenmittwoch mache ich kein Auge zu, was keinen Spaß macht und deshalb sollte ich jetzt gleich mein homöopathisches Entspannungsmittel einnehmen, das mir noch nie geholfen hat, aber ich habe auch noch die CD mit den Visualisierungen, wobei ich mit Kabel am Kopf nicht schlafen kann, weshalb ich den Stromkreis wegen dem Elektrosmog ausschalte, zumal ich ohnehin schon den ganzen Tag am Rechner sitze und genug Strahlung abbekomme. Also werde ich mal wieder Golfbälle zählen, was ich immer mache, weil ich keine Schäfchen zählen kann. Deshalb zähle ich Golfbälle und habe zwei Methoden entwickelt. Die erste ist, dass ich mir eine Driving Range vorstelle. Auf einer Breite von 20 Metern versuche ich, Reihe um Reihe bis zur 100er-Markierung, alle Bälle zu zählen. Wenn das nicht klappt, dann hole ich mir im Geist einen Eimer mit vierzig Bällen, die ich zähle, indem ich Ball für Ball in einen anderen Korb hüpfen lasse, wovon ich schon oft eingeschlafen bin, aber nicht vor einem Turnier, es sei denn, ich mache gleichzeitig Muskelentspannung nach Jacobsen und lasse los, was aber manchmal zu heftigen Blähungen führt beziehungsweise zum Loslassen derselben, was man nur vollkommen ungehemmt rauslassen sollte, wenn die Partnerin bereits das Handtuch geworfen hat, was in meinem Fall fast ein Wäscheständer voller Handtücher ist, aber nicht wegen der entspannten Blähungen, sondern wegen des Golfspiels als solchem, das auch die ambitionierteste Golferin in meiner Nähe nicht als Partnerschaftstherapie erlebt, sondern nur als Stress, wie sie sagen, die Damen mit den Handtüchern. Da ich den *Spirit of Golf* und das sportliche Geschehen sehr verehre, hat mir das den Ruf verschafft, etwas verschroben zu sein, aber ich sage immer: Golfsport erzieht zur Demut und demütig suche ich jetzt die Ruhe, die ich dringend brauche. Ich sollte mir vielleicht einen Wecker stellen, weil, wenn ich erst mal tief schlafe, könnte es ja sein, dass ich nicht aufwache vom Vogellärm und Straßenkrach. *Könnte*, sage ich, denn ich weiß es nicht, da ich vor einem Turnier noch nie zum geregelten Schlaf fähig war, zum Beispiel, weil ich noch mal mein Golfbesteck im Geiste durchdenke, dieses wunderbare Set, dessen Zusammensetzung ich sorgfältig geplant habe, diese herrlichen Eisen und Hölzer, die ich eigentlich noch mal polieren wollte, weshalb ich besser gleich aufstehe, in die Latschen steige und mich frage, ob ich wirklich dieses Set spielen soll oder mein anderes Set, das auch seine Vorzüge hat, die mir aber nicht gleich einfallen, da ich mit beiden Sets schon absolut abscheuliche Runden gespielt habe, die in einer gewissen Diskrepanz zu meinem schönen Schwung und den herrlich gefitteten, perfekt ausgewogenen Schlägern stehen, die ich manchmal in den Teich donnern könnte, wenn ich nicht ein Mann von absoluter Selbstbeherrschung wäre. Jetzt lasse ich es doch gut sein und lege mich lieber wieder in die Falle, wobei mir einfällt, dass ich im Schlafzimmer nichts zu Trinken habe, ein unerträglicher Gedanke und noch unerträglicher ist mir, dass viele Menschen in aller Welt nichts zu Trinken haben, was mich an den globalen Wahnsinn erinnert und die internationalen Verbrecherorganisationen, diese Marbusantos, die im Angesicht des Welthungers nach Profiten gieren, indem sie auch noch den Ärmsten der Armen ihr Brot stehlen, aber bevor ich mich jetzt richtig aufrege, bitte ich den lieben Gott, dass alle Menschen etwas zu Trinken haben und natürlich ihr täglich Brot, womit, o Herr, kein mutagenes Hybridgetreide gemeint ist ... apropos Hybridgetreide ... habe ich mein Hybrid 22 Grad eingesteckt, mein MacGregor DX mit dem weichen Klang?

Worum ich den lieben Gott im Himmel nicht bitten werde, ist, dass meine Putts morgen fallen mögen. Ich kann mir nicht vorstellen, dass sich der gütige Herr des Himmels und der Erden bei all dem Ärger, in den sich seine Schöpfung reinmanövriert hat, morgen hinter meine Puttlinie stellen wird, um mir beim Lesen zu helfen.

Ist auch besser so, denn was mache ich, wenn der Herr dann sagen würde, dass ich es mal ein halbes Inch rechts der Lochkante versuchen sollte und der Ball prompt vorbei läuft? Soll ich mich dann mit dem allwissenden, allmächtigen Herrn des Himmels und der Erden anlegen, um ihm zu erklären, dass er sich bei einem Downhill-Putt von 1,50 Metern mit einem leichten Break nach links komplett verlesen hat?

Da schweige ich besser im Angesicht der ewigen Verdammnis, in die der Herr mich schicken kann, wenn er sich erst mal ärgert, vielleicht an einem Tag, an dem auch er nur Krampf zusammenspielt und selber keinen Ball auf die Bahn bekommt, oder erkannt hat, dass die Schöpfung eine Beta-Version mit Mega-Bugs ist, und wenn ich Pech habe, wird er so richtig knatschig und es wird finster werden, bis an das Ende aller Zeiten. Dann gnade uns Gott. Nein, das lasse ich lieber.

Ich merke, dass ich Schluckbeschwerden bekomme und sich so etwas wie eine Halsentzündung anbahnt, was ein vollkommen unmöglicher Grund wäre abzusagen, weil ich schon das letzte Mal wegen Halsentzündung absagen musste – das kann ich nicht bringen, da muss ich durch und deshalb hole ich mir vorsorglich ein Mittelchen, was gerade passt, weil ich sowieso pinkeln muss. Zum Glück bin ich ja noch wach, denn es ist natürlich viel unangenehmer, wenn ich gerade eingepennt bin und mich die latente Prostatitis wieder aus diesen Federn treibt, die mir zu warm werden, was darauf schließen lässt, dass ich vielleicht schon etwas Temperatur habe, eine kleine Grippe mit Halsentzündung, die ich mir am Wochenende in Bad Orb geholt haben könnte, als ich ein paar Loch mit drei Damen spielte, von denen nur zwei wirklich spielten und die dritte mit Erkältung einfach mitlief, weil ihr der Arzt Bewegung, aber ohne Golf, verordnet hatte. Dafür hatte sie aber sehr schön mitgespielt, so ohne Schläger, was für mich auch angenehm war und mich auf die Idee brachte, mal wieder eine Runde ohne Ball zu spielen, was einen hohen Grad an Visualisierung voraussetzt und mich daran erinnert, dass ich Bälle zählen wollte, denn mittlerweile ist es wirklich spät und ich bin total matschig in der Birne, was ich bei einem Turnier gewohnt bin, dass ich dann im Tran spiele, was gar nicht schlecht ist, weil ich dann kein Baldrian brauche. Wenn ich so tranig bin, ist der Aufregungseffekt etwas abgedämpft, was bei mir aber nichts zu heißen hat, weil ich auch so immer noch genug Mücken im Hirn habe, um auf dem ersten Grün zu zittern wie Espenlaub. Meine Hände sind wie matschige Klumpen, die an mir hängen, unfähig, dem Ball irgendeine Distanz oder Linie zu vermitteln, so dass ich einfach draufhaue und der Ball irgendwo hin geht, was weh tut, weil ich es besser kann, aber der Dr. Bercelmeyer meinte, dass ich froh sein müsse, dass meine Neurose so dicht an der Oberfläche liege und sich so transparent offenbare, weil ein Therapeut dann nicht lange graben müsse, denn eigentlich sei alles nicht so einfach mit mir, weil ich lange genug gestillt wurde und es das nicht gewesen sein kann. Mein Problem ist, dass ich alles zu schnell mache, gerade beim Putten, wobei ich mich ständig ärgere, dass andere so langsam spielen. Ich offenbarte Dr. Bercelmeyer die Vermutung, dass mich meine Mami zu schnell gewickelt habe, was natürlich nicht bewiesen ist, aber ich habe ihm eine ganze Golfsaison lang beim Warten am Abschlag von meiner Mutter erzählt, wie sie so war und wo sie so herkam und dass sie immer sehr schnell war mit allem, außer wenn sie mit der Frau Riechmann im Flur ratschte, während ich auf der Wickelkommode lag. Irgendwann hat sie dann gemerkt, dass sie sich verquasselt hatte, weil sie sich eigentlich ums Essen kümmern wollte und ich lag noch da in meiner Scheiße, worauf sie mich mal eben rasch wickelte. Ich nehme es ihr nicht übel, so ist das Leben, total okay alles, aber *sie hat mich zu schnell gewickelt*, weshalb ich den inneren Drang habe, dass die Dinge immer schnell flutschen und laufen müssen und wenn Stau auf dem Platz ist, macht es mich verrückt, weil ich dann, wenn ich dran bin, meinen Ball verziehe und garantiert in der Scheiße liege, aber meine Mami mich da nicht mehr rausholt, sondern ich muss alles selbst machen, was mich total erschöpft. Bercelmeyer war total zufrieden mit meiner Selbstanalyse und meinte, ich hätte ein mächtiges Stück Arbeit geleistet, dass mir das alles so bewusst wäre und da könnte ich in meinem Leben endlich mal einen Punkt setzen.

Tja, und dann kam der nächste Tag, an dem ich erstmals erfuhr, was Leute meinen, wenn sie behaupten, dass man auch ohne Drogen sehr gut ausflippen kann.

Am Rande des Wahnsinns

»*Es herrscht Wahnsinn in jeder wahrnehmbaren Richtung.*«
Hunter S. Thompson

Aus etwa 4000 Fuß Höhe könnte man einen Golfer, wenn er langsam und offensichtlich ohne Ziel vorankriecht, für eine Schildkröte halten. Ich vermute, dass der Mensch vom Affen abstammt, der Golfer jedoch von der Schildkröte, die seit alten Zeiten von indianischen Stämmen als Schöpfer der Welt betrachtet wird. Im Bibelgürtel der USA und bei uns in Gießen, wo ein freigeistiges Klima herrscht, hat, neben der naturwissenschaftlich umstrittenen Evolutionstheorie, auch die altbewährte, christliche Schöpfungslehre Platz im Biologieunterricht gefunden. Es wäre ein Leichtes, in meiner Gegend,

wo man alles glaubt, die Abstammung des Golfers von der Schildkröte auch in naturwissenschaftlichen Kreisen diskussionsfähig zu machen. Ich denke, dass es kein Problem wäre, einen Professor zu finden, dem die Heizkosten in seiner Villa davonlaufen und der bereit wäre, meine These fachlich auszuarbeiten. Bei Vorträgen, in denen die Unschädlichkeit von Gentechnik nachgewiesen wird, klappt das ja auch. Der Golfer stammt von der Schildkröte ab. Man mag es auf den ersten Blick nicht glauben, denn Schildkröten graben sich bei sengender Hitze tief in den Schlamm eines Teiches ein, um zu überleben. Der Golfer dagegen klettert in der prallen Sonne auf den ersten Abschlag, um sich seinen täglichen Sonnenstich zu holen. Geistig wird die Verwandtschaft zwischen Schildkröte und Golfer auch nicht gleich offenbar. Eine Schildkröte denkt stets: »Ja, ja, so ischt des«, und bewegt sich langsam auf ein grünes Objekt zu, um es anzuknabbern.

Der Golfer bewegt sich auch langsam auf ein grünes Objekt zu, steht dabei aber in einem ständigen, kritischen Monolog mit sich selbst. Er knabbert das Grün, das eine flach geschorene Rasenfläche ist, auch nicht an, sondern versucht, einen Ball in ein Loch zu schubsen. Wenn das nicht auf Anhieb gelingt, sagt er nicht: »Ja, ja, so ist das«. Er ruft stattdessen Gott an oder spricht einen Fluch aus, der den Greenkeeper jedoch nicht sonderlich beeindruckt, weil der schon Feierabend gemacht hat.

Ein Golfer kann, im Gegensatz zu seinem weisen Ahnen, der Schildkröte, nicht akzeptieren, dass die Dinge so sind, wie sie sind. Sein mentales Gebrabbel beschäftigt sich damit, warum das alles sein muss und warum es ihm geschehen muss. So krötet der Golfer die staubige Bahn über vertrocknete Fairways entlang, hin zu jenem Kreuzweg, an dem sich das Irdische und das Himmlische begegnen können, was bei dieser Hitze ziemlich bald sein kann. Wenn es ihn dann erwischt, dann kommt er genau dahin, wo auch seine Ahnen hocken: tief in die Erde, hinab in den Schlamm, wo es schön kühl ist.

Das wäre mir jetzt gerade recht. Auch mich hatte Gottes unergründlicher Ratschluss oder mein Sprung in der Schüssel veranlasst, zu einem vorgabenwirksamen Turnier zu melden, obwohl die Ozonwerte immens waren und kein Sonnenschutzmittel oder nasses Handtuch ausreichte, die glühende Hitze zu besänftigen.

Ich habe das Gefühl, dass die Sonne seit einigen Jahren viel aggressiver brennt. Wir waren doch früher auch bei jedem Sonnenwetter endlos draußen, hatten auch mal einen Sonnenbrand, aber ich kann mich nicht entsinnen, dass das Licht so grell war und ich das Sonnenlicht jemals als gemein und beißend empfunden hätte, wie das in den letzten Jahren der Fall ist.

Meine Güte, was war es heiß. Der Platz war vollkommen vertrocknet. Sich bei diesem Wetter zu einem Turnier zu melden, ist Teil jenes Irrsinns, in dem der Golfer existiert, aber ich mag es, wenn ich auf einem Par 5 mit dem 2. Schlag (Eisen 8!) hinter dem Grün liege und ich mich einmal im Jahr als Longhitter fühlen darf.

Ab sechs Uhr morgens begann ich, meine Bandscheiben für den Tag aufzuweichen. Während meiner Morgenmeditation betete ich zu meinem Ninja-Turtle-Schutzgeist und stellte mich dann vor den Spiegel, um TSCHAKKA und BANZAI zu brüllen, bis die Nachbarn klopften.

Auf dem Platz brauchte ich mich nicht warm zu machen, denn ich kam nassgeschwitzt an, obwohl es noch früh war. Ich schlug mich ein, machte ein paar Probeputts und als meine Zeit kam, federte ich mit energischen Schritten zum ersten Abschlag, von wo ich den Ball mit dem mir eigenen, sanften Schwung zu einem flachen Tuntenfade den Berg hinauf trieb. Ich hatte mir, um Kräfte zu schonen, sogar einen Elektro-Trolley geliehen. Der hatte offensichtlich auch schlecht geschlafen. Die erste Bahn führt steil bergan und ich hoffte, mitgezogen zu werden. Aber nein. Das bleischwere Monster war konditionell noch schlechter drauf als ich, röchelte, jammerte und erwartete ernsthaft, dass ich es den Berg *hochschieben* würde.

Die Sonne stieg, die Vögelchen jubelten. Ich hatte nette Burschen im Flight und, wie sich nach ein paar Loch zeigte, hatte ich erstmals seit Jahren keinen Yips. Ruhige Hände. Offene Weite. Nur der Trolley nervte. Dann begann es heiß zu werden, die Konzentration ließ allgemein nach und die Ballsucherei begann.

Wenn man länger an einem schattenlosen Ort steht und auf ein Wunder hofft, zum Beispiel darauf, dass der Flight vor einem im stacheligen, knisternden Distelgrasgewirr endlich den Ball findet, dann kann dieses Warten in der hessischen Wüste zu Visionen führen. Jederzeit kann ein Dornbusch losbrennen und wer dabeisteht, halb wahnsinnig vor Hitze und Durst, wird bezeugen, dass es Gott war, der da, etwas unverständlich, über sein Walki-Talkie knisterte. Die Gedanken schweifen, während die Hitze vor den Augen flimmert.

In meiner Jugend war ich ein spirituell Suchender. Wie alle 17-jährigen Knaben, die kein Mädchen hatten, das zu allem bereit war, vertiefte ich mich, neben dem Buddhismus und dem Hinduismus, auch in die christliche Mystik. Ich las von den »*Vätern der Wüste*«, den Yogis des Urchristentums, die auf einem Stock gestützt in der flimmernden Dürre standen und auf eine göttliche Eingebung hofften, so wie ich mit meinem Driver auf dem vertrockneten 4. Abschlag.

Alle durchgeknallten Offenbarungsreligionen sind – wie der Golfsport – in Staub, Hitze, Trockenheit, Dürre, Durst, Mangel und Entbehrung entstanden. Der Buddhismus als Erkenntnisweg erwachte erst, nachdem sich der Buddha in den Schatten eines Baumes setzte, etwas trank und in aller Ruhe nachdachte. Ich denke an die Konflikte im Nahen Osten. Ist der christliche, jüdische oder islamische Gott seit Jahrtausenden nur ein Alibi für primitive Stämme, um sich zu prügeln? Eine Stunde im Staub eines vertrockneten Golfplatzes führt zu den letzten Fragen und das hat Sinn, auch wenn man ihn nicht findet.

Auf dem nächsten Loch spielte ich, dank Schutzgeist ohne Yips, ein Birdie – und wieder standen wir im Stau. Die Kollegen hatten nasse Handtücher auf dem Kopf. Wie es schien, drang die Feuchtigkeit direkt in jenen Hirnbereich ein, der beim männlichen Golfer mit dem Thema Fortpflanzung befasst ist. Die libidinöse Blockade älterer Golfer lockert sich bisweilen bei Hitze, Alkoholgenuss oder dem Zusammensein im männlichen Rudel. Das bedeutet dann, dass sie dummgeil werden, was sich meist in Form von »Herrenwitzen« mit anzüglichem Charakter äußert.

Mir selbst ist nichts peinlicher, als wenn Golfer zotig werden und erwachsene Männer pubertäre Kinderwitze erzählen. Schlimmer ist nur, wenn angetrunkene Frauen dazu noch lüstern kreischen.

Es gibt wenig, was mich mehr nervt, als verkappte Lüsternheit in Witzgestalt. Vielleicht, weil ich dann denke, dass unsere ganze Generation der sexuellen Befreiung doch nichts gelernt hat. Aber vielleicht haben nicht alle die Möglichkeit gehabt, den persönlichen Befreiungsprozess ungehindert ausleben zu können.

Was mir andrerseits auch auf den Geist geht, ist der dumme Spruch, mit dem Nichtgolfer *witzig* sein wollen: »Na, hast du noch Sex, oder spielst du schon Golf?« – »Haha!« Wenn ich auf so etwas überhaupt antworte, dann mit der Gegenfrage: »Hattest du jemals in vier Stunden 18 Höhepunkte?« Dann herrscht meist klammes Schweigen.

Dabei ist die Frage nach dem Sex grundsätzlich nicht so daneben. Viele Menschen mittleren Alters suchen, dem hastigen Haschen nach schnellen Hormonstößen überdrüssig, nach einer dauerhaften Quelle für den gehobenen Adrenalinpegel und finden diese im Golfsport. Knapp ein Drittel der US-Amerikaner würden, wie ich gerade las, ein Jahr lang auf Geschlechtsverkehr verzichten, wenn sie dafür eine Runde auf der altehrwürdigen Anlage des Augusta National Golf Clubs spielen könnten. Zu diesem Ergebnis kam eine Studie des US-Magazins »Golf Digest«. Eine gleichzeitig durchgeführte Umfrage der Zeitschrift »Golf for Women« brachte zutage, dass die weiblichen Golf-Fans mit einer Quote von 31 Prozent ebenfalls reges Interesse an einem Spiel in der »Kathedrale des Golfs« zeigen. Der Augusta National Golf Club, der in jedem April für die Austragung des US-Masters verantwortlich ist, wollte die Ergebnisse nicht kommentieren. Nicht erwähnt wurde, dass diese Studie nicht repräsentativ ist, weil sie nur in den Südstaaten der USA erstellt wurde, wo – so meine persönliche Statistik – 90 Prozent der unverheirateten Erwachsenen überhaupt noch keinen Geschlechtsverkehr hatten, 60 Prozent der Verheirateten »es nie wieder ein zweites Mal versuchen würden«, 78 Prozent unverheirateter Bürger auf Grund sexueller Schuldgefühle mit dem Golfspiel anfing und 90 Prozent der Mitglieder von Augusta mit dem Wort *Geschlechtsverkehr* nichts anzufangen wussten.

Jetzt wurde der Trolley richtig laut. Er stöhnte, als würde auch er unter den Witzen leiden. Es ging weiter. Ich traf das Grün, versiebte aber den Putt. Meine Mitspieler schien das nervige Gnnnnnääääähhhjjjjjjrrrrrr- nnnnnggggg überhaupt nicht zu stören. Vielleicht ist die Qualität von Witzen ein Indikator für Sensibilität? Der Trolley-Sound erinnerte mich an Autorennen und Zahnwurzelausbohrung. Mir ist alles ein Gräuel, was auf dem Golfplatz Krach macht, und jetzt fuhr ich selbst mit so einer Bohrmaschine über die Weide. Peinlich! Jemand behauptete, Golf sei Meditation beim Gehen – von wegen!

Das Gras war vollkommen vertrocknet, das Rough gelbes, knisterndes Gestrüpp. Die Bälle flogen unglaublich lang, also liefen wir sofort wieder auf. Ich versuchte, mich zu konzentrieren. »Dieser eine Atemzug«, wie ich es bei Willigis Jäger gelernt hatte. »Dieser eine Schlag«. Der Schlag gelang.

Jeder Golfschlag ist eine unwiderrufliche Handlung, die im Idealfall etwas Vollkommenes ausdrückt. Der Putt nimmt dabei noch einmal eine besondere Rolle ein, weil er, sozusagen als Klimax, die Folge der vorherigen Schläge auf der Bahn abschließt und – wie kurz er auch sein mag – als voller Schlag gezählt wird, was schon Hogan[7] zu seiner Zeit geärgert hatte.

Ein Golfschlag erfordert Mut, Entschlusskraft und die Fähigkeit, den Schlag so auszuführen, wie man ihn beabsichtigt. Die Übung der körperlichen Fähigkeit verbindet sich mit der Übung der Geistesstärke. Das japanische »Hagakure« bezeichnet dies als »*entschlossenes Handeln am Rande des Wahnsinns*«, was – nach meiner Lesart – die bündige Beschreibung eines guten Golfspiels ist, während unser Alltag auf dem Platz doch eher vom *unentschlossenen Handeln inmitten des Wahnsinns* geprägt ist. Mancher Adept des Golfweges macht aus seiner Faszination gegenüber japanischen Kampfkünsten kein Geheimnis. Ähnlich dem Manager, der »Die Kunst des Krieges« von Sunzi unter dem Kopfkissen bewahrt, erhofft er sich aus den martialischen Texten der Samurai-Tradition den Mut zum eigenen Biss anzulesen. Ich stehe dem Bushido-Geist der japanischen Samurai mittlerweile etwas distanzierter gegenüber, denn ich hatte schon vor Jahren, nach der Lektüre des Buches »Zen, Nationalismus und Krieg, eine unheimliche Allianz« von Brian Daizen A. Victoria, den dringenden Verdacht, *dass Erleuchtung nicht unbedingt vor Dummheit schützt.*

Aber ZEN lehrt die unmittelbare Handlung, die wir ohne Anhaften an Gedanken des Vorhin und Nachher im Golfschlag (oder Pinselstrich) vollziehen. Das ist die größte Lust des Golfers: erleben, wenn *ES* passiert, wenn die Dinge fließen. Professionelle Spieler sprechen vom Flow, jenem Zustand »*in the zone*«, aus dem heraus alles gelingt, weil man *ES* geschehen lässt. Man hat seine technischen und mentalen Hausaufgaben gemacht und kann loslassen. Ob *ES* passiert, ist dann Gnade oder Glück,

---

[7] Ben Hogan (1912–1997): Bekannter amerikanischer Golfspieler, der den Bewegungsablauf des Golfschwungs perfektionierte.

wie immer man dieses Wirken jenseits des Tuns bezeichnen mag. Dr. Bob Rotella empfiehlt, zum Ziel zu sehen und dann zu schlagen. Andere beschwören uns, *eins mit dem Ziel zu werden*. Mein Freund Tim, dem das alles viel zu viel Gedöns ist, sagt nur: »Don't think. Hit the fucking ball."

Der Sound des Trolleys wandelte sich langsam in ein stetes, leierndes, nörgelndes Gemecker und Gemaule, so wie meine Nachbarin durch die Wand klingt, wenn sie ihren Mann zusammenscheißt. Der Trolley war konditionell am Ende. Er jammerte rum, ob ich ihn nicht tragen könne.

Das hatte mir noch gefehlt. Ich musste das Ding stehen lassen und schnallte mein schweres Tourbag ab, das ich mitgenommen hatte, um die Wasserflaschen unterzubringen, die mittlerweile leer waren.

Gleißende, sengende Hitze auf dem 16. Grün. Irgendwer brüllte FORE. Niemand zuckte auch nur. Wir hatten alle einen Sonnenstich, kein Wasser mehr und noch zwei Loch vor uns. Neben uns knallte ein Ball in den Bunker. Aha. FORE. Das meinte der. Danke.

Auf dem 17. Abschlag war gottlob etwas Schatten, aber es staute sich. Ich überlegte, ob ich nicht auch das Bag stehen lassen sollte, um nur noch mit ein paar Schlägern in der Hand weiterzuziehen. Der Flight vor uns, alles gute Spieler, hatte zwei Bälle nach links ins Aus gehookt und zwei Bälle rechts in die struppige Pampa gejagt. Der erste Spieler auf der rechten Seite wollte aus dem Rough ablegen, hatte einen Flyer und der Ball sauste auf die Spielergruppe zu, die bereits auf dem Grün am Putten war. Wir hörten ein leises »Fore«, ein Röcheln in der Ferne. Was sollte denn das? FORE ist ein Warnruf, der laut genug gebrüllt werden muss, damit jemand auch gewarnt wird.

Es ist interessant zu beobachten, wie Leute FORE rufen beziehungsweise nicht rufen. Die Fähigkeit, einen Warnruf laut und vernehmbar zu artikulieren, scheint vielen SpielerInnen erhebliche Schwierigkeiten zu bereiten. Leute, deren Stimme man den ganzen Tag über den Platz plärren hört, bekommen keinen Laut heraus, wenn es zählt. Vermutlich, weil sie immer auf sich aufmerksam machen wollen, aber eben nicht dann, wenn es darum geht, einen Fehlschlag zu bekunden.

Da haben wir den Träumer, der dem Ball nachspürt, während seine Kumpels auf dem Tee schon losbrüllen, weil sie wissen, dass der Penner den Mund nicht aufbekommt. Leise lispelt Liesel, die es nicht wahrhaben will, dass der Ball, erstmals an diesem Tag getroffen, die Hundertmetermarke an dem Punkt nimmt, an dem eine Schnarchnase, die ihr Wedge sucht, gerade hinter einem Busch hervorkommt.

Ich könnte endlos über FORE erzählen. Vielleicht sollte ich den FORE-Trainerschein beim Deutschen Golfverband machen? Die haben doch zu allem einen Trainerschein, oder? Warum nicht dazu? Wäre doch interessant. FORE-Workshops als Weg der Selbstbefreiung. Ich stelle mir vor, dass diese Gruppe von angehenden FORE-Trainern, die wichtigsten Körpertherapieformen in Gruppenarbeit kennenlernt. Diese Pilotgruppe würde an der Befreiung der eigenen, vergrabenen Ängste, persönlichen Blockaden und Neurosen arbeiten. Der FORE-Trainer sollte dann als Coach in der Lage sein, aus dem Murmler, Wisperer, Lispler und Nichtrufer sozusagen den befreiten Golfer zu machen, der ohne Hemmungen ein FORE über den Platz brüllen kann, dass im Clubhaus die H-Milch sauer wird.

Jede therapeutische Gruppenerfahrung basiert jedoch auf einem Selbsterfahrungsprozess. Man sollte Probanden aus dem unmittelbaren Umfeld gewinnen, denn es hat sich in den letzten 20 Jahren gezeigt, dass es am sinnvollsten ist, wenn sich alle hierarchischen Strukturen einer Organisation in einem therapeutischen Freiraum treffen, um an tieferen strukturellen Problemen zu arbeiten.

Die FORE-Gruppe könnte mit ihrem Supervisor zuerst einen Tag mit Massagen und Bioenergetik verbringen, wo man sich gegenseitig mit den persönlichen Eckdaten vorstellt (Gestillt? Allergien? Sexuelle oder religiöse Tabus?). Dann könnte die Arbeit beginnen, vielleicht auf der Basis einer Körpertherapie, wie sie in Poona entwickelt wurde. Alle sind nackt in einem ausgepolsterten Raum, um die realistischen mentalen Bedingungen eines Golfplatzes zu simulieren.

Die Urschrei-Therapie gilt nicht mehr als zeitgemäß, aber es wird sich der eine oder andere Proband aus der Geschäftsführung des DGV finden, der vielleicht bereit ist, seinen Konflikt mit dem Präsidium herauszubrüllen, damit die FORE-Trainergruppe einen Eindruck bekommt, wie stark sich verdrängte Aggression artikulieren kann.

Darauf folgt die gemeinsame »dynamische Meditation« nach Osho, wobei die mantrischen Laute durch ein gemeinsames *FORE-Stöhnen* in eine tiefe Phase golferischer Meditation führen.

Es ist zu vermuten, dass das Präsidium des DGV innovativen Methoden der persönlichen Entwicklung nicht nur interessiert gegenübersteht, sondern auch bereit ist, eigene Schranken zu überwinden, um sich persönlich in den Prozess einzubringen, der eine nachhaltige Dynamik für die nächsten 100 Jahre DGV-Arbeit verspricht.

Wie jedem Therapeuten bekannt ist, lässt sich das Psychogramm einer gehobenen Funktionärspersönlichkeit nicht mehr mit herkömmlichen Mitteln knacken, weshalb das Präsidium und die Geschäftsführung in zwei Gruppen aufgeteilt wird. Die eine Gruppe beginnt mit Atemübungen nach Stan Grof, bis die Wirkung von 500 Microgramm Lysergsäurediethylamid aus den Restbeständen der Firma Sandoz einsetzt. Die andere Gruppe erarbeitet ihren »Weg aus dem Sumpf« frei nach Otto Mühl in einer Selbstdarstellungsgruppe, die auf den ersten Blick nicht von einer normalen Präsidiumssitzung zu unterscheiden ist, wenn nicht der Punkt käme, an dem das Vitamin K zu wirken begänne, wie John Lilly »Ketamin« zu bezeichnen pflegte, das als Narkosemittel zu interessanten Wahrnehmungen führt. Gerade Profilneurosen erleben, dass man sie lieb hat und sie vollkommen okay sind, wenngleich – vielleicht – im falschen Job.

Die beiden Gruppen werden, wenn die halluzinogene Phase nachlässt, im Therapieraum zusammengeführt. Die FORE-Trainer-Gruppe stellt sich jetzt im Kreis auf und beginnt mit dem rhythmischen FORE-Rufen.

Die halbnackten Vorstands- und Präsidiumsmitglieder des DGV erfahren jetzt eine Art Exorzismus, denn wenn tatsächlich eine Perspektive, eine Vision für die nächsten 100 Jahre DGV gesucht wird, dann geht das nur, indem man die alten Teufel von Ignoranz, Borniertheit und Statusdenken austreibt. Dieser Prozess führt zu einer spirituellen Regeneration, einem großen Befreiungsschlag. Trommeln, Gruppenhalluzinationen und unter den FORE-Rufen des Trainerteams reitet ein weißer Zauberer über ein grüngoldenes Fairway hinein, in das gleißende Licht der DGV-Erleuchtung. Die Hufe des Pferdes berühren den Boden nicht. Es ist der ewige Graugolfer, der zum weißen Reiter wurde, der Retter des Golfsports. Tränen steigen auf, die Herzen werden warm, Liebe erfüllt alle Beteiligten.

In dieser Phase dürfen auch die Damen des Hauses nicht fehlen. Alle rufen ekstatisch FORE, singen, tanzen, stampfen zum dröhnenden

Rhythmus der Tablas, Djembes und Kongatrommeln, die mit Persimmonköpfen geschlagen werden. Zum Schluss haben sich alle lieb. Nur die Speedfreaks von der DGS[8] müssen draußen bleiben.

Es war wirklich heiß. Die Sonne drehte an der letzten Schraube, die noch nicht locker war. Schweinische Witze wurden längst nicht mehr erzählt. Alle waren fix und fertig. Sechs Stunden Alptraum. Einer zählte seinen Score zusammen (sollte man nie machen), der Nächste hockte auf dem Tee, der Dritte hatte die Ehre. Mein Drive auf der 18. Bahn hookte auf die linke Seite ins Rough. Ich schleppte mein Bag bis ca. 150 Meter vors Grün. Vor dem Grün liegt der Teich. »Nein, ich werde nicht angreifen«, dachte ich. Ja, ich bin ein Feigling, ein Weichei, ein Warmduscher, eine Memme. Na und? Ich kann keinen hohen Ball schlagen. Ich toppe den Ball grundsätzlich in den Teich. Aber ich bin klug. Ich weiß, was Course-Management ist.

Ich hole mein Eisen 7 raus, um den Ball rechts hinter dem Teich abzulegen. Ein guter Schachzug bei dieser Hitze. Ein kleiner Chip, ein Putt, Par! So spielt man Golf!

Ich traf die 7 sehr gut. Leider schloss sich das Blatt im Gras. Der Ball segelte in einer hohen Linkskurve über die rechte Seite des Teichs und entschloss sich, vermutlich auf Grund der Hitze, ein Bad zu nehmen. Wotsch!

Vor dem Wasserhindernis musste ich droppen. Von hier aus waren es etwa 70 Meter. Visualisierung ist alles. Wenn man ein Loch sehen kann, sagt Palmer, dann kann man auch einlochen. Ich konnte das Loch nicht sehen, weil es von Büschen und Gras verdeckt war. Aber ich kenne den Platz wie meine Westentasche. Es ist ein Gapwedge. Exakt 52 Grad, Schwunggewicht D2, Midflexpoint, weicher, halber Schwung, der Ball fliegt hoch aufs Grün, findet den perfekten Bounce und rollt ins Loch.

Ich schwang etwas zu hastig, traf den Ball mit der Kante und er schoss durch das Schilf ins Wasser. Wotsch – die Zweite! Hmmm.

Der Schläger war richtig. Ich musste nur durchschwingen. Also neuer Ball ins Spiel. Jetzt klappte es. Der Ball war perfekt getroffen. Zu perfekt. Er flog über das Grün in den Grünbunker, aber kein Problem! Ein Bunkerschlag ist meine Spezialität. Bergab auf ein ausgetrocknetes

---

8 Deutsche Golf Sport GmbH

Grün, hinter dem der Teich liegt, der bereits zwei Bälle geschluckt hatte – da neigen schwache Nerven zum Toppen. Ich bin ein sehr guter Bunkerspieler. Nur hatte ich nicht daran gedacht, dass ich schwache Nerven habe, die letzte Schraube sich bereits gelockert hatte und die erschöpften Kameraden fassungslos am Grünrand standen und darauf warteten, dass sie fertig putten konnten. Ich bemerkte, wie sich der nächste Flight hinter dem Teich unter Schirmen versammelte, jemand sogar seinen Kopf in die vergiftete Brühe des Teiches versenkte, um nicht am Hitzschlag zu sterben. Es flimmerte vor meinen Augen, als ich den Ball ansprach. Aber ich konnte noch nicht schlagen. Eine Gruppe von nackten Körpern wand sich in therapeutischer Selbstbefreiung auf dem Grün. Ich fing an, mit dem Schläger zu stampfen und begann archaische Laute zu grunzen. Ich rief: »FORE! FORE! FORE! FORE!«, und stampfte im Sand, während ich mich im Kreis drehte. »FORE! FORE!« Daneben tanzte ein gelber Hase namens Erwin. Er hatte schöne rosa Ohren, die blinkten ...

Ein Eimer Wasser wurde über mir ausgeschüttet. Ich lag im Schatten. Die Kameraden standen herum. »Er muss seine Score-Karte unterschreiben.« Hilflos hob ich die nassen Arme. »Hey, du Spinner, du musst unterschreiben!« – »Aber ich habe das Loch nicht fertig gespielt ...« – »Oh Mann, Stableford, du Volldepp!« – »Ah!«

Ich krakelte etwas auf die Karte, die mir hingehalten wurde und fiel in einen leichten Schlummer. Ich erwachte, als sich Dr. Bercelmeyer über mich beugte. Aus seiner Notfalltasche fummelte er eine Infusionsnadel heraus. Die Flasche hing schon im Baum. »Na, heiß gelaufen?« Mein Mund war vollkommen ausgetrocknet. Ich konnte nur flüstern: »Fore«, und wurde ohnmächtig.

Den restlichen August machte ich mich im Golfclub Bauernburg etwas rar, bis sich das Gerede gelegt hatte. Abends, wenn die Hitze erträglich wurde, spielte ich manchmal in Himmelfahrtsaue und auf anderen Plätzen, die in diesem mörderischen Sommer zu Staub zerfielen. Ich mochte diese trockenen Bahnen, die mich an schottische Links erinnerten und ich gratulierte verzweifelten Greenkeepern zu ihrem Platz, der endlich die traditionelle Spielweise vergangener Tage ermöglichen würde. Es kam mir aber durchaus gelegen, als ich dann eine Einladung erhielt, die mich auf eine Expedition in unbekannte Regionen dieses Landes führen sollte, zu einer Lesung, von der sich die Eingeborenen so schnell nicht wieder erholen sollten.

Die Lesung

Ein Golfclub hatte mich zu einer Lesung eingeladen. Sprachlos saß ich da und drehte die Anfrage zwischen den Fingern. Immer wieder äugte ich auf das Einladungsschreiben. Wollte sich jemand mit mir einen Spaß erlauben? Aber der Brief schien echt zu sein. Das Datum passte mir. Jedes Datum hätte mir gepasst. Man würde sich über eine etwa einstündige Lesung freuen. Die Unterbringung im Fünf-Sterne-Haus eines Clubkameraden sei arrangiert. Eine kleine Aufwandsentschädigung sowie die Fahrkostenerstattung würde man als selbstverständlich ansehen. Im PS stand: »Bitte bringen Sie Bücher mit!« Ich dachte: Endlich!

Der Club lag sozusagen im golferischen Hinterland. Nicht gerade meine Rennstrecke. Ich war noch nie dort gewesen. Den Namen hatte ich schon mal gehört. Im Internet fand ich nur eine dürftige Kurzbeschreibung. Ich bestätigte den Termin Ende September. Ich hatte noch Wochen Zeit. Was sollte ich da lesen? Im Vorjahr, bei einer Galaveranstaltung, war ein hessischer Mundarttext gut angekommen. Aber in dieser Gegend? Vielleicht etwas Besinnliches? Meine Gedanken auf einer Golfrunde? Die konnte ich ja selbst kaum ertragen. Dann hätte ich noch einen golferischen Erweckungsgottesdienst im Programm oder etwas Politisches: meine monatliche Abrechnung mit den Machenschaften des DGV? Vielleicht doch lieber eine Glosse über die Erfolglosigkeit verwöhnter, deutscher Jungstars. So was kommt immer gut an. Da schütteln auch ältere Herren zustimmend den Kopf, die mir im Waschraum sonst nicht mal ein Handtuch reichen würden.

Welche Autoren waren für erfolgreiche Lesungen bekannt? Mir fielen nur zwei ein. Beide Erfolgskonzepte liefen darauf hinaus, dass ich mit einer Flasche Whiskey an einem Tisch sitzen musste und solange las, bis ich zu betrunken war, um noch etwas entziffern zu können.

Dann müsste ich bis zum Blackout improvisieren, die Präsidentengattin in die Wade beißen, dem Präsidenten zu seinem drallen Weibsstück gratulieren, um dann auf den englischen Golflehrer loszugehen, der aus Höflichkeit herumsitzen würde, ohne ein Wort zu verstehen. Einem Golflehrer didaktische Unfähigkeit, komplettes menschliches Versagen und seinen grottenschlechten Schwung vorzuwerfen, kommt immer gut. Verbitterte betrunkene Mitglieder würden im Angesicht dieser Wahrheit nach Rache schreien, ein wütender Pöbel von Mitgliedern holt ein Seil aus dem Greenkeeper-Schuppen und schon zerren sie den armen Kerl zur großen Eiche im Hof. Wütende Weiber, von meiner Lesung lüstern und aufgestachelt, prügeln sich um die besten Plätze, bis sie am anderen Ende des Hofes eine einsame clubfreie Golferin mit roten Haaren entdecken, die nach einer späten Runde gerade dabei ist, ihre Schläger zu reinigen. »Eine Hexe«, brüllen die Clubdamen: »Eine Hexe!«

»Die ist schuld, dass ich seit Wochen keinen Ball treffe!«

»Mir hat sie meinen Putter verhext!« – »Sie hat meine Bälle verzaubert!« – »Die Schlampe hat meinen Mann verhext. Er spielte immer einen Slice, jetzt plötzlich einen Hook!« – »Schaut, sie hat einen Driver mit zwei Köpfen!« – »Eine Hexe! Verbrennt sie!«

Die Clubdamen stürzen sich auf das arme Geschöpf und zerren sie an den langen, roten Haaren herbei. »Reißt ihr das Hemd vom Leib«, brüllt ein rüstiger Clubkamerad, der nur noch von verblassenden Erinnerungen zehrt. Sie ziehen ihr das Polohemd über den Kopf und überaus wohlgeformte, üppige Proportionen wölben sich im Lichte der Fackeln, die eilig herangebracht werden. Die Männer vergessen den Headpro, der mit der Schlinge um dem Hals unter der Eiche steht. In einem kurzen Moment der Stille starren alle auf den makellosen, weißen Körper der rothaarigen Schönheit. Dann kreischt die Präsidentengattin: »Ein Dirne! So einen Körper hat nur eine Dirne des Teufels! Verbrennt sie!« Und weiter geht es …

Einige Tage später, ich hockte gerade in meiner Höhle und joggte durch meine Hirnwindungen, klingelte das Telefon. Es war jener Clubpräsident, der die Einladung unterschrieben hatte.

»Lieber … hochverehrter …«

Nu sag schon, dachte ich. Ich bin doch kein Kammersänger. Aber er schien mich wirklich für einen Künstler zu halten, so eierte er rum. Es sei ihm ja unangenehm, und so kurz vor dem Termin, aber der Vorverkauf ließe erahnen ... »Was denn«, meinte ich, »wollen Sie mir absagen?«

Er stöhnte, verneinte, wand sich in der Leitung. Es sei ihm sehr peinlich, aber die Mitglieder seien nun mal nicht so sehr an Literatur interessiert, zumal einige von ihnen dummerweise Texte von mir gelesen hätten und man habe sich echauffiert. Man wolle doch keine Publikumsbeschimpfung der Mitglieder ... er sei ja nur der Bote.

»Also wollen Sie absagen?«

»Auf keinen Fall«, wälzte er sich in Scham. Ich müsse mich nur darauf einrichten, dass der Saal nicht voll wäre. Das wäre okay, tröstete ich ihn, solange sich nichts an den Spesen und der Aufwandsentschädigung ändern würde. Nein. Nein. Würde es nicht.

Ich beruhigte ihn, ich hätte gerade eine Provinzlesung hinter mir mit Zuhörern, die schnell mal einen Pro aufknüpfen, der nichts taugt und selbst Hexenverbrennungen seien in manchen Gegenden noch üblich. »Ach wirklich?«, fragte er zurück. Nein das käme in seinem Club selten vor. Man sei eher sittlich orientiert. Die Evangeliumstage der freien Gemeinde hätten manchen Golfer wieder auf den rechten Weg gebracht, weshalb man händeringend nach neuen Mitgliedern suche. Meine Lesung solle der Anlass sein, die Regionalpresse einzuladen, um das Thema Golf mal wieder in die Wochenendbeilage zu bekommen. Ich würde ja sehr kontrovers diskutiert werden. Wie er das meine, ging ich ihn gleich scharf an. Er könne sich ja auch eine glatte Fönfrisur einladen. Jetzt ärgerte ich mich. Er zuckte durch den Hörer zusammen. Nein, so sei das nicht gemeint. Er habe einige Kapitel meines Buches gelesen, bis es seine Frau konfisziert hätte. Das beruhigte mich. Ob er eine rothaarige Frau kenne, die im Club manchmal als Gast spielen würde ... aufreizend gute Figur. Hmmm, nein, darauf achte er nicht, als Katholik, und zudem sei er jetzt schon so lange Golfer ... Verstehe. Ich ließ es versöhnlich enden, konnte ihm aber noch eine Flasche Single Malt rausleiern, ohne die ich nicht lesen könne. Ob es ein bestimmter sein müsse. Keinen irischen, den habe der Kollege Rübezahl gepachtet und auf keinen Fall einen Chinaski-Bourbon. Ein Talisker wäre mir recht, ein Oban oder ein Glenmorangie. Er versprach, sich darum zu kümmern.

Am Tag meiner Abreise war ich aufgeregter als vor einem Turnier. Lampenfieber ist noch schlimmer als der erste Abschlag bei einem großen Pro/Am. Ich rief einen Kumpel mit Bühnenerfahrung an.

»Du hast fünf Sekunden Zeit. Die entscheiden, ob du sie am Sack hast.«

Ich verwies darauf, dass die Mehrzahl meiner Leser weiblich sei, was ich den Leserbriefen entnahm. Ihm war das egal. »Du hast fünf Sekunden. Das ist nicht mal ein ganzer Satz. Es ist gerade mal ein Blick, eine Geste, und schon muss es geknallt haben.«

Geknallt haben? – Jetzt war ich doppelt ratlos. Ich bin ein Mann für den zweiten Blick. Ein Allerweltsgesicht, bei dem man höchstens an weiche Eier und warme Duschen denkt. Sollte ich mich maskieren, damit ich wie Harry oder Hank aussah? Ich beschloss, den irischen Volksdichter zu geben. Ich suchte alte Cordhosen heraus, die ich beim Wintergolf trug, zog ein kariertes Flanellhemd an und ein Tweedsakko darüber. So konnte man sich in jeder Bar von Donegal blicken lassen.

Ich fand den Club leichter, als ich befürchtet hatte. Ich schätze, dass der Club Ende der 80er Jahre eröffnet wurde. Wie alt ein Club ist, erkenne ich an den Hinweisschildern. Die alten Clubs haben gar keine und wenn, dann weisen sie in die falsche Richtung. Höchstens wenn man ganz nah dran ist, findet man ein kleines Schild, hinter Büschen an einen Baum genagelt, aber nur, wenn man zu Fuß geht. Ein junger Golfboomer hätte keine Ahnung, was hinter der Hecke liegt, an der er entlangfährt. Die alten Plätze brauchen keine Besucher. Wer hier spielt, ist eingeladen und der Chauffeur kennt den Weg. Clubs, die jünger sind, haben an der Straße einen Hinweis auf das Restaurant, das auch für Nichtgolfer geöffnet ist. Dieser Forderung des neuen Gastronomen hat der Vorstand schweren Herzens zugestimmt, damit der Club, nach mehreren Konkursen, wenigstens zum 10. Jahrstag warme Küche anbieten kann. Es war schon ein geflügeltes Wort in der Gegend:

»*Fährst du zum Golf nach Hasenrot,*
pack dir Bier ein und ein Brot.«

Die neuen Golfclubs sind nicht zu übersehen. Schon an der Autobahnabfahrt findet man einen Hinweis. Danach ist die ganze Strecke gut ausgeschildert, bis im entscheidenden Moment, an der Ausfahrt eines Kreisverkehrs, das Ausfahrtschild fehlt, worauf man falsch abbiegt und in einer Sackgasse landet. Am Ende der Straße stehen zwei Häuser. Ein älteres, hässliches Haus, das dringend einen Anstrich gebrauchen könnte und eine große Villa mit schmiedeeisernem Tor. Vor dem kleineren Haus, unter einem Sonnenschirm auf seinem Klappstuhl, sitzt eine Campingplatzphysiognomie und kaut auf seinem Pfriem. Vor ihm, auf dem Campingtisch, stehen Eierkartons mit Golfbällen, die nach Farben sortiert sind, sowie Getränkebüchsen und Scorekarten. An Tischen lehnen ein paar einzelne Golfschläger. Sie denken: Das kann doch nicht der Club sein. Aber während Sie zu wenden versuchen, müssen Sie genau vor dem Tisch halten. Sinnvollerweise fragen Sie ihn, wo man die Ausfahrt zum Club verpasst haben könnte. Der Mann hört schlecht. Also steigen Sie aus. Wo der Club sei, brüllen Sie. Könne ja nicht weit sein, schließlich habe er Bälle zu verkaufen. Ja, Bälle habe er. Mühsam gesucht, aber sehr preiswert. Wie viele man bräuchte.

Man brauche keine, sagen Sie, aber dann entdecken Sie Ihre Lieblingsmarke in einem der Kartons und fragen, was ein Ball kosten soll. *Ein Ball* versteht er nicht. Das Dutzend für 10 Euro, sagt er. Das ist für diese Ballmarke eigentlich recht günstig. Sie prüfen die Bälle. Es scheint ein guter Handel zu sein. Sie nehmen die Bälle, geben dem Gevatter einen Schein und er verschwindet in seiner Hütte. Da fällt Ihnen ein, dass Sie immer noch nicht wissen, wo der Club ist. Sie rufen, aber er kommt nicht mehr raus. Deshalb wenden Sie sich dem schmiedeeisernen Tor zu. Sie drücken den Knopf der Sprechanlage.

»Hallo«, sagt eine verführerische Stimme. »Willkommen im Club. Ich heiße Chantal und Sie finden mich im Saunabereich!« Der Türöffner brummt und jetzt entscheidet sich, wer ein echter Golfer ist, der wirklich seinen Weg zum ultimativen Schwung sucht, und wer nur ein Mitläufer ist, der keine Ablenkung auslassen kann.

Jeden Monat hängt der Golfclub ein neues Schild an den Kreisverkehr und jeden Monat macht es der Zausel wieder ab und bringt es Chantal. Für jedes Schild bekommt er eine gute Zigarre und darf ein Filmchen schauen. Danach geben ihm die Mädchen neue Golfbälle, die sie den Möchtegerngolfern aus den Bags geklaut haben, während die von ihren K.-o.-Tropfen ausnüchtern.

Ich fuhr meinen alten Kombi in eine stille Ecke des Parkplatzes, nahm meine Tasche mit den Texten, schlenderte zum Sekretariat und holte tief Luft: Ein schönes Clubhaus, alter Baumbestand und offensichtlich ein interessanter Platz. Die Provinz weiß ihre Geheimnisse zu verbergen.

Der Parkplatz war voll, was mich hoffnungsfroh stimmte. Golfer zogen mit ihren Karren an mir vorbei und grüßten auffällig höflich. Erkannten sie mich? Hatte der Club Plakate mit meinem Bild drucken lassen? Im Sekretariat empfing mich niemand. Großzügig sah ich darüber hinweg und verharrte am Tresen, hinter dem eine gepflegte Dame gestenreich telefonierte. Irgendwie kam sie mir bekannt vor. Die nicht mehr ganz frische Erscheinung der Dame, die in meinem Alter sein mochte, weckte in mir düstere Erinnerungen. Nach dem, was ich mithören musste, arbeitete sie offensichtlich für eine Partnerschaftsberatung. Ich lächelte verlegen, machte winke, winke und irgendwann schaute sie über ihre Lesebrille zu mir hoch. Von der Lesebrille hingen zwei feine, goldene Kettchen rechts und links der schmalen Wangen herab, die ihrem filigranen Gesicht Konturen gaben. Eine Seniorennymphe mit dem Charakter einer Bulldogge. Nachdem ich erneut winke, winke machte und auffordernd die Brauen hob, knurrte sie, drehte sich von mir weg und sprach weiter. Sie hatte eine silberne Stimme – quecksilbern.

»Das würde ich mir nicht gefallen lassen. Glaub mir, damit käme er bei mir nicht durch. Da musst du jetzt mal standhaft bleiben. Diese Kerle können nur nehmen. An deiner Stelle würde ich den mal so richtig ...« Sie schien mich endlich wahrzunehmen, legte die Hand auf den Hörer, schaute mich konsterniert an und fragte: »Was wollen Sie? Sehen Sie nicht, dass ich telefoniere?«

»Verzeihung. Ich komme zur Lesung.«

»Welche Lesung?«

»Na, die Literaturveranstaltung. Die Lesung!«

»Ach so.« Sie sprach wieder in die Muschel:

»Hör mal, Maria, ich ruf gleich wieder an. Hier ist *irgendwer* wegen dieser Lesung. Ja, eine Lesung ... weiß ich auch nicht ... keine Ahnung.«

Sie schaute zu mir hoch: »Worum geht es da?« Sie hielt den Hörer hoch, dass Maria mithören konnte.

»Hmm. Soll sehr witzig sein. Keine fade Literatur. Der Autor erklärt, wie man aus drei Schlägen zwei macht, ohne zu schummeln. Und es geht um SEX. Viel Sex. Aber sehr sensibel vorgetragen. Erotische Träume auf dem Golfplatz ... soweit ich das weiß.« Ich glühte.

Aus dem Hörer kicherte es. »Was sagst du?« Die Sekretärin hatte wieder den Hörer am Ohr. »Stimmt. Ja, so ein Quatsch. Erotische Träume auf dem Golfplatz ... haben wir hier nicht ... genau. Du, ich muss. Also bis gleich.«

Jetzt erhob sie sich und wandte sich mir zu: »Also, was kann ich für Sie tun.«

»Wie gesagt, ich wollte zur Lesung.«

»Das macht fünf Euro.«

»Wie? Man nimmt Eintritt für die Lesung?«

»Aber natürlich, umsonst ist der Tod«, antwortete sie.

Ich beschloss inkognito zu bleiben.

»Also, fünf Euro?«

»Ja«, sagte sie. »Mit DGV-Ausweis.«

»Wie – mit DGV-Ausweis?«

»Mitglieder des DGV zahlen fünf Euro. Was ist daran so schwer zu verstehen?«

»Und andere Leute?«

»Eingeschränktes Spielrecht auf dem DGV-Ausweis zahlt acht Euro. VcG-Spieler zahlen 10 Euro. Graugolfer haben keinen Einlass. Nichtgolfer fünf Euro.«

»Wie? Wenn ich kein Golf spiele, kostet es so viel wie mit DGV-Ausweis, aber als VcG-Spieler zahle ich das Doppelte?«

»Genau.«

»Warum?«

»Das ist wegen der Gegenseitigkeit. Wenn ein anderer Club eine Lesung macht ...«

»Halt«, unterbrach ist sie. »Hat hier schon mal irgendein Club eine Lesung gemacht.«

Sie dachte nach. Nicht, dass sie wüsste. Vor ein paar Jahren habe es mal ein Kammerkonzert in einem Club gegeben, aber das sei vor ihrer Zeit gewesen.

»Und da war auch doppelter Eintritt für VcG-Spieler?«

Wusste sie nicht. Wahrscheinlich nicht. So lange gibt es ja *solche Leute* noch nicht.

Meine Familie habe einen Arier-Ausweis gehabt. Ob ich deshalb einen Rabatt bekommen könnte, fragte ich sie. Sie schaute mich irritiert an. Da müsse sie sich erkundigen. Da käme der Präsident, bitte sehr, den könne man fragen.

Ich nahm Haltung an, als der Herr Präsident nebst Gattin durch die Tür traten. Er schien mich gleich zu erkennen. »Ja mein Lieber ... welche Freude ... und so zeitig ... wo doch das Künstlervölkchen die Disziplin nicht gerade erfunden hat ... ha, ha!« Schelmisch drohend hob er den Finger. Dann stellte er mich seiner bezaubernden Gattin vor, die mich desinteressiert musterte. »Einen Erfolgsautor habe ich mir ganz anders vorgestellt«, sagte sie mit einem Blick auf meine ausgebeulten Cordhosen. »Der Golfmarkt ist klein, sehr klein. Ich komme übrigens gerade von einer Lesereise aus Irland zurück«, log ich. »Schreiben Sie englisch?«, fragte sie. »Nein, aber es gibt eine große Kolonie von Deutschen, die in Irland ihren Traum von Freiheit verwirklichen wollen. Ähnlich wie die Iren in den USA. Alle irischen Auswanderer wurden Polizisten und alle deutschen Auswanderer arbeiten in Call-Centern der großen IT-Unternehmen rund um Dublin.« – »Arbeiten? Was es nicht gibt.« Die Präsidentin wirkte gelangweilt. Dann ging sie, um sich frisch zu machen. Der Clubpräsident zwinkerte mir zu. »Müssen Sie auch schon wieder? Hä?«

PING! Jetzt wusste ich, woher ich ihn kannte. Nachdem wir uns beim DGV-Verbandstag das dritte Mal beim Pieseln getroffen hatten, stellten wir uns leicht verlegen vor. Ich sprach über die Prostatitis im Allgemeinen und erzählte ihm dann, wie ich mich mit dem alten Karsten Solheim, dem Erfinder der Schlägermarke Ping angefreundet hatte, als wir vor etlichen Jahren bei der BMW Open mehrfach zusammen Schlange standen. Solheim lud mich später in seinem Wagen ein, »to show me some pictures.« Erst war ich etwas irritiert, aber ich stimmte zu. Es goss in Strömen und seine Manager hielten Schirme über uns, damit wir halbwegs trocken in den Wagen kamen. Er packte seine Bilder aus. Klasse Aufnahmen vom Schwung, mit der Highspeed-Kamera aufgenommen. Neue Schlägermodelle und dazu brabbelte er unglaublich interessante Sachen. Zumindest klang es so. Ich konnte sein Englisch kaum verstehen. Diese Geschichte hatte den Präsidenten beeindruckt. Ja, das sei ihm in Erinnerung geblieben. Irgendwann habe er die Idee mit der Lesung gehabt. Leider sei die Resonanz nicht so toll, aber er habe mich ja gewarnt. Trotzdem seien noch ein paar Karten verkauft worden. »Trotz ihrer Clubsekretärin?«, fragte ich. »Ach, die Gesine.« Er winkte ab. Die sei von einem bekannten, süddeutschen Club abgeworben worden. Da würden noch andere Sitten herrschen. Tja, die Dienstleistung sei nicht ihre Stärke, aber sie gäbe dem Club einen gewissen Flair. Es seien doch zumeist einfache Leute in dieser ländlichen Region.

Am Empfang vorbei gingen wir gemeinsam in dem Clubraum. Der war an allen Tischen voll besetzt. Ich atmete auf. Donnerwetter! Das sähe doch nach großem Interesse aus, meinte ich. Der Präsident schaute irritiert.

Äh, nein, das sei nicht der Veranstaltungsraum. Das sei das Restaurant. Wir gingen durch den Saal. Er nickte gütig nach rechts und links, aber niemand schien ihn grüßen zu wollen. Vermutlich externe Restaurantgäste oder ein Bus mit Holländern. Hinter dem Restaurant war der Eingang zum Veranstaltungssaal. Als wir eintraten, sah ich vier Personen in der ersten Reihe sitzen. »Es kommen noch mehr«, flüsterte mir der Präsident zu, »es ist noch früh.« Ja. Seine Frau kam, gähnte und ging wieder. Und Maria kam. Sie hatte rote Haare. Da stand der Whiskey. Über dem Rest liegt dumpfes Vergessen und die Vereinbarung des Stillschweigens auf Gegenseitigkeit.

Die Hitze hatte endlich nachgelassen. Nachdem ich von meiner Lesung ausgenüchtert in den ruhigen Hafen häuslicher Stille zurückgeschippert war, begann ich ernsthaft über mein neues Buchprojekt nachzudenken. Hatte Dagobert Seicht vielleicht recht? Waren es die Außerirdischen, die längst unser Schicksal bestimmten? Schon vor etlichen Jahren, nachdem ich Steven Spielbergs »Unheimliche Begegnung der dritten Art« gesehen hatte, überkam mich das Gefühl, dass Hollywood die Menschheit mittels Filmen auf den großen Schock vorbereiten sollte. Waren die Ufos wirklich bereits auf den Grüns gelandet?

An einem Spätsommerabend saß ich hinter dem 14. Grün am Waldrand, als ich etwas sah, was mir wirklich seltsam vorkam:

Auf dem 14. Grün tanzten drei betrunkene, halbnackte Frauen zu dem grauenhaften Dumpfbackenpop, der vom Clubhaus herüberdröhnte. Sie hatten ihre Pumps auszogen, um das Grün zu schonen, warfen die Arme in die Luft, bewegten ihre steifen Hüften hin und her und bildeten sich ein, wild und ekstatisch die unvergessliche Nacht ihres Lebens zu feiern. Keine der Frauen bemerkte das golfballgroße Ufo, das hinter ihnen in dem Teich verschwand, in dem bereits Tausende von golfballgroßen Ufos gelandet waren. Die Invasion stand bevor und das Einzige, was die Menschen vor den Aliens schützte, war dieser grauenhafte Dumpfbackenpop.

Hatte ich ein Déjà-vu? Irgendwie kam mir das alles so bekannt vor. Schrieb ich Szenen, bevor Sie passierten oder sah ich voraus, was passieren könnte? Nachdem die Frauen verschwunden waren, ging ich zum kleinen Teich und als ich näher kam, machte es »Gwupp«. Ein Fisch? Ein Frosch? Ein Alien, der aus seinem Ufo schlüpfte? Wieder machte es »Gwupp«. Mir war das unheimlich. Ich ging.

Nein, jetzt kommt keine Pointe. Ich hatte Schiss. Ich sehe bei einer Filmszene immer voraus, wo der Held *nicht* reingehen oder die Hand reinhalten sollte. Selbst wenn ich einem Hund nur im Traum begegne, wechsle ich die Straßenseite. Ich bin kein Held, kein Kämpfer, ich bin ein Suchender. Meine Frage lautet: Warum fliegt mein Ball immer links ins Aus, wenn ich leicht über dem Ball stehe, auf einem Fairway, dass sich nach rechts neigt. Diese Frage wird mir an keinem Wasserloch beantwortet, in dem das Grauen lauert. Der Ball, über dem ich stehe, müsste doch die Tendenz haben, nach rechts zu fliegen? Immer diese Pullhooks aus der Schräglage.

Diese Frage interessierte mich auch viel mehr, als dem Verlag aus niederen kommerziellen Beweggründen etwas Anglerlatein und Waldseeromantik zwischen die Seiten zu mischen. So beschloss ich, nach Fleesensee zu fahren, der europäischen Hochburg innovativer Golfdidaktik, um meinem Pullhook aus der Schräglage auf den Grund zu gehen.

Drei Männer im Boot

 Wenn ich ein Golfbuch schreibe, dann kann der Leser erwarten, wirklich etwas Neues zu lernen. Das muss neu, einfach und so genial sein, dass man damit notfalls auch noch ein Leck in einem alten Kahn zukleben kann. Um die allerneuesten Golftrends auszuspionieren, fahre ich deshalb einmal im Jahr nach Fleesensee, um meinen Freund Oliver zu besuchen.

Just an jenem Wochenende, an dem ich dorthin pilgerte, beschloss Oliver, seinen Spiel- und Lehrautomaten auf der Driving Range für einen Tag den Rücken zu kehren. Er wollte mit einem Boot fahren, um Fischen zu lernen. So ein Zufall, dachte ich. Schon wieder Wasser.

Oliver ist Golflehrer, aber seine transpersonalen und philosophischen Studien in Verbindung mit der professionellsten Video- und Computerausrüstung in Privatbesitz haben ihn so weit gebracht, dass er den Golfsport aus einer gänzlich anderen Sichtweise betrachtet. Abgesehen von den Pullhooks wollte ich ihn bezüglich seiner Erfahrungen mit Golfsucht um Rat fragen, aber das war für ihn kein Thema. Wie viele andere Golflehrer spielt auch Oliver längst kein Golf mehr. »Zu gefährlich«, sagte er mir. »Ich könnte einen Ball verlieren. Oder meinen Schwung.« Dann lächelte er verschmitzt und biss in sein Möhrchen.

An diesem Wochenende wollte er archaische Erfahrungen machen, die für ihn, den pazifistischen Radikalvegetarier, zu einem Quantensprung werden sollten. Der Golflehrer und Fachbuchautor, der für seine eigenwilligen Lehrmethoden und Ansichten bekannt ist, gedachte den Angelwurf als Trainingshilfe zu üben. Den wollte er in seinem PGA-Handbuch zur Golflehrerausbildung als eine neue Methode der Golfdidaktik vorstellen. Olivers These: Auch Petrus war ein Fischer und wer einen Schwung, stabil wie ein Fels, bauen will, der muss Angeln lernen. So einfach ist das. Seit Richard Brautigans »Kunst des Forellenfischens« hat die Golfpädagogik keinen größeren Input mehr erfahren, obwohl bekannt ist, dass Golfgrößen wie Ernie Els, Greg Norman, Darren Clark und Nick Faldo regelmäßig fischen. Die Fähigkeit, in Ruhe zu verharren, Geduld zu lernen und auf den Moment zu warten, an dem der Fisch beißt beziehungsweise der Putt fällt, lässt sich nirgendwo besser als beim Angeln trainieren. So ist es nicht verwunderlich, wenn ein innovativer Golflehrer bereit ist, sich dieser existentiellen Erfahrung zu stellen, denn bekanntlich geht es beim Golfspiel um mehr als nur um Leben und Tod.

Ob ich mitfahren wolle, fragte mich Oliver. Warum nicht? Mal was anderes als immer nur Golf spielen. Wozu Golflehrer wirklich fähig sind, wenn sie die letzten Geheimnisse des Golfschwungs ergründen wollen, wurde mir erst bewusst, als das Boot trotz Sturmwarnung gechartert wurde.

Am Sonntagmorgen fuhren wir an die Müritz, wo unser Boot lag. Mit dabei war Olivers Meisterschüler und Co-Trainer Marco, der ebenfalls um jeden Preis bereit war, den Golfschwung in seinem ganzen Radius auszuleuchten. Oliver hatte eine kleine Audiodatei vorbereitet, die uns auf dem Weg quadrophon mit den wichtigsten Eckdaten unserer Expedition versorgte: »Mit einer Fläche von 117 km², die Tiefe bis zu 31 m, ist die Müritz im Land Mecklenburg-Vorpommern Teil der Mecklenburgischen Seenplatte. Dieser größte innerdeutsche Binnensee entstand in der letzten Eiszeit. 1990 wurde der Müritz-Nationalpark (318 km²) ausgewiesen. Wiesen, Wälder, Feuchtgebiete, Bruchwald und Schilfzonen umgeben den See. Dahinter liegen weite Kiefernwälder. Wegen des Schilfmantels, der weite Teile des Ufers umgibt, wird empfohlen, die Müritz per Boot zu beangeln. Aber auch von der kleinen Yacht beziehungsweise dem Hausboot kann man hervorragend auf Barsch, Karpfen, Aal oder Zander angeln. Die gestiegene Wasserqualität und der ausgezeichnete Besatz hat zu einer wahren Explosion der Hecht- und Barschbestände geführt. Halten Sie den Blick immer aufs Wasser gerichtet. Durch die Beobachtung von Möwenschwärmen können Sie Fischvorkommen orten. Versuchen Sie es als Köder mit Zockern, Gummifischen oder Spinnern.«

Aha! Zocker, Gummifische und Spinner – das ist ja wie bei einem Promi-Turnier! Offensichtlich gibt es eine Menge Gemeinsamkeiten zwischen Golfspiel und Angelsport, zum Beispiel den Traum von der Morgenidylle, wenn der Dunst seinen mystischen Schleier über dem See ausbreitet, Tau auf den Wiesen liegt und die Seniorenehepaare, die sonst, von präseniler Bettflucht gequält, schon am frühen Morgen den Platz blockieren, ausnahmsweise die lieben Enkelchen zu Besuch haben. Das ist die schönste Zeit, um ein unverhofftes Birdie zu spielen oder auf Karpfen zu fischen.

Aber dieser Morgen war anders. Das gute Wetter hatte sich schon vor Tagen verabschiedet und es war ein scheußlicher, nasser Sonntagmorgen mit Regenschauern und Windböen. Wir wären alle lieber im Bett geblieben, aber keiner war bereit, das zuzugeben.

Oliver stand in seinem Regenanzug, mit einer Daunenweste unter der Regenjacke, am Wagen und versuchte seinen Picknick-Korb voll Möhren, Kohlrabi, (schon geschälten) Rote-Bete-Stücken und Macadamia-Nüssen mit dem Schirm trocken zu halten. Ein leises Klacken zeigte an, dass der Funkschlüssel den Wagen verschlossen hatte und der Sicherheitsmodus aktiviert war. Oliver hatte sein Mobiltelefon unter das Kinn geklemmt. »Tut mir Leid, muss ich anlassen. Ich muss Hank später anrufen, wegen der Reisetermine.«

Hank, seinen langjährigen Mentor, besuchte er alljährlich mit einer kleinen, ausgesuchten Gruppe von Golflehrern zu einer Supervision. Seit Hank einen der Stars des Golfsports – vielleicht sogar den Besten der Besten – trainierte, war es nicht mehr so einfach, Termine zu bekommen.

Marco trug die Angelsachen. Die Hechtrute, mit einer starken Leine und allem Zubehör, hatte er am Tag zuvor in einem Fachgeschäft geliehen. Nach dem Blättern in einem Fachmagazin hatte er sich für »grelle Wobblermodelle mit Lauftiefen zwischen drei und vier Metern« entschieden, um das Thema Raubfisch in der Müritz fachgerecht anzugehen. Er trug auch die Dose mit den vegetarischen Tofu-Würmern, die Oliver in einem Spezialladen für esoterische Sportfischer in Berlin-Neukölln erstanden hatte. Da muss man erst mal drauf kommen: Tofu-Regenwürmer als Köder für sensitive Fische sind der letzte Schrei unter vegetarischen Anglern.

Wollten wir wirklich Angeln oder war es ein Spiel? Konzeptionell schien mir unser Abenteuer noch nicht so richtig durchdacht. »Hat es auch Krokodile?«, fragte ich, aber den beiden war nicht nach Späßen zumute.

Auf Hanks Golfranch in Texas war es 4 Uhr 40, als der Star des Golfsports – vielleicht sogar der Beste der Besten – aufstand, um sich etwas zu trinken zu holen. Er hatte das Privileg, in der Private Lodge seines Trainers übernachten zu dürfen, wenn sie zusammen arbeiteten. Hier fühlte er sich wohl. Einfach, gemütlich und vollkommen anders als das überdimensionierte Designerschloss, in dem er selbst hoch über dem Meer lebte. Hier hatte er Ruhe. Keine Wächter, keine Fans, keine Presse, niemand der ihn verfolgte, bedrohte oder bewunderte. Trotzdem konnte er nicht schlafen. Im Jahr 2006 hatte er eine unglaubliche Performance abgeliefert, aber er grämte sich immer noch wegen des Ryder Cups. Keinem anderen Spieler der amerikanischen Mannschaft war die Schmach mehr unter die Haut gegangen als ihm. Es war ihm ein vollkommenes Rätsel, warum sein Spiel bei diesem Turnier regelmäßig zusammenbrach. Hank wollte sich dazu nicht äußern. Er hatte ihn dazu gebracht, in dieser Saison fast jedes Fairway und Grün zu treffen. »Aus deinem Kopf halte ich mich raus«, sagte er zu seinem Schüler, als der am Abend beim gemeinsamen Essen noch mal um Rat bat. »Aber ich werde einen Freund bitten, dich anzurufen. Ich werde heute Nacht weg sein. Mach es dir gemütlich. Wenn es klingelt, geh einfach dran.«

Am Abend kam kein Anruf. Hank war längst gefahren und sein Gast telefonierte fast eine Stunde mit seiner Frau. Als guter Gast räumte er die Reste des Abendessens ab und verstaute das Geschirr in der Spülmaschine. Danach sah er sich ein Basketballmatch an und genoss diesen einsamen Abend. Sein Thema war: Erfolg als Mannschaft. Wie formieren sich virtuose Individualisten zu einer Mannschaft? Und ab welchem Punkt übernimmt man die Kontrolle über den Gegner? Was hatte ihm sein Vater dazu gesagt? Da war irgendetwas, was er vergessen hatte. Darüber grübelnd schlief er ein.

Wir standen am Hafenbüro, die Tür war verschlossen. Marco klopfte an eine Scheibe, hinter der trübes Licht hervorschimmerte. Ein wetterfester, alter Schrat mit Pudelmütze und einem Norwegerpullover öffnete nach einer Weile. Es roch nach Speck, Rauch und Alkohol. Oliver wurde grün im Gesicht. »Wir kommen wegen des Bootes.« – »Wegen was? – »Wegen des Bootes«, wiederholte Oliver. – »Wegen wem?« – »Wegen dem Boot«, brüllte ich durch den Wind. – »Ach so, wegen dem Boot.« Der Alte nickte. Er zog seine gelbe Öljacke vom Haken, kramte nach einem Schlüssel und schloss die Tür ab. Mit einer Kopfbewegung wies er uns in Richtung Steg. Dort lag ein altes Motorboot. SUSI II. Jetzt wurde es ernst und wir zitterten, nicht nur vor Kälte.

»Wer fährt?«, krächzte der Alte und schaute uns an. Marco blickte auf Oliver, der schaute mich an. Keiner von uns hatte je ein Boot gesteuert.

Ich zuckte mit den Schultern. »Okay, ich fahre«, sagte ich. Als Diesel-Kombi-Fahrer hatte ich Erfahrung mit schwankenden Schiffen.

Die beiden Golflehrer hievten das Angelzeug und den Proviant an Bord, während mich der Alte einwies. Er gab mir die Unterlagen, ein paar Tipps und den Schlüssel. »Wo ist SUSI I?«, fragte ich. »Gesunken«, murmelte er.

Den »Kleinen Hausboot-Führerschein« hatte ich nur auf einer virtuellen Bootsführer-Website absolviert, aber das brauchte ich dem Alten nicht auf die Nase zu binden. Der Motor würgte, rumpelte und tuckerte los. Bisher klang alles vertraut.

Der Wind nahm zu, der Regen kam jetzt von der Seite, aber die Golfanzüge hielten einigermaßen warm und trocken. Olivers Gesicht war mittlerweile sehr grün, mit einem leichten Stich Gelb unterlegt. Er hockte mit Marco zusammengedrängt auf einem Kasten hinter dem Ruder. Wie zwei Schafe in einem Topfbunker in Troon duckten sie sich vor dem Wind. Wer hatte eigentlich diese Scheißidee mit dem Angeln?

Nach einer Viertelstunde, die ich herumdümpelte, um den Jungs zu zeigen, dass ich alles im Griff hatte, hielt ich an. Mit kalten, klammen Fingern holte Oliver die Angelrute heraus. »Entscheidend ist die Fähigkeit, auf einer beweglichen, schiefen Ebene die Balance zu halten«, dozierte er.

Das hatten die zwei Golflehrer vorher auf einer kreisförmigen Trainingsplatte geübt, mit der man Schräglagen simuliert. Oliver wollte zuerst sein Konzept vorstellen, wie eine Angel auszuwerfen sei.

Er hatte am Abend zuvor im Internet die »Grundlagen der Angelkunst« recherchiert, die »Tipps und Tricks eines Hechtanglers« inhaliert, die aktuellen Theorien über erfolgreiches Sportangeln in Foren verfolgt und die »Geschichte der Fischerei« auswendig gelernt, um den restlichen Abend mit der Lektüre von »Moby Dick« zu verbringen. Er fühlte sich gerüstet. Das Angelbesteck erschien ihm logisch konstruiert, die Funktionsweise schlüssig.

Oliver pulte einen Tofu-Regenwurm aus seiner Dose und zog ihn über den Haken. Es war ihm Ernst. Die Bereitschaft zu angeln schloss die Option ein, einen Fisch zu fangen, der dann leiden müsste und vielleicht sogar – durch einen dummen Zufall – getötet werden könnte. Das ging ihm eigentlich total gegen den Strich. Sein geistiger Übervater Marshall Rosenberg hatte sich in seinen Seminaren über gewaltfreie Kommunikation nicht ausdrücklich gegen das Angeln ausgesprochen, aber das ganze Projekt war ihm nicht geheuer.

Die Frage war, ob wirklich jeder Zweck die Mittel heiligt. Was, wenn ein Fisch anbeißen würde? Das mochte so wahrscheinlich sein, wie die Tatsache, dass ich eine Par-Runde spiele, aber möglich wäre es doch, oder? Ich meine nicht, dass ich eine Par-Runde spiele, sondern dass ein Fisch beißt.

Die Männer standen an der Reling. Oliver erklärte Marco im Detail, wie die Angel zu halten sei. Marco zeichnete alles mit dem Videogerät auf. Oliver, auf beiden Beinen balancierend, aber mit einer leichten Tendenz, das Gewicht zum linken Fuß (der etwas geöffnet stand) zu verlagern, nahm die Angel in einem weiten Bogen zurück, schwang sie über Marcos Kopf, um die Leine im Durchschwung loszulassen und die Rute elegant über der Reling in die Endposition zu bringen. Jetzt war sein Hauptgewicht auf der linken Seite.

»Der Haken, Oliver«, rief ich vom Steuer aus. »Du hast den Haken hinten an der Jacke!«

»Hmmm.« Das war nicht geplant. Er runzelte die Stirn. »Der Wind ist zu stark, wir müssen das Schwunggewicht erhöhen!«

Er entfernte den kleinen Spinner von der Schnur und nahm eine Handvoll Tofuwürmer aus der Dose, die er um ein futuristisch anmutendes Paternoster-Hakensystem schmierte.

»Ein gewaltiger Köder für einen gewaltigen Wurf«, spottete ich vom Ruderhaus her.

Wieder warf Oliver die Angel aus. Diesmal nahm er den Finger etwas später von der Leine und der Tofustahlhakenklumpen schoss in einem perfekten Bogen weit hinaus in den See.

Oliver strahlte. Besonders gelungen fand er den Zacharias-Schlenker mit der rechten Hand in dem Moment, als er den Finger von der Angelschnur nahm und die Leine laufen ließ. Ein optimaler Wurf, wenn man bedenkt, dass er diesen Vorgang nur wenige Male auf einem Videoclip studieren konnte, bei dem der Angler dann von seiner Beute über Bord gerissen wurde.

»Hast du alles drauf?« Marco nickte, ließ aber zurücklaufen, um sicher zu gehen, dass die Aufnahme gelungen war. Oliver lehnte lässig an der Reling, die Angel locker im Arm. Jetzt kam der Moment der Stille. Warten, ohne zu warten. Das zeitlose Gewahrsein des JETZT. Der Regen hatte etwas nachgelassen, nur der Wind war stärker geworden. Sein Handy bimmelte in der Jackentasche.

»Ja?«

»Hallo, Oliver, hier ist Utz Grönning, Vorstand Hermi-Werke, bis gestern Handicap 42 ... haha ... ich war doch kürzlich bei Ihnen. Slice! Wollte mich nur bedanken. Ganz hervorragende Arbeit. Ich rufe von Mallorca aus an. Wissen Sie, was ich gestern gespielt habe?«

»Äh, ja, danke, äh nein, äh ... Herr Grönning, ich bin gerade auf einem Boot auf der Müritz. Wir wollen angeln. Vielleicht können Sie mir alles bei der nächsten Stunde erzählen ... ich ... äääh ...«

»Wie, angeln? Ich denke, Sie sind Vegetarier?«

»Nun, äh ... ja, ich will nicht wirklich einen Fisch fangen, sondern den Angelwurf auf der schiefen und bewegten Ebene unter besonderer Berücksichtigung von starken Windverhältnissen studieren, um daraus Schlüsse zu ziehen, für eine neue Theorie. Das kann ich jetzt aber nicht ausführen!«

»Schon klar, immer am Forschen, der Oliver. Dann reden wir nächste Stunde, aber ein Dingens muss ich Ihnen erzählen, nur ganz kurz, die dritte Bahn.«

»Ähhh, Herr Grönning, können wir ... vielleicht später ...«

»Also ich bin auf dem dritten Abschlag. Sie wissen ja, dass ich immer Angst hatte, wegen meinem Slice – und was passiert? Ich schlage den Ball sage und schreibe sensationelle 150 Meter – nach LINKS! Jetzt wusste ich, heute wird alles anders. Der Ball liegt genau an diesem Baum, wo meine Frau im Vorjahr den Fuchs erschlagen hat, der sie zu beißen versuchte, ich glaube, das hatte ich Ihnen erzählt ...«

»Herr Grönning, ich muss leider Schluss machen, wir sind in einem Meeting!«

»Ich denke, Sie angeln? Na gut. Können Sie mir ja später erzählen. Lassen Sie sich nicht vom Krokodil beißen?«

»Welchem Krokodil?«

»Das ist eigentlich ein Kaiman. Stand in der Zeitung. Den hat jemand in die Müritz geschmissen. Ich bin nächste Woche wieder in Fleesensee, da erzähle ich Ihnen alles von der Runde und vom Krokodil. Ich bin so glücklich. Der Slice ist weg! Jetzt müssen wir meinen Hook korrigieren!«

»Ich freu mich auch für Sie. Das mit dem Hook kriegen wir schon hin. Also bis nächste Woche.«

Oliver steckte das Mobiltelefon zurück in die Tasche seiner Regenjacke.

»Und? Was geworden?«, fragte er Marco, der immer noch mit dem Camcorder rumfummelte.«

Der stutzte. »Was ist denn das?« Er ließ die letzte Sequenz der Aufnahme mehrfach durchlaufen und wurde dabei immer nervöser.

»Nein, kann nicht sein«, murmelte er.

»Was ist denn los?« Oliver hatte nach dem gelungenen Wurf eine ausgezeichnete Laune. Sein Gesicht hat wieder die bei Vegetariern übliche graubleiche Farbe angenommen.

»Du kreuzt⁹«, sagte Marco schließlich.

»Ich tue WAS?« Aber Oliver hatte richtig gehört.

»Du hast im Rückschwung gekreuzt. Die Rute stand falsch. Es ist eindeutig.«

»Das kann nicht sein! Ich kreuze nie in der Endposition!« Oliver war empört. Sein Gesicht färbte sich rot.

»Gib das Ding mal her, lass mal sehen.« Er stellte die Rute an die Reling, griff nach dem Camcorder und betrachtete sie Sequenz.

»Hmmm. Eindeutig die Perspektive. Das Boot hat geschwankt. Du musst die Perspektive einrechnen. Dann habe ich NICHT gekreuzt!«

Marco war nicht überzeugt. Oliver nahm die Angel auf. Er wollte den Wurf noch mal in Zeitlupe wiederholen, um defätistische Bemerkungen über seinen Rückschwung im Keim zu ersticken. In dem Moment spürte er ein starkes Zucken, das ihm durch die Hand fuhr, gefolgt von einen starken Zug auf der Angel. »HAAAAALT! Die Angel! Da ist was dran. WAS JETZT!?«

Der Worstcase war eingetreten. Irgendetwas hatte angebissen.

»Du musst Leine geben«, rief ich ihm zu. »Du musst den Fisch ermüden!«

Ich versuchte, den Kahn zu starten. Ich dachte an eine Golfreportage über Greg Norman, der gerne auf blauen Marlin ging. Er saß auf einem

---

9 Vom Kreuzen spricht man, wenn der Schläger im höchsten Punkt des Ausholens zu steil ist. Steht man hinter dem Spieler in der Verlängerung der gedachten Ball-Ziel-Linie, sieht man wie der Schläger von dieser Linie nach rechts weist, sie also »kreuzt«.

Spezialsitz festgebunden. »Marco, zum Drillen des Fisches musst du Oliver festbinden«, rief ich, »damit er nicht über Bord geht!« Oliver hielt mit beiden Händen die Angel fest und stemmte sich gegen die Reling. Er dachte nach. Was würde Ken Wilber jetzt tun? Hat die transpersonale Psychologie überhaupt eine Antwort für solche Situationen? Er entschied sich für eine emotionale Reaktion nach Rosenberg: »Ich muss sagen, dass es jetzt so ist, wie es ist, enttäuscht mich und macht mich traurig.«

»Du musst Leine geben«, brüllte ich. Oliver ließ laufen und die Lage entspannte sich. »Das ist ein Mordsvieh«, sagte er. »Wie kriegen wir den wieder los? Es wäre gut, wenn der Fisch den Haken wieder loslassen würde, ohne dass wir mit Beschuldigungen, Kritik, Verurteilungen oder Bestrafungen drohen müssten.«

Ich sah, dass Olivers Wochenendseminar über »Gewaltfreie Kommunikation« bei Marshall Rosenberg tiefgreifenden Einfluss auf ihn genommen hatte.

Marco, der versucht hatte, die ganze Szene zu filmen, kam mit einem Stück Seil näher, um Oliver an die Reling zu binden. »Was soll denn der Quatsch?«, sagte Oliver. »Binde dich mal selber fest. Hier, nimm die Angel.« Dann fiel ihm Rosenberg wieder ein und er setzte versöhnlich nach: »Was denkst du darüber? Wärst du dazu bereit?« Er drückte dem verdutzten Marco die Angel in die Hand.

»Wir müssen jemanden anrufen, der weiß, was zu tun ist. Ich kenne nur einen, der angelt. Ich rufe Hank an.«

Er nahm sein Mobiltelefon raus und drückte die Kurzwahl.

Oliver hat drei Kurzwahlen eingespeichert: Die Nummer seiner Frau, die von Hank und meine. Meine Nummer hat er nur gespeichert, um sofort zu erkennen, wenn ich anrufe, damit er nicht aus Versehen drangeht.

Die Verbindung dauerte einen Moment. Der amerikanische Rufton war nur schlecht zu hören. Dann wurde abgenommen. Die Verbindung war lausig, der Wind heulte, kein guter Moment, um in den USA anzurufen und zu fragen, wie man einen dicken Fisch landet.

»Hank?«

»No, Sir, Hank ist nicht zu Hause.«

»Ich sollte ihn ... *rausch* ... später anrufen, aber ich ... *rausch* ... Notfall, denke ich. Ich hoffe ... *rausch* ... nicht geweckt.«

»Nein ... *time out* ... *rausch* ... wach ... *rausch* ... fast sieben Uhr. Hank sagte mir, dass Sie anrufen.«

»... *rausch* ... dringend Hilfe.«

»Yes, ... *rausch* ...«

»Wie landet man einen Fisch? ... *rausch* ... ermüden ... *rausch* ... Leine geben? ... *rausch* ... vom Haken nehmen? ... *rausch* ... was dann ... Drill ... *knister* ...?«

»Ich kann Sie ... *rausch* ... nicht richtig verstehen, Sir«, sagte der Star des Golfsports – vielleicht sogar der Beste der Besten – am anderen Ende der Leitung, »aber ich ... *rausch* ... ahne, was Sie mir ... *rausch* ... mein Vater ... *rausch* ... er erklärte mir damals ... *rausch* ... in Vietnam ... *rausch* ... jetzt verstehe ich ... *rausch* ... phantastisch ... *rausch* ... ermüden, im Team drillen ... und dann gemeinsam landen ... großartig, vielen Dank, Sir!«

»Sagen Sie Hank ... *rausch* ... bye – *piep, piep, piep*!«

»Und?«

»Hank war nicht da. Irgendjemand von seinen Leuten war dran. Konnte ihn kaum verstehen. Hank ist angeblich in Vietnam. Wir müssen den Fisch müde machen, dann können wir ihn hochziehen und vom Haken nehmen. Ich will auf keinen Fall, dass er sich verletzt.«

Ich fuhr den Kahn langsam am Ufer entlang. Irgendwann würde der Fisch müde werden und wir konnten ihn gemeinsam an Bord ziehen.

Wind und Regen hatten nachgelassen. Entgegen der Wettervorhersage war kein Sturm in Sicht. Ich hielt auf eine Anlegestelle zu, die aus der Schilfwand in den See hervorstand. Den Fisch zogen wir hinter uns her. Das machte Oliver unglücklich. »Wir hätten die Übung der dynamischen Schräglage auch ohne Angel ausführen können. Einen Fisch leiden zu lassen, ist keine gewaltfreie Kommunikation.«

»So ist das Leben, Oliver«, sagte ich. »Fressen und gefressen werden. Noch ist alles offen. Vielleicht frisst der Fisch einen von uns.«

Wir schwiegen und dachten nach. Der Fisch schwieg auch und dachte nach. Seine Lage war nicht besser als unsere. Eher schlechter. Wir hatten einen moralischen Haken im Hirn, er einen echten im Maul.

Eine 0,357 mm dicke Schnur verband unsere auseinanderstrebenden Interessen.

Am Anlegesteg angekommen, vertauten wir den Kahn. Mein Plan war, mit der Rute über den Steg ans Ufer zu gehen, um den Fisch an einer flachen Stelle an Land zu ziehen, weil er offensichtlich zu schwer war, um ihn über Bord zu hieven. Noch hatten wir keine Ahnung, ob es ein Hecht, ein Karpfen, ein Stör oder ein Walfisch war. Hätten wir den Fisch gesehen, hätten wir ihn auch nicht benennen können, da wir kaum Fischstäbchen von Forelle blau unterscheiden konnten.

»Keine schlechte Idee«, meinte Oliver, »dann können wir den Haken entfernen und den Fisch wieder ins Wasser werfen.

Das war nicht mein Plan. Ich wollte den Fisch lieber killen, ein Foto machen und dann braten. Wozu geht man sonst bei dem Sauwetter angeln?! Ich bin kein Vegetarier.

Vor etlichen Jahren war ich Gast des Taijiquan[10]-Meisters Gia Fu Feng im Center »Stillpoint« in Colorado. Fast zwei Dutzend deutscher Schüler bauten Holzhütten und lebten von Erdnüssen. Nur Vegetarier. Gia Fu, der einst, wie Alan Watts und Fritz Pearls, in dem von Michael Murphy[11] gegründeten Esalen Institute in Big Sur in Kalifornien lehrte, konnte hin und wieder ein gutes Stück Fleisch vertragen. Aber keiner von seinen Schülern konnte oder wollte sich das Karma beflecken und mal eines der vielen Hühner schlachten, die überall in Scharen rumrannten. Ich hatte mir im Überlebenskampf der Vogelsberger Landkommunen der 70er Jahre manche Hand schmutzig gemacht und war da nicht so zimperlich, zumal ich während meiner Jagdausbildung (die ich unfallbedingt abbrechen musste) auch einige Hasen erschlagen hatte, die bei Treibjagden angeschossen wurden. Damals, in unserer friedvollen Hippiefamilie, war ich deshalb der fleischfressende, mordende, schwarze Wolf im bunten Schafspelz. Diese dunkle Epoche meiner Vergangenheit hatte ich Oliver bisher nicht gestanden. Aber jetzt galt es, Beute zu machen, und das wollte ich mir nicht durch Rosenbergs Befindlichkeiten vermasseln lassen. Wenn ich etwas am Haken habe, dann

---

10 Andere Schreibweise für Tai-Chi-Chuan. Für dieses Buch wurde die Lautumschrift Pinyin verwendet, die offizielle chinesische Romanisierung des Hochchinesischen der Volksrepublik China.

11 Autor von »Golf in the Kingdom«

kommt mein Jagdinstinkt zu Tage. Deshalb spiele ich auch Golf. Um Beute zu machen!

Als Hank durch die Hintertür in seine Küche kam, fand er einen ausgesprochen gut gelaunten Gast am Frühstückstisch.
»Und?«
»Alles klar. Und du?«
»Bin nicht mehr der Jüngste, aber manchmal muss es sein.« Hank zwinkerte.
Der Star des Golfsports – vielleicht sogar der Beste der Besten – mochte seinen Coach, der so direkt war, im ersten Eindruck grob wirkte, aber ein großes Herz und viel Humor hatte.
»Wie war deine Nacht?«, fragte Hank.
»Schlecht geschlafen. Ich hing früh rum. Aber dann kam dieser Anruf. Guter Typ. Habe ihn kaum verstanden, aber er hatte was drauf. Er erinnerte mich an Dinge, die mich mein Vater lehrte. Im Matchplay soll ich dem Gegner mehr Leine geben, ihn ermüden. Dann müssen wir den Fisch im Team mit einem harten Drill landen!«
»Wer sagte das?«
»Na, der Typ. Du sagtest doch, dass mich jemand anrufen wird«.
»Dann ist ja gut«
»Right. Magst du ein paar Eier mit Speck, Hank?«
Hank hatte am Abend zuvor verschusselt, den Schraubendoktor anzurufen, der schon manchem seiner Klienten die Spur eingestellt hatte. Wer immer da angerufen haben mochte – ihm war es egal, solange sein Gast anbot, das Frühstück zu machen. Er hatte Hunger.

Ich hatte auch Hunger. Oliver und ich hielten gemeinsam die Angel fest, während Marco die ganze Szene filmte. Wir gaben genug Leine, um vom Steg ans Ufer zu kommen, fanden aber keine flache Stelle, da der ganze Ufersaum mit Schilf bewachsen war. So richtig ins Wasser rein wollten wir ohne Gummistiefel auf keinen Fall.
»Wir müssen den Fisch irgendwo ranziehen, wo das Schilf nicht so dicht ist.«
»Na prima, und wo bitte? Vielleicht sollten wir doch nur die Schnur kappen? So ein Haken verwächst sich vielleicht«, meinte Oliver.
»Auf keinen Fall«, sagte ich. »Man weiß aus der Schmerzforschung,

dass ein Fisch auch am Mund sehr sensible Nerven hat und leidet. Dann wäre es schon besser, dass wir ihn notfalls töten.«

»Töten? Du willst ihn töten?«

»Ja, töten. Dann beten wir für seine Seele, opfern den Fischgöttern etwas Tabak, wie ich das bei den Indianern gelernt habe und dann kommt der Kerl in den Topf. Lecker!«

Oliver schaute mich kreidebleich an. »Du Monster! Ich wusste schon immer, dass irgendetwas mit dir nicht stimmt.«

»Hör mal, Oliver, das kannst du so nicht sagen.« Marco hatte erstmals die Kamera abgesetzt. Er schien mir ein gesunder junger Mann mit gesunden Instinkten, der sich aus Loyalität mit dem Meister manches Steak im Clubhaus verkniffen hatte. Aber jetzt war der Gedanke an den Fisch auch in ihm übermächtig geworden, egal ob gegrillt, gebraten oder notfalls als Fischsuppe – ihm lief das Wasser im Mund zusammen. Ich holte Leine ein, im Schilf hörten wir den Fisch im Wasser schlagen.

»Wir brauchen eine Lösung«, sagte Oliver. Sein Handy dudelte. Er übergab mir die Angel und tastete mit der linken Hand in seiner Jackentasche.

»Ja?«

»Hallo, noch mal Grönning, Hermi-Werke. Wir sind auf der 7. Bahn. Ich wollte Ihnen nur mitteilen, Oliver, dass meine Frau eben ihr erstes Doppelbogey gespielt hat. Ich hatte ihr auf der Driving Range ein paar Tipps gegeben, die ich natürlich Ihnen verdanke.«

Oliver drehte sich zu Marco, hielt die Hand vor den Hörer und sagte: »Noch mal der Grönning. Seine Frau hat ihr erstes Doppelbogey gespielt!«

Erstaunt hob Marco die Brauen. Er kannte Frau Grönning und hatte bei einer ihrer Trainingsstunden hospitiert. Die Dame hatte mehrfach Löcher in die Bodenmatte geschlagen und mit einem Querschläger eine Kamera des Videosystems erlegt. Sie war ein rabiates Monster ohne irgendein Gefühl und galt unter Golflehrern als UIK, was *Ultimative irreparable Katastrophe* heißt. Frau Grönnings Doppelbogey mochte ein Glücksschuss oder Zufall sein, aber es waren deutlich weniger Schläge, als die sonst üblichen Dutzend pro Loch – auf einem Par 3!

Oliver gratulierte Grönning artig und wollte gerade das Handy ausstellen, als mich ein gewaltiger Zug an der Angel vornüber warf. Ich stürzte brüllend ins Schilf, hielt aber die Rute fest. Als ich im Schlamm lag, versuchte ich zu drillen. Im Schilf schlug und kämpfte der Fisch. Ich war patschnass, das Wasser war aber nicht so kalt, wie ich es erwartet hatte. Adrenalingeheizte Müritz. Marco hielt immer noch die verdammte Kamera auf mich, während Oliver versuchte, mich an meinen Hosenbeinen aus dem Schilf zu ziehen.

»Verdammt, lass meine Beine los! Geh ins Schilf und mach den Fisch kalt!«

»Ich schneide die Schnur durch!«

»Nein, auf keinen Fall, dann gehe ich rein. Haben wir irgendwas Schweres? Ein Sandeisen?«

»Ein Sandeisen?«

»Ja, ich muss dem Vieh einen Schlag auf seine verfischte Zwölf geben, irgendeinen Stein, los Marco, hol einen Stein!«

Mittlerweile hing ich im Schilf, an einem Wurzelstock verkrallt, hinter dem ich mich abstützen konnte. Ich lag auf der Rute, die ich zusätzlich mit den Beinen umschlungen hatte, als Marco heranstürmte. Er hatte am Steg ein Stück Eisenrohr gefunden.

»Versuch's mal damit!«

»Wie? Versuch's mal damit? Wie wäre es, wenn du da rein gehst? Ich muss die Angel halten!«

»Ich finde das wirklich keine gute Idee«, maulte Oliver von hinten. »Das ist mir zu gewalttätig. Wir haben genug Essen dabei.«

Damit meinte er seinen Gemüsekorb.

»Ich will den Fisch!«, brüllte ich. »Ich will das verdammte Vieh kalt machen, das mich nass gemacht hat! Mit mir legt sich kein Fisch an!«

Ich war mittlerweile wirklich in Rage. Ich langte nach dem Rohr, das mir Marco bereitwillig in die Hand gab.

»Nimm die Angel. Hol Leine ein. Los jetzt, drillen!«

Ich hatte meine Mütze um die Leine gelegt, um mir nicht die Hand aufzuschneiden. Ich fuhr, die Mütze in der linken, die Leine entlang, immer tiefer ins Schilf, dahin, wo ich den Fisch schlagen hörte. Der Zug auf der Leine war nicht mehr so stark, das Schlagen war leiser geworden. Durch Schilf, Schlamm und Wasser kroch ich näher. Es war plötzlich still.

»Der Fisch ist platt, der ist müde. Der sagt nichts mehr. Ich denke, ich kann ihn losmachen«, rief ich nach hinten. Fieberhaft überlegte ich, wie ich genau das vermeiden konnte. Ich wollte meine Beute nicht aufgeben. Ich kroch noch näher. Im Schlamm sah ich einen riesigen, fetten

Karpfen. Genauer gesagt: nur die vordere Hälfte eines Karpfens. Die hintere Hälfte fehlte. Dann sah ich IHN.

»Schmeckt's?« Der Star des Golfsports – vielleicht sogar der Beste der Besten – war stolz auf seine Eier mit Schinken. Er hatte dieses Rezept mit Tacosauce und frischem Chili von seiner Mutter gelernt, die von früh auf bedacht war, ihren Sohn zu einem guten Jungen zu erziehen, der sich selbst helfen konnte. Nur wenige wissen, wie wichtig es für das Selbstvertrauen eines Weltklassegolfers ist, dass er weiß, er könnte jederzeit einen Job in einer Tacobude bekommen. Das Gefühl der Hilflosigkeit ist es, was vielen im entscheidenden Moment die innere Sicherheit raubt. Aber wenn man ein gutes Eierrezept hat, sein Hemd bügeln kann und in der Lage ist, einen Nagel in die Wand zu schlagen, dann kann man auch vertrauensvoll auf das Quäntchen Glück hoffen, das man letztendlich braucht, um ein Majorturnier zu gewinnen.

Hank nickte. Er machte nicht viele Worte.
»Was machen wir heute? Draußen ist ein schöner Tag.«
»Wir könnten mit dem Boot rausfahren und uns etwas zu essen fangen.«
»Ich habe kein Boot, es gibt hier kein Wasser, aber sonst ist das eine ausgezeichnete Idee.« Hank lachte. Er schaute den großen, braunen Jungen mit den weißen Zähnen an. Er mochte ihn. Fast Milliardär und will sich sein Essen *fangen*. Guter Junge.

Wenn man durch Wasser und Schlamm kriecht, in der linken Hand eine Angelleine, in der rechten ein Stahlrohr, und durch die verschmierte Brille einen verdutzten Kaiman erblickt, der gerade die hintere Hälfte eines großen Karpfens verschlingt, dann mag das für Euch da draußen nichts Besonderes sein, die Ihr Kaimane und Anakondas in Euren Badewannen haltet, bis sie zu groß werden. Aber für mich war das ein ziemlich gewaltiger Anblick. Natürlich hatte ich in Sun City das berühmte Par 3 mit den Alligatoren gespielt. Das sind richtig große Burschen. Mein Kaiman dagegen schien gerade der Badewanne entwachsen. Ich schätzte ihn auf gut einen Meter siebzig, aber immerhin. Vorne hatte er Zähne, dazwischen den Fisch, hinten dran diesen Schwanz, mit dem er erregt hin- und herruderte. Mir fehlte die zwei Meter hohe Betonmauer zwischen uns, die in Sun City so beruhigend wirkte.

Der Kaiman schien ebenso erschrocken, wie ich es war. Immerhin war ich größer als er, sah von vorne auch nicht viel besser aus und hätte meinen Vorteil durchaus nutzen können: Ein schneller Sprung nach vorne, der Kaiman sperrt den Rachen auf, ich drücke ihm das Stahlrohr in den Hals, hole die hintere Fischhälfte raus und ziehe die vordere Fischhälfte mit mir. So wäre das vermutlich in einem Film gelaufen. So war es aber nicht.

Der Kaiman starrte mich an. Er hörte auf, an dem Fisch zu zerren, der ihm jetzt schlaff aus dem Rachen hing. Von hinten hörte ich die Jungs: »Und? Was ist? Wie sieht's aus? He? Lebst du noch? Was ist los?«

Ich merkte, wie der Kaiman durch das Geblöke unruhig wurde. Können Kaimane springen? Kann er denken? Denkt er »Endlich mal kein Fisch, heute gibt es Fleisch!«? Er lauerte. Ich hatte die Hosen voll. Ich versuchte, ganz langsam zurückzukriechen. Hinten quakten die beiden Jungs rum.

»Schnauze!«, zischte ich, aber auch das war schon zuviel.

Ich spüre einen sehr starken Ruck in der Hand. Ohne Mütze hätte mir die Leine vermutlich einen tiefen Schnitt zugefügt. Der Kaiman hatte nach dem vorderen Fischteil geschnappt. Das war aber mein Teil der Beute!

»Zieht«, brüllte ich. »Holt Leine ein!« Mir war jetzt alles egal. Ich schob mich nach vorne und versuchte, behindert vom Schilf, dem Kaiman mit dem Rohr auf die Rübe zu schlagen. Er wich aus und schnappte nach dem Vorderteil. Ich schlug wieder zu und traf ihn seitlich am Maul, was er gemerkt haben muss, denn er ließ sofort meinen Teil des Fisches los. Hinten hatten sich die Jungs entschlossen, ihre Schuhe nass zu machen und kamen heran.

»Zieht, holt Leine! Ein Kaiman. Holt mich hier raus!«

Der Kaiman war plötzlich erstarrt. Er hatte das Maul offen, schien aber über Rückzug nachzudenken. Durch den Krach, den die beiden hinter mir machten, schien er verunsichert. Im Schilf erschienen zwei große Gestalten in schwarzen Golfanzügen. Zuviel für einen kleinen Kaiman aus der Badewanne. Mit einem Schlenker seines Rachens schnappte er sich seine hintere Hälfte des Fisches und glitt zurück ins tiefere Wasser.

Oliver und Marco hatten weder den Kaiman gesehen, noch begriffen sie, warum ich der Länge nach im Schlamm lag und mich an der vorderen

Hälfte eines halbierten Karpfens festhielt, während ich mit einem Stahlrohr wild im Schlamm herumschlug: »Meins! Meins! Meins!«

»Er ist ein Gollum geworden«, flüsterte Marco entsetzt.

»Das kommt von dem vielen tierischen Eiweiß«, sagte Oliver.

Sie beugten sich zu mir herab. »Wo ist der Kaiman?«, fragte ich.

Ich hatte Tränen in den Augen. Kälte, Erschöpfung, Nässe und die Angst um mein Abendessen hatten mich an jenen Grenzbereich getrieben, an dem man innehalten muss, um zu vermeiden, dass der Film wirklich reißt.

»Es wird alles gut.« Oliver tätschelte mich etwas linkisch.

Marco langte nach dem halben Karpfen.

»Mein Fisch«, fuhr ich auf und versuchte ihn in die Hand zu beißen.

»Ja, dein Fisch«, sagte Marco vorsichtig. »Darfst du ganz alleine essen.«

Als unser Boot im Hafen einlief, hatte ich mich etwas beruhigt. Wir hatten klugerweise eine zweite Garnitur Klamotten dabei. So kamen wir warm und trocken zurück. Der Alte schaute mich an, als ich ihm die Papiere zurückgab. Offensichtlich konnte er in meinem Gesicht von einer Begegnung der besonderen Art lesen. Er grinste. Dann entdeckte er den halben Fisch in der Angeltasche.

»Und die andere Hälfte?«

»Wir haben halbe-halbe gemacht.«

»Wo war er?«

»Am Ostufer, am alten Steg.«

Er nickte. »Glück gehabt.«

Oliver und Marco verstanden kein Wort.

Hinter dem Bootshaus stand Olivers elegante silberfarbene Limousine. Die Blinker leuchteten auf, die Zentralverriegelung klackte, als wir näher kamen.

Wir fuhren zurück. Alle schwiegen.

Irgendwann sagte Oliver: »War 'ne blöde Idee!«

»Hmmm, hmmm«, brummelten wir.

»Du hast gekreuzt«, sagte Marco.

»Nee, kann nicht sein.«

»Wetten?«

Aus Olivers Weste drangen Geräusche. Er holte sein Handy raus. »Oh! Immer noch der Grönning!«

»Und dann habe ich doch tatsächlich den Putt vorbeigeschoben, Oliver, hallo? Hören Sie mich? Können Sie sich das vorstellen? Das gibt's doch gar nicht, nur sechs Schläge bis zum Grün und dann schiebe ich einen Drei-Meter-Putt vorbei! Aber am nächsten Abschlag dachte ich: Hier kannste Punkte machen. Ich also den Driver raus ...«.

Der alte Brinkmann

Vermutlich hatte mir dieser Fischzug den Rest gegeben. Ich war wieder zu Hause, aber nervlich bereits ziemlich am Ende. Als ich es nicht mehr aushielt, rief ich meine Meridian-Dompteuse an und bat um einen Termin. Das sei nicht vor 16 Uhr möglich. Nervös schaute ich auf die Uhr. Es war Vormittag. Um die Zeit tot und ein paar Bälle zu schlagen, fuhr ich zum Golfclub Bauernburg.

Vor dem Clubhaus traf ich den alten Brinkmann. Er nahm mich auf die Seite, als wären wir vertraute Freunde. »Hören Sie«, eröffnet er, »es wird gesagt, dass Sie sich auch schon länger mit den Geheimnissen unserer Kunst befassen. Gestatten Sie mir, Ihnen eine Frage vorzutragen.«

So begann er, auf seine langsame, stockende, in sich verdrehte Art, geradeso wie er Golf spielt, was bedeutet, dass man sich hinter ihm die Beine in den Bauch steht. Ich kann mich noch erinnern, wie ich an einem Par 3 aufgelaufen war. Da stand er mit seinem Kumpel, dem Professor Heiner Klaustaler, und sie berieten sich, wie das Loch zu spielen sei.

Wir sprechen von einem gut gebunkerten Grün und ca. 170 Metern carry an den Stock. Es herrschte ein ordentlicher Gegenwind. Die beiden Burschen haben mit dem Holz 3 bergab eine durchschnittliche Schlaglänge von etwa 50 Metern und wenn sie treffen vielleicht 100 Meter – dann aber irgendwohin. Da standen sie nun und stritten sich.

»Lieber Freund, diese Bahn erinnert an jene in Krefeld, wo Roberto de Vincenzo 1964 bei den Offenen ein Birdie spielte und man sagt, er habe das Grün mit einem Eisen 7 angespielt.«

»Quatsch doch nicht, du meinst Cotton in Bad Ems. Ich war dabei. Er spielte ein Eisen 6, aber er schnitt es leicht an. Er schlug einen Fade etwa drei Meter links neben die Fahne und der Ball stoppte sofort. Er verpasste den Putt, weil er dringend auf's Klo musste und wenn du mich fragst, mir geht es jetzt nicht anders.«

Das war mein Stichwort. Ich hob meine Schildmütze ab, nahm Haltung an und wünschte den beiden, die mich bislang überhaupt nicht wahrgenommen hatten, einen »Guten Tag«. Sie erschraken, da ich direkt hinter ihnen stand. Klaustaler nickte mürrisch, Brinkmann lächelte senil.

»Würden die Herren vielleicht gestatten, dass ich es mal mit meinem Holz 5 versuche. Das könnte Ihre Entscheidungsfindung ...?«

»Wo kommen Sie denn her?«, schnitt mir Klaustaler das Wort ab. »Als Einzelspieler haben Sie keinen Anspruch auf ...«

»Ach, lass den jungen Mann doch seinen Ball schlagen«, beruhigte ihn der alte Brinkmann, er spielt doch alleine viel schneller als wir!«

»Aber er hat keinen Anspruch darauf ...«

Der alte Brinkmann nickte mir wohlwollend zu und verschwand in den Büschen, denn er konnte sein Wasser nicht mehr halten.

Ich legte meinen Ball auf und wollte schlagen, als Klaustaler mitten im Rückschwung plötzlich krähte:»Sag mal, Heinrich, hattest du eigentlich deine Kürbiskerne genommen?« Ich sah dem Ball nicht nach, sondern packte sofort meinen Kram. Alles war mir egal, ich wollte nur weg hier. »Heinrich? Hörst du mich? Alles in Ordnung mit dir?«

Jetzt also hatte mich der alte Brinkmann am Schlafittchen. Er wollte wissen, ob er nicht doch wieder seine alten Blades spielen sollte, die ihm nach dem Krieg bei Auchterlonie in St. Andrews maßgefertigt waren: »Ich habe diese Schläger mehr als zwei Jahrzehnte mit großem Erfolg gespielt. Einmal war sogar der Monatsbecher zum Greifen nah, denn ich konnte mit 24 Stablefordpunkten in der Klasse C auftrumpfen. Ich weiß nicht mehr, warum ich mir neue Schläger habe aufschwatzen lassen. Na gut, die spiele ich jetzt auch schon über dreißig Jahre, aber ich meine, die alten Schläger hätten mir um einiges besser gelegen.«

Um seine Qualen etwas zu lindern, schilderte ich ihm, dass ich auch wieder meine alten Eisen ausgepackt hatte. Aber eigentlich sei das alles ein Problem von Mondknoten, was – wenn man zum Beispiel einen

Putter mit Kupfereinsatz spielen würde – fatale Folgen haben könne, wenn der Mars in Konjunktion zum Pluto stünde.

»Ach ja?«, fragte der frühere Naturwissenschaftler interessiert, »Sie meinen, dass die Gestirne am Himmelszelt ihren Einfluss nicht nur auf unsere Vegetation und Gewässer haben, sondern auch auf den Golfschwung?«

»Na klar«, sage ich, »alles ist Rhythmus. Mal klappt es, mal nicht. Wie Ebbe und Flut. Sie glauben nicht, was für einen großen Einfluss der Mond auf Ihren Rückschwung hat. Und denken Sie daran, dass der Schwung durch alle Tierkreiszeichen führt!«

Dem alten Brinkmann standen Mund und Augen offen. Durch seine Fledermausohren schien die Sonne: »Großartig! Was für ein faszinierender Gedanke. Bitte entschuldigen Sie mich jetzt. Ich muss das sofort meinem Freund Dr. Fahrenbach erzählen.« Er tappste davon.

»Es gibt also doch ein Leben langsamer als Zeitlupe«, dachte ich und schaute ihm nach. Ich spielte ein paar Loch und fuhr dann zu meiner Akupunktursitzung. Nachdem ich überall da, wo es richtig weh tut, genadelt wurde und eine halbe Stunde ruhte, fühlte ich mich besser. Ich verließ das Ärztehaus und wollte gerade in mein Dorf zurückfahren, als ich das Schild einer Gartengroßhandlung sah.

In der Klapse

Dichter Nebel um mich herum ... ah ... wo ist meine Brille ... ich habe schrecklichen Durst ... ich will aufstehen ... fühle mich bleischwer ... wie angebunden ... hä? .... anscheinend bin ich angebunden ... wo bin ich ... ohne Brille kann ich nichts erkennen ... vielleicht sollte ich rufen?

»Hallo! Ist da wer?«

Meine Stimme hört sich merkwürdig an ... ah, da kommt jemand. Etwas Weißes kam aus dem Nebel.

»Kann ich meine Brille haben? Wo bin ich?!«

»Ah, endlich wach. Jessas, was haben Sie geschnarcht. Dann werde ich mal der Frau Doktor Bescheid sagen.«

Alle waren sehr nett zu mir. Ich dachte: Hey, die sind aber nett! Schließlich bin ich nur Kassenpatient. Ich konnte mich frisch machen. Da lagen meine Sachen. Meine Hose war trocken, ziemlich dreckig. Uuups – jetzt fiel es mir ein. Der Ficus!

Nachdem ich angezogen war, wurde ich zur diensthabenden Ärztin gebracht. Im Flur musste ich kurz warten. Ich döste vor mich hin, bis mich eine angenehme Stimme aus meinen Träumen riss.

»Dr. Ludmilla Zeisig, ich freue mich, Sie kennenzulernen.« Sie gab mir die Hand und führte mich in den Raum, in dem einige Stühle standen. Es war nicht besonders gemütlich. Der Raum wurde offensichtlich von Selbsthilfegruppen genutzt. Durch das Fenster sah ich in einen Park mit alten Bäumen. Das Wetter war grießelig.

»Nicht besonders gemütlich hier.«

Frau Dr. Zeisig lächelte. »Ich bin hier auch nur sozusagen Gast«, sagte sie mit einem melodischen, amerikanischen Akzent. Sie schaute mich mit großen, wachen Augen an. Irgendetwas irritierte mich an ihrem Blick, aber sie gab mir ein gutes Gefühl. Ich setzte mich auf den angebotenen Platz. Frau Zeisig saß mir gegenüber. Sie wirkte schmal, aber ihre Hände waren kräftig. Sie machte einen sportlichen Eindruck, obwohl sie ein Kostüm trug, und gottlob keines dieser Kotz-Parfüms, diese fruchtgummiartigen Balzdüfte, mit denen Frauen bisweilen ganze Landstriche kontaminieren. Sie hatte herrliches, kastanienfarbenes Haar und braune Augen, die merkwürdig funkelten. Ich bemerkte einen leichten Silberblick, der mich irritierte. Sehr erotisch. Ich wunderte mich, dass ich sie so wahrnahm. Seit ich im letzten Jahr in einem Vierer mit Auswahldrive eine so fürchterliche Niete als Spielpartnerin gezogen hatte, dass ich mich heute noch ärgern könnte, hatte ich jeden Gedanken an Frauen abgehakt. Aber diese Ärztin hatte ohne Frage das gewisse Etwas.

»Wissen Sie, wo Sie sind?«, begann sie.

»Hmm, na klar.« Der Briefkopf des Landespsychiatrischen Krankenhauses war beim Ausfüllen der Formalitäten unübersehbar gewesen.

»Wissen Sie auch, warum man Sie hierher gebracht hat?«

»Nicht wirklich«, begann ich. »Ich habe mich vielleicht etwas aufgeregt, aber das ist doch kein Grund, gleich die Bullen zu rufen, um mich in die Klapse zu bringen.«

»Nun ja, die Polizei fand sie in einem Zustand, der Grund dazu gab, meine Kollegen zu verständigen. Im Bericht steht, Sie hätten ihren Golfschläger Dr. Wilson genannt und ihn angeschrien, er habe die Operation versaut. Das fand man doch sehr bedenklich, abgesehen davon, dass Ihre Wohnung und Sie selbst derart verschmiert waren, dass man vermuten musste ...« Sie stockte.

»Jeder Golfer schreit seine Schläger an. Das ist ganz normal, aber der Schlamm war vom Ficus«, unterbrach ich sie.

»Vom Ficus?« – »Ja, mein Ficus. Wollen Sie die Geschichte hören?« Sie nickte und schaute mich interessiert an. »Na, dann erzählen sie mal.«

Der Ficus

»Wollte ich morgen ein Bäumchen pflanzen, so wie es mit der Welt steht? Eher weniger. Aber den Kaktus musste ich umtopfen! Hatte ich seit Wochen vor mir hergeschoben. Kein Bäumchen pflanzen, aber den Kaktus umtopfen. Immerhin. Ehrlich gesagt, wüsste ich gar nicht, wohin ich einen Baum pflanzen könnte. Ich habe keinen Garten. Mein Golfplatz ist mein Garten, aber da pflanzt man nicht einfach einen Baum. Im Club wird bisweilen eine Baumspende gesammelt. Um die drücke ich mich aber rum, weil ich finde, dass es genug Bäume hat. Nicht auf der Welt, aber auf unserem Platz, besonders da, wo der Clubausschuss meint, noch mehr pflanzen zu müssen. Ich halte es sowieso für Quatsch, dass sich die Greenkeeper mit so einem Tinnef befassen. Sollen sie doch erst mal die Grüns in Schuss bekommen und die Roughs mähen! Aber nein – da wird hier rumgeschnippelt und dort ein Zweiglein gestutzt und meistens hocken die Kerle sowieso hinter dem Schuppen und spotten über die wohlmeinenden Ratschläge ernsthafter Golfer zur Platzpflege ... aber in das Thema will ich jetzt gar nicht rein. Da würde ich mich nur wieder aufregen.

Ich kam gerade von der Akupunktur-Sitzung. Die BKK zahlt alle zwei Jahre zehn Sitzungen. Meine Akupunkteurin sagt immer zu mir: ›Sie kommen wirklich im letzten Moment. Ihr Topf steht derart unter Dampf, wir müssen dringend den Deckel abnehmen.‹ Dann sticht sie mich in genau die Körperstellen, die besonders weh tun, zum Beispiel an den

Füßen. Weil ich sie dann in meinem unsäglichen Schmerz anbrülle und beschimpfe, legen mich ihre Helferinnen vorsichtshalber in einen Extraraum und nicht in eine der Kabinen, wo man jedes Wort hört. Mein Schreien ist für manche Damen nicht erträglich, die sich entspannen wollen, mit einer Nadel im Podex und einer zweiten am Hirn.

Nach 20 Nadeln hab ich derart viel Dampf abgelassen, dass es mir schon viel besser geht. Da liege ich und leide, aber dann kommt die hübsche Arzthelferin mit den großen Augen und zieht alle Nadeln wieder raus. Ich bin so was von erlöst, dass ich auf die Knie fallen könnte, um der Mutter Gottes meinen Dank zu sagen. Kann ich in der Praxis natürlich nicht bringen. Das mache ich höchstens auf dem Golfplatz, wenn ich einen 20-Zentimeter-Putt erfolgreich gelocht habe, wobei mir die kürzeren noch mehr Probleme verursachen.

Also, wie ich gerade aus der Praxis komme, lese ich: Gunther Gerling Gartenbaubetrieb und mir fällt ein: ›Hey, der Kaktus!‹ Ich also rein.

Hunderte von Quadratmetern Planzenboutique, mit Bücherecke, Kaffee frei, aber ich finde keine Blumenerde. Im Freigelände, in der hintersten Ecke endlich: die Blumenerde. Mittendrin, zwischen Dünger, Bambusstangen, Töpfen und Folien steht ein etwas verhutzelter, junger Mann in grüner Berufskleidung. Ich denke, so jung und schon so verhutzelt, aber was noch schlimmer ist: Er ist weitsichtig! Wir Kurzsichtigen haben unsere Probleme mit Weitsichtigen, besonders wenn denen der Unterkiefer locker hängt und sich ein Speichelfaden vom Kinn abseilt. Ich will niemanden diskriminieren. Nicht alle Weitsichtigen sind vollkommen bescheppert. Ich hatte dieser Tage einen weitsichtigen Heizungsmonteur im Haus. Der sollte den Thermostatregler im Wohnzimmer reparieren. Er hatte einen neuen Regler dabei, den bekam er aber nicht drauf. Ich dachte, typisch weitsichtig. Aber dann machte er den Regler aus dem Gästezimmer ab, schraubte den ins Wohnzimmer, nahm den aus dem Wohnzimmer, legte ein 1-Cent-Stück innen rein und schraubte den ins Gästezimmer. Das drücke den Stift rein, womit die Heizung aus wäre und im Gästezimmer heize man sowieso nicht, weil der Gast nachts kühl liegen solle und tagsüber im Wohnraum verbleibe, wenn er nicht schon wieder weg sei, meinte er mit einem Blick, dem ich entnahm, dass er mir in meiner kleinen Wohnung sowieso keinen Gast zutraute, geschweige denn eine Gästin, wie ich einem zweiten mitleidigen Blick auf mein schmales Lager entnahm. Ich unterschrieb seinen

Arbeitszettel und gab den Schlauberger kein Trinkgeld, wo kämen wir denn da hin. Aber clever war er schon.

Weitsichtige sind meist bei der Bahn, der Post, Elektriker oder als Kellner beschäftigt. Eine Bestellung bei einem weitsichtigen Kellner geht garantiert schief. Aber immer noch besser, als wenn die Hütte abfackelt oder die Hand im Stromkreis festklebt, weil ein weitsichtiger Elektriker Pole und Erdung verwechselt hat.

Mein verhutzelter Gartenbau-Azubi glotzte nur, als ich nach einem Eimerchen Erde für meinen Kaktus fragte. Hatternich. Er hatte 10- und 20-Kilo-Säcke mit Blumenerde und die 5- und 10-Kilo-Säcke mit Kakteenerde. Ich wollte nur ein Eimerchen Erde, um einen Kaktus umzutopfen. Er zappelte zwischen seinen Säcken auf und ab. Ich merkte: jetzt ist sein Arbeitsspeicher vollgelaufen. Er müsse fragen, meinte er und verkrümelte sich, während eine dicke Dame mit breiigem Trippelkinn versuchte, ihre Frage nach einem hässlichen Übertopf ins Spiel zu bringen, was ich aber abblockte, indem ich ihr versicherte, dass der junge Mann gleich zurück sei. ›Heute muss man einen 10-Kilo-Sack kaufen, um eine Pflanze umzutopfen, das ist die Globalisierung. Meine Mutter hat mich immer mit einem kleinen Emaille-Eimerchen zur Gärtnerei Weber nebenan losgeschickt, um für 50 Pfennig Blumenerde zu holen.‹ – ›Das muss aber schon eine Weile hersein‹, meinte die dicke Dame. ›Na und‹, dachte ich, ›ein Topf ist ein Topf, heute wie vor 50 Jahren. Mehr Erde geht nicht rein.‹

Der Hutzelknabe kam angetrabt. Seine großen Augen leuchteten hinter der dicken Brille. Er war glücklich, dass er sich die Lösung meines Problem den ganzen Weg von der Abteilungsleiterin bis zu mir hatte merken können. Ich solle einen angebrochenen Beutel nehmen. Den könne er mir etwas günstiger geben! Er brachte eine 10-Kilo-Tüte zum Regulärpreis von 2 Euro 95, die noch fast voll war. ›Jetzt wird hart verhandelt‹, dachte ich, aber er schrieb freiwillig 50 Prozent Rabatt auf das Preisschild. Da konnte man nichts sagen. Die Erde kostete so viel, wie ein gebrauchter Titleist. Das war okay.

›Ein Eimerchen hätte eigentlich gereicht‹, brachte ich noch mal ins Gespräch, aber er zuckte nur mit den Schultern und wandte sich der dicken Dame zu. Insgeheim war ich glücklich über dieses Bombengeschäft, denn ich hatte ja noch einen Ficus in der Hinterhand, der auch in ein größeres Gefäß musste, und das seit Jahren.

Die Erde habe ich dann in meine Höhle geschafft und den Topf mit dem Kaktus auf die Spüle gestellt. Der Kaktus stach wie Frau Dr. Sterzich-Krizenthaler und ich brüllte ihn an. Aber Rache ist süß, und ich schnitt ihm ein paar von seinen unteren Blättern ab. Dann löste ich ihn aus der Schale und schwupp, schon war er in seinem neuen Topf.

Ich habe keinen Garten, aber einen grünen Daumen. Meine wenigen Topfpflanzen ersaufen entweder im Wasser oder sie sind halb vertrocknet. Trotzdem überleben sie. Meine Putzfrau, die Frau Jaruschkowa, die einmal monatlich kommt, meint, ich müsse einen grünen Daumen haben, wenn mein Gestrüpp bei dieser Pflege überleben könne.

Nach dem Kaktus kam der Ficus dran, der ein Abschiedsgeschenk von der Firma war, in der ich zuletzt gearbeitet hatte. Ich dachte damals, als mir unser Chef diesen kleinen Topf überreichte, es sei eine Gratifikation, weil ich an diesem Tag verzichtet hatte, den Herrenmittwoch zu spielen. Doch er nahm mich zur Seite und sagte etwas von langjähriger Treue, guter Zusammenarbeit und das alles mal ein Ende habe. Meine Entscheidung für das Golfspiel und gegen konstante Arbeit im Außendienst müsse er respektieren. Er wünsche mir alles Gute, aber in seinem Betrieb sei man an Leistung orientiert, ein Begriff, der mir offensichtlich nur aus dem Golfsport bekannt sei. Die Kollegen hätten zusammengelegt und mir einen Ficus gekauft. Ich hatte ihm anfangs nicht zugehört und wunderte mich, dass er mit mir über meine Leistungen im Golfsport sprach. Als ich dann begriff, war es zu spät. Die Kollegen drückten mir die Hand und wünschten mir eine sichere Hand bei den kurzen Putts. Wenn ich einmal in der Woche in der Zentrale war, hatte ich denen meine Putts stets in aller Ausführlichkeit beschrieben, besonders die verschobenen, weil die mich am meisten ärgerten. Das fand der Chef vermutlich auch nicht so doll. Da stand ich nun mit meinen Ficus und plötzlich war mir bewusst, dass nach der Frau auch der Job weg war.

Der Ficus vegetierte einige Jahre in einem irdenen Topf. Dieser bauchige Topf hatte mir in seiner Schlichtheit immer sehr gut gefallen, aber er war einfach zu klein geworden. Manchmal muss man zugeben, wenn etwas nicht mehr geht. Mir ging es so, als meine Beatles-Boots, Größe 43, nicht mehr passten, weil ich bereits Größe 45 hatte und das Tanzen ein schmerzhafter Alptraum wurde. Das war 66. Daran muss ich in letzter Zeit öfter denken, an 66 und meine Beatles-Boots.

Der Ficus war nach Jahren der Wachstumsstarre plötzlich einiges größer geworden. Keine Ahnung, warum. Vermutlich hat ihn die Frau Jaruschkowa ans Licht gestellt und ihm eine Dosis Kunstdünger verpasst, was in meinem Bio-Haushalt strikt verboten ist. Der Ficus ist ein dicker Busch geworden, und ich dachte, dem müssten auch die Füße weh tun. Dann fiel mir ein, dass ich noch einen größeren, bauchigen Topf habe, in dem ich im Winter Möhren lagere. Mindestens ein Drittel größer und bauchiger. Ich fing also an, löste die Erde des Ficus und wackelte am Stamm. Aber der Baum wollte nicht, wie er sollte. Die Öffnung des Topfes war ca. 20 cm breit, etwa wie ein Wintergolfloch, aber der Bauch des Topfes fast 30 cm breit. Da half kein Ziehen und kein Rütteln. Ich versuchte, mich an der Seite einzugraben und kratzte die Erde heraus, stieß aber auf ein undurchdringliches, zähes Wurzelgeflecht. Die Erde, vermatscht in der Spüle, spritzte über den Boden, tropfte die Schrankwand und die Fliesen herab. Eine ziemliche Sauerei, aber dann hatte mich mein Ehrgeiz gepackt. Ich versuchte, den Topf flott zum Balkon zu tragen, aber dummerweise tropfte die schwarze Blumenerde vom nassen Topfboden über mein Indoor-Puttinggrün, das mein Wohnzimmer ausfüllt. Ich hätte doch etwas unterlegen sollen. Der Ficus stak sozusagen im Geburtskanal fest, warf seine Blätter ab und schnell war auch der Balkon nass und schwarz eingesaut. Ich fing an zu fluchen und zerrte am Stamm, der nicht nachgeben wollte. Die dicke Frau Schäfer schaute vom Nachbarbalkon herüber, aber als sie mein Gesicht sah, verschwand sie schnell hinter ihren Vorhängen. Immerhin hatte sich der Wurzelballen etwas gelockert, so dass ich ihn drehen und wenden konnte. Ich versuchte es mit Hebelkraft, indem ich den Stamm auf der Topfkante ansetzte, aber der Wurzelballen war einfach zu dick. Er wollte nicht raus. Mittlerweile war alles ziemlich dreckig, fiel mir so nebenher auf, und deshalb erfüllte mich eine gewisse Wut, die ich nicht mehr haben sollte, wegen des Blutdrucks. Aber manchmal überkommt mich diese heilige Wut, weil ich es doch gut meine, mit dem Ficus zum Beispiel. Und da er nicht geboren sein wollte, aus seinem Topf, half nur ein Kaiserschnitt, denn es gab auch kein Zurück. Als Chefarzt musste ich sofort handeln. Meine Augen streiften die Reihe der Assistenzärzte, die darum bettelten, zum Einsatz zu kommen. Jetzt war es keine Frage von Loft. Es brauchte Kompetenz und Erfahrung, um mir beim Kaiserschnitt zu assistieren. Ich überlegte, ob ich das 52-Grad-Vokey-Wedge oder das

56-Grad-Oilcan nehmen sollte, denn mein bewährtes MacGregor-Pitchingwedge aus der Jack-Nicklaus-Serie ist in meinen Dritt-Bag im Club. Die neuen Wilson-Wedges sind noch nicht fertig ausgebildet, aber HA! Da war das Sandy Andy von Wilson, ein legendäres Sandeisen, das Alex Hay in seinem Golfbuch preist.

Dr. Wilson traf ich in den frühen 90er Jahren in einem Proshop, die Straße oben hinter Auchterlonie in St. Andrews, und konnte ihn für meine Klinik abwerben. Kollege Dr. Wilson lächelte mich an. Frisch poliert, ausgeschlafen und bereit, einen komplizierten Eingriff am offenen Herzen des Ficus vorzunehmen. Die Situation erlaubte keine Betäubung des Patienten, es war eine Notoperation. Der Ficus hing röchelnd und fast gänzlich entlaubt aus seinem alten Gefäß und nur ein schneller Schnitt konnte jetzt Leben retten. ›Wir müssen handeln‹, sagte ich, ›es geht um das Leben des Patienten!‹ Dr. Wilson konzentrierte sich und gemeinsam schlugen wir zu. Der Topf zersprang in zwei Hälften und kleinere Bruchstücke. Vor uns krümmte sich der Ficus, nackt und verletzlich. In sich verschlungene, weiße Wurzelwindungen, ähnlich der Szene aus Star Wars, in der Darth Vader den Helm absetzt und sein monströses, verwachsenes Hirn zu sehen ist.

›Gut gemacht‹, sagte Dr. Wilson zu mir. Ich war, ehrlich gesagt, stolz. Wie damals, als ich es an der 18 erstmals mit dem zweiten Schlag über das Wasser geschafft hatte. Ich schaute nach dem Patienten. ›Sieht nicht gut aus, ich denke wir müssen die Transplantation in den neuen Topf sofort ausführen!‹ – ›Ich bin bereit‹, sagte Wilson. – ›Den neuen Topf!‹ Wilson reichte mir den neuen Topf. Überaus vorsichtig, hoben wir den Patienten gemeinsam auf sein neues Lager, aber es ging nicht. ›Das darf doch nicht wahr sein‹, brüllte ich. ›Sie sind wohl verrückt, Wilson! Der Topf hat eine zu kleine Öffnung!‹ ›Aber der Topf ist doch viel größer, mindestens ein Drittel größer!‹, stöhnte Wilson. ›Trotzdem ist die Öffnung zu klein‹, fuhr ich ihn an. Wir pulten weitere Erde vom Wurzelgeflecht des Ficus, alles schwamm in schwarzem Blut, Dr. Wilson und ich sahen aus wie zwei Schlächter, aber es half nichts: Der fast erdfreie Wurzelballen war um einiges breiter als die Öffnung des neuen Topfes – und je mehr wir daran herumpulten, desto mehr dehnte er sich aus.

›Was tun?‹ Wilson schaute mich ernst an. Mit Entsetzen ahnte ich, was er plante. ›Bleibt nur die Amputation.‹

›Kommt nicht in Frage, Wilson, Sie sind kein Arzt, Sie sind ein Metzger.‹ Ich sah mich um. Alles schwarz, schmierig, nass, bis in die Wohnung hinein, die Küche ein Desaster. Der Patient lag nackt und wehrlos auf dem kalten Boden des OP-Raums. ›Wilson, Sie haben versagt, Sie sind gefeuert!‹

Die dicke Frau Schäfer lugte über die Brüstung, ging aber gleich in Deckung, als sie mein schwarzes Gesicht sah, während ich Dr. Wilson zur Schnecke machte. Wütend donnerte ich den Versager zurück in das Bag und holte den Putzeimer. Da passte der Ficus perfekt rein. Etwas Erde drauf und fertig. Der Putzeimer ist grün und passt schön zu dem grünen Nylonteppich. Bis die Frau Jaruschkowa mal wieder reinschneit, habe ich einen größeren Topf besorgt. Da stand er, der Ficus. Er schaute mich an. Danke, Herr Professor, schien er zu sagen. Ihre Kompetenz und ärztliche Ethik haben mich vor dem Schlimmsten bewahrt. Ich nickte ihm wohlwollend zu. Draußen hörte ich eine Sirene. Auch anderswo waren Kollegen im Einsatz. Es ist ein gutes Gefühl, helfen und heilen zu können. Und dann fiel mir ein: Jetzt hab ich doch ein Bäumchen gepflanzt und morgen ist auch noch ein Tag. Tja, so war das.«

Frau Dr. Zeisig

Ich lächelte. Zurück aus der Welt meiner Erinnerungen, blickte ich auf.

Frau Dr. Ludmilla Zeisig schaute mich lange an. Dann holte sie tief Luft: »Das ist eine *sehr interessante Geschichte*. Sehr anschaulich erzählt. Es erklärt aber nicht, warum jemand die Polizei verständigte, die sie hierher brachte.«

Ich zuckte die Schultern. »Ich denke, meine Nachbarin, die dicke Frau Schäfer, hat mich vom Balkon aus gesehen, wie ich schwarz verschmiert auf dem Topf rumschlug und dann mit Dr. Wilson rumbrüllte. Ich bin ihr ein Dorn im Auge, denn in unserer Siedlung spielt man kein Golf. Das macht man nicht. Bei uns wohnen nur anständige Leute, die ehrlicher Arbeit nachgehen, sofern sie eine haben.«

Ich lehnte mich zurück. »Sagen Sie, muss ich jetzt hier bleiben? Ich meine, bin ich eingewiesen oder so was?« Sie schaute mich mit besorgtem Blick an, als wäre mein Kummer ihr Kummer. »Um Himmels Willen nein«, beruhigte sie mich. »Auf keinen Fall. Wir haben überhaupt keinen Anlass, Sie hierzubehalten. Aus meiner Sicht stellen Sie keinerlei Gefährdung für sich oder Ihre Mitmenschen dar. Ich denke, dass Sie vielleicht etwas, nennen wir es exzentrisch, sind. Solange Sie sich damit wohl fühlen, ist das okay. Aber kann es sein, dass Sie sich seit einiger Zeit nicht so wohl fühlen?«

Ich nickte.

»Schlechte Träume? Schweißausbrüche?«

»Ja.«

»Auf der Runde keine Entspannung mehr, eher ein inneres Grimmigsein?«

»Genau.«

»Alles geht Ihnen auf die Nerven, je mehr Sie trainieren, umso weniger klappt es und vom Golf abschalten wird unmöglich?«

»Woher wissen Sie das?«

»Alles ziemlich eindeutig. Nichts Ungewöhnliches. Ich mache Ihnen folgenden Vorschlag: Sie bleiben heute noch hier und schlafen sich mal gründlich aus. Ich würde mich morgen früh ganz gerne noch mal mit Ihnen unterhalten, wobei ich vorher ein paar Dinge abklären muss. Was halten Sie davon?« Ich war einverstanden.

Von wegen gründlich ausschlafen. Am nächsten Morgen, zu irgendeiner grässlichen Unzeit, wurde ich von der Nachtschwester geweckt, dann kam ein Mädel, die mein Blut wollte, dann wurden Betten gemacht, dann kam das Frühstück. Totaler Stress. Um 10 Uhr, als ich bei Frau Dr. Zeisig sein sollte, fühlte ich mich wie gerädert.

Als ich in ihrem Gesprächsraum eintraf, hatte sie ihren Kittel noch über dem Arm. Ihre breiten Schultern und schmalen Hüften verstärkten den athletischen Eindruck, den sie machte. Der Pulli zeigte aber auch die weiblichen Aspekte ihrer Persönlichkeit, und das nicht zu knapp. Sie zog sich den Kittel über, als wollte sie meinen Gedanken in dieser Richtung Grenzen setzen.

»Wie geht es Ihnen heute morgen?«, fragte sie.

»Ich entnehme Ihrer Frage, dass Sie diese Klinik mit ihren Morgenritualen noch nie als Patient erleiden mussten?«

Jetzt lachte sie. Schöne, weiße Zähne.

»Setzen Sie sich.« Sie wies auf einen Stuhl. »Ich habe mit Ihrem Hausarzt Dr. Bercelmeyer gesprochen. Er hat zwar empfohlen, dass Sie noch ein paar Tage zur Beobachtung bleiben sollten, aber dazu besteht aus meiner Sicht kein Anlass. Ich habe Herrn Dr. Bercelmeyer mitgeteilt, dass ich in den nächsten Tagen meine neue Tätigkeit in einer Privatklinik in Bad Berzich beginnen werde. Ich möchte Ihnen nicht verschweigen, dass ich ein gewisses Interesse habe, mich ausführlicher mit Ihnen zu unterhalten. Der Golfsport ist für mich als Suchtexpertin ein interessantes Forschungsgebiet. In den USA, wo Golf als Volkssport etabliert ist, lassen sich die Phänomene der Golfsucht nicht so deutlich beobachten wie in Deutschland. Die Gelder für meine Arbeit sind schon bewilligt. Vielleicht möchten Sie mich dabei unterstützen, indem Sie mich in Bad Berzich besuchen und mir erzählen, wie Ihre persönliche Entwicklung als Golfer verlaufen ist?«

Ich schaute sie misstrauisch an: »Aha, der Bercelmeyer steckt dahinter! *Der* Mann ist eine Gefährdung für sich selbst und seine Mitmenschen. Als Golfer und als Arzt! Ich will Ihnen sagen, was der plant: Bei den nächsten Seniorenmeisterschaften habe ich ein Wörtchen mitzureden, deshalb will er mich einsperren lassen!«

»Aber nein! Niemand will Sie einsperren. Sie können kommen und gehen, wie Sie wollen. Herr Dr. Bercelmeyer hat Sie uns nur als besonders kompetent empfohlen. Er erzählte mir, dass Sie zum Thema Golfsport publiziert haben. Als Ihr behandelnder Arzt hat er auch erwähnt, dass Sie im Sommer, wohl anlässlich eines Golfturniers, einen massiven Zusammenbruch mit Halluzinationen hatten. Es würde mich natürlich interessieren, was da passiert ist.« Ich beruhigte mich.

»Bercelmeyer hat mich empfohlen? Er sagte Ihnen, dass ich schreibe?« Frau Dr. Zeisig nickte eifrig.

»Ja, und er sagte, es gäbe niemanden, ihn selbst eingeschlossen, der mich so kompetent in das Thema Golfsucht und Golfwahnsinn einführen könne wie Sie.«

Das klang gut. Ich fühlte mich geschmeichelt. Mein Erstlingswerk war von der Golfpresse weitgehend unbeachtet geblieben, aber das Buch verkauft sich gut. Ich schreibe eine wöchentliche Internetkolumne, in der ich meine Desaster auf dem Golfplatz meist als Racheakt inszeniere.

»Also gut. Wann beginnen wir? Und klären Sie das mit der Kasse?«

»Die Lichtheimat-Klinik ist eine Privatklinik, aber meine Abteilung wird vermutlich von den Krankenkassen als Pilotprojekt unterstützt werden. Das wird gerade geklärt. Wenn Sie zustimmen, würde Dr. Bercelmeyer für Sie eine Kur beantragen. Dann könnten Sie bei uns Ihre, nennen wir es Erschöpfungszustände, regenerieren und uns gleichzeitig mit Ihrer Kompetenz zur Verfügung stehen. Was halten Sie davon? Die Lichtheimat-Klinik in Bad Berzich ist ein schönes, altes Haus, frisch renoviert. Dank der Fördermittel können wir auf diesem vollkommen neuen Gebiet in aller Ruhe forschen. Sie müssten nur bereit sein, die Regeln des Hauses zu akzeptieren.«

Diesen Satz überhörte ich.

»Dann stoße ich sozusagen als Experte zu Ihrem Team?«

»So könnte man sagen, als Patient – und Experte.«

Frau Dr. Zeisig lächelte. Ihre großen Augen schauten mir in die Seele. Etwas in mir zappelte hilflos und ergab sich. Ein längst verschollen geglaubtes Gefühl irritierte mich. Könnte ich jemals noch etwas anderes als meine Bälle und mein Golfbesteck lieb haben? Ich musste an die Frauen denken, die mich verlassen hatten. Diesen Gedanken mochte ich nicht. Aber die Idee, mit Frau Dr. Zeisig Fördermittel zu verbraten, um Golfsucht zu erforschen, gefiel mir gut.

»Sowie ich meine neue Arbeit aufgenommen habe und die Kostenübernahme geklärt ist, werden wir uns unverzüglich bei Ihnen melden. Wäre Ihnen das recht?«

»Von mir aus könnte es nächste Woche losgehen. Ich habe nur ein paar Dinge zu erledigen. Aber ich vermute mal, es hat mehr Sinn im Frühjahr, wenn wir uns das Metier im Freilandversuch erarbeiten können.« Ich war stolz auf meine professionelle Formulierung und schaute Frau Dr. Zeisig erwartungsvoll an.

»Prima. Dann sind wir uns einig. Ach, noch eins – es gibt keinen Golfplatz in Bad Berzich. Sie werden verstehen, dass wir unseren Patienten jede Versuchung ersparen müssen.«

»Wie? Kein Golf in Bad Berzich?«

»Genau. Aber ich bin sicher, dass Sie das verkraften werden.«

Ihre Augen strahlten um die Wette. Ich nickte hilflos.

Ein paar Wochen später erhielt ich Post. Absender war die Lichtheimat-Klinik Bad Berzich, Frau Dr. Ludmilla Zeisig. Mein Herz klopfte. Ich hopste die Treppen hoch in meine Höhle, setzte mich an den Schreibtisch und schnupperte am Umschlag. Es war nichts zu riechen. Ein neutraler, weißer Umschlag. Einen Moment lang zögerte ich. Dann trennte ich ihn mit einem winzigen Messer auf und las.

Ob es mir gut ginge, fragte sie, und gab mir dann einen kurzen Zwischenbericht, wonach sich die Dinge etwas langsamer entwickeln würden, als sie gehofft hatte. Die gute Nachricht sei: der Antrag auf Übernahme der Kosten im Rahmen des Pilotprojektes sei von meiner Krankenkasse bewilligt worden. Ein Bescheid würde mir in den nächsten Tagen zugestellt werden. Sie würde meinem Aufenthalt als erstem Besucher ihrer neuen Abteilung mit großem Interesse entgegensehen und sich auf das Gespräch mit mir freuen.

Poch, poch, poch. Mein Herz. Ich musste tief durchatmen. Ludmilla – sie hatte mir geschrieben! *Sie freute sich auf das Gespräch mit mir!* Dieser göttliche, süße Brief. Anmut strahlte aus der Computerschrift. Verlegen küsste ich das Papier und schrieb zurück, dass ich *alles* für meine baldige Abreise arrangieren würde. Ich betonte, wie sehr ich mich auf ein Wiedersehen mit ihr freue, konnte mir aber nicht verkneifen ihr mitzuteilen, dass ich mich bis dahin durch weitere Feldstudien auf unsere Zusammenarbeit vorbereiten würde und verblieb *mit innigsten Grüßen.* Schon morgen würde ich meine Forschungsarbeit fortsetzen. Ich würde Ludmilla nicht enttäuschen!

Eine kleine Runde

Zum neuen Jahr lag der Bescheid der Krankenkasse in der Post. Aus Bad Berzich hatte ich aber noch keinen genauen Termin bekommen. Ich wollte nicht drängeln, denn das Wetter war so schön schlecht, dass ich noch ein paar herrliche Wintergolfrunden gehen konnte. Da war noch etwas anderes, irgendein Termin, aber der war mir gerade entfallen. Na gut.

Als ich auf den Parkplatz des Golfclubs Bauernburg fuhr, standen dort zwei einsame Autos. Es war kalt, die Luft klar und ich jauchzte vor Glück. Wind, Wintergrüns und Schneeflecken auf dem Fairway sind mir egal, solange ich auf den Platz kann. Niemand auf dem 1. Tee, keine Warteschlangen, kein Gesabbel über Schwungprobleme und Gemaule über langsame Grüns. Nein. Nur der Platz. Offene Weite, wie Alan Watts das nannte. Ich hatte nur noch zwei Stunden Licht, aber das konnte auf diesem Platz, bei den kurz gesteckten Bahnen, für fast 18 Loch reichen. Ich trug meine Wintergolftasche, darin ein Hölzchen, mit dem man den Ball aus jedem Dreck in die Luft bekommt und die Eisen 6, 8 und PW. Den Putter konnte ich mir auch sparen. Im Winter sollte man den Ball gleich in den Kübel mit der Fahne chippen oder innerhalb einer Putterlänge aufheben. Dadurch wird das meist leicht matschige Gras ums Loch rum nicht so vertrampelt und man kann von außen besser anspielen. Der Rest ist die reine Freude einer stillen Wanderung über frostige Hänge.

Es wurde frisch, nachdem die Sonne hinter einem Dunstschleier verschwand. An der 10. Bahn verzog ich meinen Ball nach rechts. Am Ball angekommen, sah ich plötzlich eine Gruppe von drei Spielern, die ich durchaus hätte treffen können. Wo kamen die denn her? Neun Loch lang hatte ich keinen Menschen gesehen. Da standen sie, ein langes Eisen entfernt, und hielten Kriegsrat. Ich konnte nicht erkennen, wer es war. Die Spieler trugen eine Kopfbedeckung und dicke Jacken. Wer immer das sein mochte, ihre ganze Aufmerksamkeit galt den Anweisungen eines Burschen, der mitten auf dem Fairway Golfstunden gab (aber mit Sicherheit kein Pro war). Er schwang sein Eisen, eine Dame versuchte es nachzumachen. Aber es klappte nicht. Also wurde nachgebessert, der Versuch wiederholt, während der andere Bursche verträumt mit seinem Eisen in einem Schneefleck rechts im Rough herumstocherte. Sie schauten nicht zurück. Warum auch. Der Parkplatz war leer, der Golfplatz leer, das Universum schien leer. Alles ist Leere, meinte sogar Buddha einst. Ein Spieler, der mal schnell ein paar Loch frische Luft schnappen möchte, ist nicht im göttlichen Plan vorgesehen.

Na endlich. Die Übung in der Leere schritt voran. Die Gruppe näherte sich dem Grün. Der Tiger zeigte seinen Hasen, wie man auf einem vertrampelten, matschigen, angefrosteten, von kleinen Eisbrocken übersäten Wintergrün die Puttlinie zu einem Eimer liest, in dem eine Plastikstange in Wasser, Eis und Dreck steht. Die großen Putt-Gurus empfehlen, das Loch großflächig zu umschreiben, um die landschaftlichen Einflüsse zu erkennen. Geomantie sowie geologische Verwerfungen innerhalb der Erdkruste spielen eine große Rolle beim Lesen eines Grüns. Jedes Grün hängt bekanntermaßen zum Meer. Aber wo war das Meer? Vor Millionen Jahren gab es hier in Mittelhessen ein Meer, und dahin hätte das Grün gehangen. Also: Wohin hängt ein Grün, wenn dort, wo es angelegt ist, früher überall Meer war? Hm. Ich sah auf hundert Meter Entfernung, wie dort vorne heftig nachgedacht wurde. Vielleicht bis die Polkappen wieder abgeschmolzen sind und ein neues Meer entstanden ist? Dann könnten sie erkennen, wohin das Grün sich neigt. Aber siehe: Ich war zu ungeduldig mit meinen wirren Gedanken auf klappernden Zähnen. Plötzlich kam Bewegung auf. Man hatte eingelocht. Etwa mit der Geschwindigkeit eines Roald Amundsen auf dem letzten Kilometer zum Südpol schleppten sich der Tiger und seine Rabbits zum nächsten Abschlag. Jeder Schritt langsam und schwer, denn man läuft über das eisige Meer. Ich ging auf und ab. Mit der anziehenden Kälte stieg Ärger in mir auf. Wenn man sich beim Wintergolf nicht bewegen kann, dann wird einem kalt und der Spaß ist weg. Jeder, der bei diesem Wetter auf dem Platz ist, dachte ich, sollte *das ewige, ultimative, erste Gesetz der Wintergolfer* kennen, das da heißt: *Keine Pause oder bleib zu Hause.* Wer bei diesem Wetter lange nach seinem Ball, seinem Schwung oder einer Erinnerung an glorreiche, längst vergangene Tage sucht, der möge bitte zur Seite treten, großzügig durchwinken oder auf immer zur Eissäule erstarren! Mir wurde zu kalt. Ich nahm eine Abkürzung, indem ich zwei Bahnen ausließ. So konnte ich noch ein paar flotte Löcher spielen, bevor ich mit dem letzten Tageslicht zum Clubhaus zurückkam. Mittlerweile war der Parkplatz überfüllt. Da fiel es mir ein: die außerordentliche Mitgliederversammlung! Die hatte ich komplett vergessen.

Die Mitgliederversammlung

Im Proshop herrschte Getümmel. Der Pro schenkte Glühwein aus und rieb sich die Hände. Die neue Ware für die kommende Saison war rechtzeitig geliefert worden und er hatte die Hoffnung, noch einige Umsätze mit den Neugolfern machen zu können, bevor die Saisonpreise im Internet in den Keller gingen. Neue Putter gingen von Hand zu Hand. Einige Spieler überlegten, ob sie vom Two-Ball-Putter auf den Three-Ball-Putter umsteigen sollten. Sie standen am kleinen Übungsteppich im Proshop, und lochten Ball für Ball. »Wie ist das Gefühl?«, fragte ich.

»Eigentlich vertraut, nur unten etwas länger, so von der Optik her.«

»Wie bei einer Penisverlängerung. Man hält das vertraute Stück, es fühlt sich gleich an, aber irgendwie ist es länger«, sagte ich.

»Hmm, stimmt!« Alle nickten.

Eine Dame schaute irritiert aus der Schuhecke herüber.

Über die Lautsprecheranlage ertönte ein Gong. Clubpräsident Direktor Dr. Fahrenbach rief laut FORE, was das einzige Wort war, das ihm an diesem Abend über die Lippen kommen sollte. Die letzten Spieler, die mit ihrer Penisverlängerung Probeputts geübt hatten, drängten sich in den dicht besetzten Clubraum. Der Vorstand, der Spielführer, der Kassenwart und die Dame, der man die Jugendarbeit aufgehalst hatte, trugen die offiziellen Club-Jacketts, die sie sich im Vorjahr aus repräsentativen Gründen bewilligt hatten. Ein solcher repräsentativer Anlass war zum Beispiel der DGV-Verbandstag, zu dem dann aber doch niemand fuhr, weil der Termin mit dem Hochzeitstag der Schwägerin des Präsidenten kollidierte und der Vize an dem Tag einen unaufschiebbaren Termin beim Notar hatte. Es ging um seine Scheidung.

Die außerordentliche Jahreshauptversammlung hatte nur einen Tagesordnungspunkt: die Finanzlage des Clubs. Der alte Magnat, Gründungsmitglied und Ehrenpräsident, war im Oktober pünktlich zu dem von ihm prophezeiten Termin verstorben. Er hatte nach einem kurzen, heftigen Slice an der 3. Bahn den Ball selbst in den Büschen suchen wollen. Das behauptete zumindest die dralle, junge Polin vom Pflegedienst, die mit ihm in die Büsche musste. Das anschließende Gerangel fiel aus Pietätsgründen unter die Schweigepflicht, aber die junge Dame erzählte später einer Freundin, die es einer Freundin erzählte, dass der alte Knabe plötzlich mit mehreren Bällen gespielt habe. Als sie schreiend davonlaufen wollte, sei er hinter ihr her, wobei er wohl mit dem Schlauch vom Katheterbeutel an einem Ast hängen geblieben sei. Jedenfalls habe sie einen grässlichen Schrei gehört, sei zurückgerannt und da habe der alte Lustmolch gelegen und gewimmert. Jede Hilfe kam zu spät. Nach der Testamentseröffnung wurde offenbar, dass dem Club nicht die Millionen zugedacht waren, auf die man insgeheim gehofft hatte. Nein. Der Notar las, den Club betreffend, nur eine handschriftliche Notiz vor: *Miese Grüns, Roughs zu hoch, lahme Kellner – von mir keinen Pfennig!*

Dem Club wurde schmerzhaft bewusst, dass nicht nur der alte Knabe am Tropf gehangen hatte und die guten Zeiten unwiederbringlich zu Ende waren. Ich hatte meinen Heimatclub stets in Wohlstand und schwarzen Zahlen gewähnt. Jetzt nahm ich den Bericht des Kassenwarts mit Grausen zur Kenntnis. Eine erhebliche Summe müsse aufgebracht werden, wenn man einen bevorstehenden Konkurs vermeiden wolle. Vize- und Kassenwart hatten einen Sanierungsplan erarbeitet, der auf dem Nachschießen der Clubmitglieder basierte. Eine erkleckliche Summe wurde genannt. Als die Zahlen auf den Tisch kamen, ging ein Murren durch die Reihen. Selbst der Präsident, Dr. Fahrenbach, wollte seinen Ohren nicht trauen. Er hatte von diesem Sanierungsvorschlag keinerlei Kenntnis gehabt. Von der Warte seiner präsidialen Hoheit aus, sah er es nicht als seine Aufgabe an, sich mit den Niederungen alltäglicher Vorstandsarbeit befassen zu müssen. Zudem war er zum Zeitpunkt der vorbereitenden Vorstandssitzung an seinen offiziellen Arbeitsplatz in die Firma seiner Gattin bestellt worden. Der mittelständische Familienbetrieb war gerade von einem konzertierten Rollkommando der Hausbanken durchleuchtet worden, um der chronischen Finanzschwäche des Unternehmens auf die Spur zu kommen, bevor ein Konkursverwalter den Vorhang ziehen würde. Die nicht unerhebliche monatliche Apanage sowie die monströsen Spesen des Herrn Dr. Fahrenbach standen aus Sicht der Controller in krassem Gegensatz zu seinen Leistungen und somit zur Disposition. Frau Stellmann-Fahrenbach, die Tochter des Firmengründers, die alle Warnungen ihres Vaters selig in den Wind geschlagen hatte, um das Windei Fahrenbach zu ehelichen, konnte ebenfalls keinerlei Leistung mehr erkennen, die sie bisher am monatlichen

Beischlaf festgemacht hatte, der ausblieb, seit Fahrenbach erstmals Handicap 30 unterspielt hatte. Er wolle jetzt – mit allen Konsequenzen, wie er das nannte – ernsthaft angreifen, was für einen Leistungssportler seiner Altersgruppe striktes Zölibat bedeuten würde.

Nicht, dass sie das monatliche Gehechel, unterbrochen von Erzählungen verpasster Putts, ernsthaft vermisst hätte. Aber als Frau fühlte sie sich gekränkt. Das wollte sie den Controllern jedoch nicht auf die Nase binden. Die allgemeinen repräsentativen Aufgaben, die Dr. Fahrenbach zu seiner Verteidigung ins Feld führte, bestanden im täglichen Golfspiel (mit Kunden und Geschäftspartnern bei beträchtlichem Spesenbedarf), seinen Aufgaben im Golfclub und darin, dass er einmal im Jahr einen Wohltätigkeitsbasar unter der Schirmherrschaft der Firma Stellmann moderierte. Dafür wollte man ihm aber kein fünfstelliges monatliches Salär zubilligen, worauf das Vertragsverhältnis mit Dr. Fahrenbach zur klammheimlichen Freude seiner Gattin, die diesen Dummschwätzer nicht mehr hören oder sehen konnte, kurzerhand gekündigt wurde. Er hatte seit der Hochzeit von ihrer Arbeit und ihrem Geld gelebt, und nur die Tatsache, dass er täglich auf den Golfplatz verschwand, hatte die Koexistenz der ehelichen Gemeinschaft in den letzten Jahren einigermaßen erträglich sein lassen. Jetzt schluckte Fahrenbach, denn an den obligatorischen Griff in die Firmenkasse war fürs Erste nicht zu denken.

Nach dem Bericht des Kassenwarts hing ein bedrücktes Schweigen über der Versammlung. Vizepräsident Professor Heiner Klaustaler schaute in den Kreis der etwa hundertfünfzig Mitglieder, die seiner Einladung gefolgt waren. Hinter mir saß Dagobert Seicht, der alle Zahlen im Kopf hatte. Er tuschelte seinem Nachbarn die Fakten zu: 731 Mitglieder, 20 Erbschaftsmillionäre, 14 Einkommensmillionäre, 3 Industriellenfamilien, die unter die Kategorie *private Vermögensverwaltung* fielen, 200 Selbstständige, Geschäftleute und Freiberufler (von denen die Mehrzahl Auslandsimmobilien, ausländische Geldkonten besaß und/oder Finanzengagements in Fonds, die ihren Firmensitz auf den Kaiman-Inseln, Virgin Islands oder in Liechtenstein hatten).

Aber diese Leute waren zu Hause geblieben, weil man nur Geld hat, wenn man es behält und nicht in einem Anfall von sentimentalem Schwachsinn in einem Golfclub verpulvert. An diesem Abend waren, wie üblich, die engagierten Mitglieder und ambitionierten Golfer gekommen, die jetzt sprachlos dasaßen.

»Hat jemand andere Vorschläge?«

Allgemeines Schweigen.

»Niemand?«

Zaghaft hob jemand am Ende des Saals die Hand. Ein relativ neues Gesicht meldete sich zu Wort.

Der Vize hob die Braue. »Bitte?«

Der Herr mittleren Alters hatte eine hohe Stirn und leicht angegraute Locken, die sein Haupt wie kleine Wölkchen umspielten. Er erhob sich, rückte sein kariertes Jackett zurecht und räusperte sich.

»Mein Name ist Karl Janzen. Verehrter Vorstand, verehrte Mitglieder, es mag einem Neuling, der in diesen Club seit gerade mal einer Saison Mitglied ist, nicht anstehen, in dieser schwierigen Situation Ratschläge erteilen zu wollen ...«

»Das sehen wir eigentlich auch so«, unterbrach ihn Professor Klaustaler mit standesüblicher Arroganz.

»... trotzdem mag es gerade der Blick des Außenstehenden sein, der in einer solchen Situation hilfreich sein kann. Seit ich hier bin, ist mir nämlich aufgefallen, dass der Platz nicht in dem Zustand ist, der mir als Mindeststandard geboten scheint. Das mag einerseits damit zusammenhängen, dass das Budget für die Platzpflege erheblich reduziert werden musste. Vielleicht aber auch damit, dass die Greenkeeper immer hinter dem Schuppen hocken und über die wohlgemeinten Ratschläge zur Platzpflege durch kompetente Spieler feixen, anstatt die Grüns schneller zu machen und die Roughs zurückzuschneiden. Dann hätte unser Platz nämlich einen besseren Ruf unter den regionalen Clubs. Es gäbe mehr Greenfee-Einnahmen, die Gastronomie wäre besser ausgelastet, der Proshop hätte mehr Umsatz und auch die ambitionierten Golfer hätten mehr Spaß am Spiel, das im Übrigen wesentlich zügiger vorangehen müsste, was aber daran scheitert, dass die Golflehrer offensichtlich nur in der Lage sind, banale Schwungtipps zu vermitteln, aber weder Course Management geschweige denn das mentale Spiel in ihren Lehrplan aufgenommen haben. Wie wir an ihren Ergebnissen der letzten deutschen Golflehrermeisterschaft sehen können, sind sie bei diesen Themen selbst hoffnungslos überfordert. Außerdem ist mir aufgefallen, dass auf diesem Platz Spielerinnen und Spieler unterwegs sind, die einen Golfball nicht von einem Hühnerei unterscheiden können, denn sie schlagen den Ball grundsätzlich so, als wollten sie ein Ei köpfen. Dieses Toppen ließe sich dadurch vermeiden, dass man die Hüfte aus dem Weg nimmt und mehr von oben in den Ball schlägt, was aber offensichtlich den wenigsten Spielern hier bekannt ist ...«

»Herr Janzen ... «, versuchte Herr Klaustaler zu intervenieren, aber er hatte keine Chance.

»Die mangelnde Kenntnis, wie man den Ball schlägt, wäre noch zu verschmerzen, wenn diese Spielerinnen und Spieler, und meine Betonung liegt jetzt bei den Spielerinnen, in der Lage wären, sich mit angemessener Geschwindigkeit über den Platz zu bewegen und dabei auch nur die minimalsten Kenntnisse von Regeln und Etikette befolgen würden. Das geht sowohl an die Adresse der Pros als auch auch an den Vorstand, der offensichtlich die Weisung gab, jedem, der in der Lage ist, seine Jahresgebühr zu zahlen, die Quittung in Form einer Platzerlaubnis ausstellen zu lassen. Wenn wir also die Missstände in der Gesamtheit betrachten und noch mit einbeziehen, dass der Fön im Umkleideraum kaputt ist und das Klopapier zu hart, kommen wir zu dem Ergebnis, dass sich hier niemand wundern darf, wenn Greenfee-Spieler ausbleiben, Sponsoren das Weite suchen und lukrative Turniere im Nachbarclub veranstaltet werden, der übrigens auch eine hübschere Sekretärin hat.«

Karl Janzen setzte sich. Mit wenigen Sätzen hatte er jeden, aber auch jeden beleidigt. Ich nickte anerkennend. Janzen war mir bisher nur durch seine Pferdezähne aufgefallen, aber offensichtlich hatte er eine scharfe Beobachtungsgabe und, was Golf angeht, ordentliche Grundkenntnisse. Erst herrschte Stille. Dann brach ein Gewitter los.

Der Spielführer: »Ich verwahre mich dagegen, dass die Greenkeeper hier pauschal zu Sündenböcken gemacht werden, auch wenn sie die Grüns ruiniert haben und keinen blassen Schimmer haben, wie man Fahnen stecken muss.«

Sekretärin, weinend: »Das mache ich nicht mehr mit, dieses Irrenhaus. Jeden Tag dumme Anmache, das unerträgliche Geschwätz über vermasselte Turniere, das Rumgezicke der Damen und jetzt bin ich nicht schön genug. Mir reicht es. Ich kündige!«

Alle blökten plötzlich durcheinander und Biologielehrer Karl Schunk witterte seine große Chance. Mit der lauten Stimme, mit der er täglich pubertäre Schrumpfhirne zur Räson rufen musste, dröhnte der kleine Mann mit dem großen Bart: »Wir müssten mehr Nistkästen aufhängen!«

Dieser Beitrag war so laut und so daneben, dass das Getümmel einen Moment ins Stocken geriet. Professor Klaustaler, der mit seinem Präsidiumsglöckchen hoffnungslos untergegangen war, witterte die Chance, wieder Zucht in den Haufen zu bringen, indem er Schunk das Wort erteilte.

»Nistkästen«, wiederholte der. »Wir müssen mehr Nistkästen aufhängen!«

»Und warum sollten wir mehr Nistkästen aufhängen«, fragte eine magere Blondine mit einem Hang zu unkontrollierten Blähungen, die sich nach dem Getümmel zurücksehnte, in dem sie sich unbemerkt Erleichterung verschaffen konnte.

»Das ist ganz einfach«, holte Schunk aus, der wie alle Männer unter 165 Zentimetern sehr aufrecht stand und den Hang hatte, beim Sprechen auf den Fußballen zu wippen, um größer zu wirken: »Ein ökologischer Vogelpfad über den Golfplatz bringt uns neben Fördergeldern des DGV auch die Presse ins Haus. Die heimische Vogelwelt sorgt für natürliche Schädlingsbekämpfung, wodurch wir die Kosten und Umweltbelastung durch Einsatz von Chemie reduzieren könnten. Eine Umstellung auf ökologische Golfplatzbewirtschaftung unter bio-dynamischen Gesichtspunkten würde uns ein Alleinstellungsmerkmal im überregionalen Marketing verschaffen, vielleicht sogar einen Umweltpreis des DGV. Ich entsinne mich da an so eine Broschüre über den Golfplatz als Trittsteinbiotop. Das würde aber voraussetzen, dass wir die Grüns nur noch mit Hühner- und Taubenmist düngen und die Roughs nur einmal im Jahr mähen. Ökologische Grüns haben einen anderen Spielcharakter, der den Grüns im alten Schottland im frühen 19. Jahrhundert ähnlich ist. Folglich könnten wir neben ökologisch interessierten Golfern auch traditionelle Golfergruppen einladen, die noch mit Hickory-Schlägern spielen. Die Kosten der Platzpflege würden sich erheblich reduzieren ...«

»... und bald hätten wir Busse mit Grünen auf dem Parkplatz, die hier ihren Parteitag veranstalten«, brüllte ein Mitglied, der auf Kohlen saß.

»Das ist doch kompletter Taubenmist«, stöhnte die Blondine mit dem Entlüftungsproblem.

»Vielen Dank für die interessante Anregung, Herr Schunk«, schnitt ihm Professor Klaustaler das Wort ab, um wieder ins Spiel zu kommen. »Ich denke aber, dass wir uns jetzt, zu fortgeschrittener Stunde, mit dem Vorschlag des Vorstandes befassen sollten, der eine Umlage als dringend geboten ansieht, um dem Club einen schmählichen Konkurs zu ersparen, der nach den uns vorliegenden Zahlen in Betracht gezogen werden muss.«

Es folgten Beschimpfungen, Unterstellungen wegen Veruntreuung, ein Antrag auf Neuwahlen, ein erneuter Weinkrampf der Sekretärin. Eine Gruppe von Rechtsanwälten diskutierte, wer wen in welcher Reihenfolge zu verklagen hätte. Der alte Brinkmann fuchtelte mit seinem Stock und rief immer wieder: »Bringt mir eine frische Bedienung.«

Mehrere Damen echauffierten sich bis der Mascara tropfte, worauf sie zu Renovierungsarbeiten in die Clubkemenate flüchteten. Zacharias Zück, der angeblich in einem Jahr eine Erbschaft, einen Lottogewinn und eine reiche Frau abbekommen hatte, schimpfte in den Saal: »Mir ist das alles zu blöd. Der Club hat kein Konzept, keine Ideen, lausige Grüns und einen Haufen Snobs, die alle die Hosen voll haben, wenn es um eine kleine Spende geht. Was seit ihr denn für Golfer!« Er stand auf und ging. Andere folgten ihm.

Klaustaler schüttelte sein Weihnachtsglöckchen. Dr. Fahrenbach, von der Situation hoffnungslos überfordert, schwieg nach wie vor. Er hatte sich die Präsidentschaft als Höhepunkt seiner golferischen Laufbahn ausgemalt, nachdem ihm gewahr wurde, dass er mit seinem Handicap 28 keine Chance haben würde, jemals die Seniorenclubmeisterschaften zu gewinnen. Als er im Vorjahr gefragt wurde, ob er bereit wäre, den Clubpräsidenten zu geben, zierte er sich gerade lange genug, um die Huldigungen und Schmeicheleien auszukosten, mit denen die Offerte verbunden war. Dass er den Grußaugust unter der Herrschaft des Professor Klaustaler machen würde, begriff er erst später und war ihm insofern egal, als er als Präsident kostenfrei in anderen Clubs spielen konnte. Jetzt dämmerte ihm: Er hatte weder die Mittel, seine Stellung im Club repräsentativ zu gestalten, noch konnte er derzeit das Geld für die Umlage auftreiben. Außerdem hatte ihn sein Weib im Fadenkreuz, soviel war ihm in den letzten Tagen klar geworden. Fahrenbach saß in der Stille einer weichen Watteglocke, die ihn umhüllte. Sein Tinnitus, den er sich zugelegt hatte, um die Mäkeleien seiner Frau ertragen zu können, hatte sich zurückgemeldet.

Ich saß mitten im Getümmel. Bei dem Gedanken an eine Sonderumlage war mir schlecht geworden. Dann stand ich auf und drängelte mich zum Ausgang. Im Hof vor dem Clubhaus war die Nacht kalt und klar. Ich stand eine Weile in der Kälte herum, bis ich mich besser fühlte. Dampfwölkchen stiegen zwischen den erbosten Mitgliedern auf, die in Gruppen diskutierend zusammenstanden. Viel heiße Luft, im wahrsten Sinne des Wortes. Ich wollte zum Parkplatz gehen, als ich auf Karl Janzen traf.

»Danke für ihre klaren Worte«, sagte ich.

Janzen, der einen weiteren zynischen Angriff durch einen verärgerten Clubkameraden wähnte, fuhr herum. Er wollte nur noch nach Hause, bevor ihn eine Rotte von Greenkeepern erwischte, die ihm Schläge angedroht hatte.

»Wie meinen?«

»Ich finde, Sie haben die Situation in diesem Club gut auf den Punkt gebracht. Mutige Analyse. Tapfer vorgetragen. Meinen Respekt.«

Janzen ahnte in mir einen Verbündeten und nahm Haltung an.

»Mit wem habe ich die Ehre?«

Ich stellte mich vor.

»Karl Janzen, angenehm. Freue mich, Ihre Bekanntschaft zu machen.«

Wir gaben uns nach alter Väter Sitte die Hand.

»Und? Was meinen Sie bezüglich der Situation?«

»Dumme Sache. Schlecht gelaufen. Würde mich an den Bettelstab bringen, wenn ich ehrlich bin.« Ich machte aus meiner Lage, die im Club ohnehin bekannt war, kein Geheimnis.

»Mir geht es nicht viel anders. Vorruhestand bei reduzierten Bezügen und Scheidungssache am Hacken. Schlimm, schlimm.«

»Hmmm.«

»Hmmm.«

»Nun, dann. Muss los«

»Klar. Ich auch.«

»Hat mich gefreut.«

»Ebenso.«

»Vielleicht mal auf eine Runde?«

»Wäre mir eine Ehre.«

»Auch im Winter?«

»Mein zweiter Name ist Wintergolf.«

Jetzt mussten wir beide lachen. Wir gaben uns die Hand und verabredeten eine Kontaktaufnahme. Netter Kerl, dachte ich auf dem Nachhauseweg.

Besuch von Janzen

Bobby Jones sagte mal, die schwierigste Sache im Golf sei es, aus drei Schlägen zwei Schläge zu machen. Ich dachte an diesen Satz, als ich einen meiner Schlägersätze polierte. Es war ein regnerischer Februartag, den ich nutzen wollte, um mich für die Saison vorzubereiten. In meiner Stube habe ich einen Nadelfilzteppich, auf dem ich Putten und Chippen trainiere und versuche, aus drei Schlägen zwei zu machen.

In einem alten Bauernschrank, hinter Glas, steht meine Beute. Meist hässliche, versilberte Pötte aus der Zeit, als ich mit meinem Handicap noch Nettopreise gewinnen konnte. Mittlerweile spiele ich zu schlecht fürs Brutto und nicht gut genug für einen Nettopreis in meiner Klasse.

Ich nahm noch etwas Pflegemittel auf meine Polierwatte und bearbeitete die Blades. Dann fiel mir die Kur ein. Der Bercelmeyer hatte mich kürzlich, bei einer Begegnung in der Garderobe des Clubs, zur Seite genommen, mir tief in die Augen geschaut und dann die Hand gedrückt.

»Wird schon wieder, alter Knabe«, sagte er mit einem Blick, der anscheinend positive Kraft ausstrahlen sollte. »Gehen Sie nach Bad Berzich, dort wird man Ihnen helfen. Und dort können Sie helfen«, fügte er gewichtig hinzu, als er in meinem Blick eine gewisse Irritation bemerkte.

»Ich werde aber zur Seniorenmeisterschaft zurücksein, nur damit Sie sich keine falschen Hoffnungen machen.«

»Wie könnte ich, aber Sie müssen doch zugeben, lieber Freund, dass Sie es etwas übertrieben haben. Golf scheint bei Ihnen eine fixe Idee geworden zu sein, der Sie Familie, Beruf und Zukunft geopfert haben. Die Mitte der Dinge zu finden, dass ist die Aufgabe. Maß und Ziel, auch in unserem Spiel!« Bercelmeyer, beeindruckt von seiner eigenen Garderobenprosa, verabschiedete sich und notierte sich die Ziffern, die er der

Krankenkasse für ein ausführliches therapeutisches Gespräch aufs Auge drücken würde.

Ich dachte an die Mitte der Dinge, wobei mir zu dieser Phrase nur das mittelmäßige Spiel des Hubertus Canditus Bercelmeyer einfiel, der bei seinen Golfschlägern weder Maß noch Ziel kannte.

Ich saß da, polierte und träumte herum, bis die großen, braunen Augen von Frau Dr. Zeisig vor meinem inneren Auge erschienen. Obgleich ich wusste, wie unsäglich dumm jeder Gedanke daran war, dass sie meine Gefühle erwidern könnte, war ich bereit, alles zu tun, um in ihrer Nähe zu sein. Alles? Wochenlang kein Golf spielen? Vielleicht für immer? Alles! Na, mal sehen.

Ich begann gerade, mit der Polierwatte am Wedge zu arbeiten, als es klingelte. Nanu! Wer sollte das denn sein? Unangemeldeter Besuch war so selten wie Besuch überhaupt. Vielleicht die Paketpost. Ich drückte den Türöffner, trat in den Hausflur und rief:

»Ja bitte?«

»Janzen. Karl Janzen. Ist es gestattet?«

Hää? Ich war irritiert, aber eigentlich freute ich mich über den Besuch.

»Kommen Sie hoch. Dritter Stock.«

Kurz darauf trat Janzen in meine Wohnung.

»Na, das ist ja eine Überraschung.«

Er war etwas außer Atem. »Ich bedaure, Sie zu stören. Es ist mir sehr unangenehm, hier unangemeldet hereinzuplatzen, aber ich hatte gerade in der Gegend zu tun. Ich hätte mich gerne telefonisch angemeldet, aber die Club-Sekretärin spricht nicht mehr mit mir. Sie wird uns ja demnächst verlassen, eigentlich bedauerlich. Sehr emotional, diese Dame. Ich fand Ihre Adresse an Ihrem Bag, das im Caddieraum steht. Ich hoffe, es ist Ihnen nicht unangenehm.«

»Überhaupt nicht«, hörte ich mich sagen. »Kommen Sie herein.«

Janzen trat in die Stube. »Oh, Sie polieren gerade Ihr Besteck! Herrliche Eisen! Alte Wilson, mein Gott, was für wunderbare Stücke.«

Janzen setzte sich und schaute sich um. Meine Bude ist spartanisch eingerichtet, aber ihm schien es zu gefallen. Die lange Bahn von grünem Nadelfilz. Verschiedene Putter, die Wedges, meine Sammlung von Persimmon-Schlägern, im Schrank entdeckte er meine Trophäen.

»Haben ja ganz schön abgeräumt.«
»Ach, das ist lange her.«
»Yips?«
»Yep.«
»Tut mir leid.«

Nachdem er es sich in einem Sessel bequem gemacht hatte, eröffnete Janzen: »Um ehrlich zu sein, ich habe schon einiges von Ihnen gehört. Ich wollte Sie näher kennenlernen. Wie Sie wissen, bin ich neu im Club und nach meiner kurzen Rede kann ich eigentlich auch schon wieder gehen. Ich weiß auch nicht, was in mich gefahren war.« Er schüttelte den Kopf und schaute zu Boden.

»Sie hatten eine Wahrheitspille geschluckt, das war alles.« Ich schaute Janzen an. »Und wissen Sie was: Sie hatten recht. Aber niemand mag es hören. Die einfachen Dinge kommen als Lösung nicht in Frage. Lieber gibt man eine Menge Geld aus, damit Marketingfachleute ihre Mäuse gebären.« Ich nahm wieder die Polierwatte und ein Eisen auf.

»Unhöflich, wenn ich weitermache? Diese Eisen pflege ich nur, die spiele ich nicht.« – »Ach, das sind nicht ihre Eisen?« – »Doch schon, aber eigentlich wurden sie mir anvertraut. Ich habe verschiedene Schlägersätze und jeder hat eine Geschichte. Wollen Sie die von diesem Wilson-Satz hören?«

»Da fragen Sie noch, natürlich!« Janzen lehnte sich in seinem Sessel zurück.

Ich nahm mir das nächste Eisen vor und überlegte, wie ich beginnen sollte. Ich hatte die Rillen bereits ausgebürstet und den Kopf mit einer Seifenlauge gewaschen. Jetzt begann ich das Teil mit Polierwolle zu bearbeiten. Als ich damit fertig war, tropfte ich noch etwas Lösungsmittel auf den Lappen, doch dann unterbrach ich meine Arbeit und legte das Eisen quer übers Knie. Eine Fliege sauste durch die Stube und knallte an die Scheibe. Ich beobachtete die Fliege. Wieder knallte sie an die Scheibe. Dumm wie ein Golfer, dachte ich. Dann sah ich ihn. Die rote Nase, die hängenden Schultern: Tip Anderson. Ich holte tief Luft.

»Diese Eisen«, begann ich und zog die 7 aus dem Bag, »waren eine Sonderanfertigung, die Wilson Sporting Goods seinerzeit für Arnold Palmer anfertigen ließ, an denen er aber auch selbst gearbeitet hatte. Damals gab es noch keinen Tour-Bus, der den Spielern die Schläger gefittet hätte. Die haben alles noch selbst gemacht. Palmer war dafür bekannt, dass er im Kofferraum seines Wagens einen halben Proshop spazieren fuhr und zu Hause eine Werkstatt hatte, in der er sich seine Schläger selbst umbaute und zurechtschliff. Palmer war der »King«, als er 1960 anlässlich der legendären ›Centenary Open‹ nach St. Andrews kam. Dort lernte er den Gold Medal Caddie[12] Tip Anderson kennen. Als Palmer das Jahr darauf nach Schottland fuhr, um die Open zu spielen, hatte er dieses Eisen-Set dabei. Damit hat er auch 1961 in Birkdale die Open gewonnen. Er ließ es bei seinem Caddie Tip Anderson. Er sagte zu ihm: ›Hör mal, Tip, mein Freund, meine Hölzer nehme ich mit, aber die Eisen lass ich hier bei dir. Die sind gut für die Links. Zu Hause werde ich ein anderes Set spielen. Kann sein, dass ich sie nächstes Jahr brauche. Heb sie für mich auf, okay?‹ Tip nickte. ›Aye, Sir.‹ Was immer der Boss wollte, war okay. Palmer war zu der Zeit der bekannteste und beste Golfer auf dem Planeten und er, Tip Anderson, war sein Caddie, wenn Palmer zur OPEN auf die Insel rübergeflogen kam.

Tip war ein großer, hagerer Kerl mit gebeugten Schultern, die von den Jahren erzählten, wo er Tag für Tag zwei Runden bei Wind und Wetter über den Old Course schlurfte, manchmal zwei Bags auf den Schultern. Und das waren damals die schweren, ledernen Reisebags von Leuten, die es sich leisten konnten, mit ihren Golfschlägern um die Welt zu reisen, um die schönsten und interessantesten Plätze zu spielen. Nashornleder. Alligatorleder. Büffelleder. Elefantenhaut. Einmal meinte Tip, Saurierleder zu tragen, so alt war das Bag – und sein Spieler. Tip war ein guter Caddie. Als der Boss '64 nicht kommen konnte, trug er die Tasche von Tony Lema, als der die Open erstmals spielte – und sie gewannen! Tip, der sich vor seiner Zeit als Caddie auch selbst als Golfer und dann als Schlägerbauer versuchte, wurde in den USA als Golf Caddie des Jahres 1965 gewählt. Wer war damals an der Spitze der Hitparade? Nur die Beatles, Palmer und Tip Anderson! Verstehen Sie?« Janzen nickte. Er schaute mich erwartungsvoll an.

»'62 kam Palmer zurück. Die Open waren in jenem Jahr in Troon. Natürlich war Tip wieder der Caddie von Palmer. Er war ein paar Tage zuvor angereist, quetschte die local boys wegen der Putt-Linien aus und vermaß den Platz so exakt, wie es seitdem erst wieder Pete Coleman auf Anweisung Langers gemacht haben dürfte. Er hatte Palmers Schläger in

---

12 Höchste Qualifikationsstufe für einen schottischen Caddie.

der Eisenbahn mit an die Westküste genommen. Damals gab es keine Leihwagen von Sponsoren. Young Tom Morris musste zur Open in North Berwick noch mit dem Boot segeln, Anderson konnte immerhin den Zug nehmen. Doch Palmer wollte die Schläger nicht mehr. Schnee von gestern. ›Kannst du behalten, Tip‹, sagte er. Tip schniefte durch seine große, rote Nase: ›Aye, Sir.‹ Er schleppte die Eisen am Abend in sein B&B zurück, wo er den Salzdunst der See abpolierte. Palmer gewann. Es war die letzte OPEN, die er gewinnen sollte, aber ihre Freundschaft hielt noch dreißig Jahre. Palmer sagte über ihn: ›Er war ein See der Ruhe im Sturm einer Open Championship.‹

Anderson fuhr zurück nach St. Andrews. Die Schläger wollte er wieder mit nach Hause nehmen, aber seine junge Frau fand die Idee nicht so gut. ›Ein Jahr ist genug‹, sagte sie. ›Sieh zu, dass du die Dinger loswirst. Ich will nicht noch mehr von diesem Gerümpel in unserer Wohnung sehen.‹ Sie erwarteten ihr erstes Kind. Das erste von dreien: Robert, James und Carol. Seine Frau hatte andere Sorgen, als die Eisen des Herrn Palmer zu pflegen. Der Job ihres Mannes brachte nicht viel ein.

Am nächsten Tag brachte Tip das Set zu einem Pub in der Market Street: der Cross Keys Bar. Der Wirt hatte einen großen Schuppen. Da konnte er die Schläger reinstellen. Tip kam nach seiner Runde oft in diesen Pub. Hier nahm er seinen Tee, nagte an seinem Nachmittagssandwich und kauderwelschte mit anderen Gold- und Silver-Medal-Caddies. Die Bronze-Caddies und Neulinge im Geschäft besuchten meist einen anderen Pub.

Ich war Ende der 80er Jahre öfter in St. Andrews. Ich traf Tip das erste Mal in der Cross Keys Bar. Mit klopfendem Herzen fragte ich ihn, ob er nur für Pros arbeiten würde oder ob man ihn auch als Amateur buchen könne. ›Aye, Sir‹, sagte er. ›Stranahan was an amateur, so what.‹ Er meinte den bekannten Amateurgolfer Frank Stranahan aus Toledo, Ohio, der Mann mit den Eisenarmen. In Andersons wässrigen Augen war so etwas wie Zustimmung zu sehen. Feine Adern liefen unter der wettergegerbten Haut. Ein Mann mit fliehendem Kinn und roter Nase um die sechzig, der immer noch sechs Tage die Woche, je nach Tageslicht zwei bis drei mal 18 Loch über den Old Course lief, um sein Geld zu verdienen. Am nächsten Tag hatte ich eine Startzeit und ging zum Trailer hinter dem 1. Abschlag, in dem die Caddies auf ihre Spieler warteten. Tip war frei. Er redete nicht viel, und wenn, dann verstand ich ihn kaum. Er zeigte einen Punkt auf dem Grün, den ich anspielen sollte und reichte mir den Putter. Wenn ich den Punkt traf, war der Ball im Loch. Nachdem er mich zwei Bahnen hatte spielen sehen, gab er mir jedes Mal unaufgefordert den Schläger für den nächsten Schlag. Wenn ich den Schlag nicht vermasselte, war der Schläger richtig. Dass sich ein ›bloody kraut‹ so für Golf interessierte, fand er wohl ungewöhnlich, aber er sagte nichts. Was er an mir nicht mochte, waren meine Schläger. Daraus machte er keinen Hehl.

›Good clubs?‹, fragte ich ihn auf unserer ersten Runde.

Er schaute in die Ferne und sagte nur: ›Crap.‹

Auf meinen Reisen nach St. Andrews trug Tip dreimal meine Tasche. Schon beim zweiten Mal erkannte er mich und nannte mich *the crazy kraut*, weil ich ihm das Ohr abkaute wegen der alten Geschichten. Was eigentlich Quatsch war, denn meist nickte er mir nur zu und gab mir einen Schläger oder er antwortete etwas, was ich sowieso nicht verstand. Am letzten Abend meines Aufenthaltes lud ich ihn zum Essen ein. Das wollte er nicht. Er sagte nur: ›My wife ...‹ Er musste zum Essen heimkommen. Aber ein Drink war okay. Wir gingen zur Cross Keys Bar. Ich bestellte zwei ›half Pints of Lager‹. Er verschwand, ich dachte zum Klo. Nach einer Weile kam er zurück. Er stellte sich neben mich und lehnte ein längliches Paket an den Tresen. Ölpapier mit einer Kordel umwickelt.

›Now ye got some fine clubs, son.‹ Er wies auf das Paket.

›Für mich?‹ – ›Aye.‹ Er trank aus, gab mir die Hand und ging. Ich sollte ihn nie wiedersehen. Der Wirt erzählte mir die Geschichte dieser Schläger.«

Ich war mit der Arbeit fertig und packte die Wilson-Eisen in ein altes Bag.

Janzen schien in Gedanken. »Aye«, sagte ich, »das war's.« Ich dachte an meine Zeit im Königreich Fife. Dann fiel mir Janzen ein.

»Du liebe Güte, ich habe Ihnen überhaupt noch nichts zu trinken angeboten. Möchten Sie einen Tee?«

»Gern.«

»Haben Sie gehört, wie es im Club steht?«

»Sieht finster aus. Wird wohl zu dieser Sonderumlage kommen.«

»Sonst keine Perspektive?«

»Nistkästen aufhängen!«

Ich zuckte mit den Schultern. »Schunk ist gar nicht so daneben mit seiner Nistkastentheorie. Warum braucht es diese Superplätze, wenn die wenigsten überhaupt ihren Ball treffen können?«

Ich ging in die Küche und holte zwei Becher und eine Thermoskanne mit Tee. Janzen nahm mir eine Tasse ab und grummelte: »Die Sonderumlage würde auch für mich den Abschied bedeuten. Aber wieder als clubfreier Paria an den Sekretariaten rumbetteln, das mache ich nicht noch mal mit.«

Janzen erzählte, wie er früher von Platz zu Platz getingelt war. Er musste sich häufig demütigen lassen, um spielen zu können. Seine Liebe zum Sport ließ ihm keine Wahl, denn mit seinem Gehalt war damals, vor über zehn Jahren, an eine reguläre Clubmitgliedschaft überhaupt nicht zu denken. Gottlob waren die Preise gefallen. Die Mitgliedschaft, die er im Vorjahr gezeichnet hatte, war noch mal um die Hälfte günstiger gewesen, als das, was ich einige Jahre zuvor zu zahlen hatte. Die Preise fielen, während die Unterhaltskosten der Clubs explodierten. Jeder wollte das schickeste, eleganteste Clubhaus und den spektakulärsten Meisterschaftsplatz. Mir hätte es gereicht, wenn das Clubhaus eine gemütliche Datscha gewesen wäre und ein paar durchdachte Bahnen auf ordentlich gepflegten Grüns ihren Abschluss gefunden hätten.

Ich erinnerte mich an die alten 9-Loch-Plätze, die wirklich Charakter hatten. Die Mitglieder waren eine bisweilen verzankte, aber doch große Familie. Dann war alles nicht mehr gut genug. Es wurde ausgebaut. Die Seele entfleuchte, die Familie zerriss. Nach der ersten Pleite wurde dann ein Manager engagiert. Von Golf kaum Ahnung, aber lange genug im Sattel, um den Club in noch größere Schwierigkeiten zu bringen. So wie jetzt in Bauernburg. Janzen spürte, dass meine Stimmung auf dem Nullpunkt war. Ihm gehe es nicht viel anders, sagte er. Für seine Frau wäre die Sonderumlage der Schlusspunkt gewesen, wenn sie nicht schon ihre Konsequenzen gezogen hätte.

»Jetzt fahre ich erst mal zur Kur. Dann sehen wir weiter«, sagte ich.

Janzen erhob sich. »Wenn Sie zurück sind, könnten wir mal die Klingen kreuzen?«

»Machen wir.«

Ich brachte Janzen runter zur Haustür und wir verabschiedeten uns.

Als der Ältere streckte ich ihm die Hand entgegen und bot ihm das Du an. »Karl«, sagte er und schlug ein.

In der Post war ein Brief aus Bad Berzich. Eine freundliche Notiz von Frau Dr. Zeisig besagte, sie würde sich auf meine Ankunft in der nächsten Woche freuen. *Sie würde sich freuen!*

Am Freitag lagen auch die nötigen Unterlagen und Bewilligungen meiner Krankenkasse im Briefkasten. Ich packte alles in meinem großen Turnierbag zusammen, was ein Golfexperte brauchen könnte: Schläger, Putter und Wedges. In meinen Koffer legte ich ein paar Postkarten aus Schottland und Scorekarten bekannter Golfplätze.

Gut gestimmt betrachtete ich den Ficus und den Kaktus, die mich einträchtig und zufrieden anschauten.

Der Ficus saß jetzt in einem schönen dunkelgrünen Topf aus Steingut. Ich zwickte ihm vergnügt in eines der wenigen Blätter, die die Operation überstanden hatten. Während ich mir eine Wanne mit Wasser einließ und Badesalz einstreute, rief ich Frau Jaruschkowa an. »Jaruschkowa?«

»Hallo Frau Jaruschkowa. Ich muss eine Weile verreisen. Ich wollte sie bitten, mal nach den Pflanzen zu schauen. Es ist beim Umtopfen auch etwas dunkel geworden in der Küche und auf dem Balkon, falls Sie Zeit hätten, da klar Schiff zu machen?«

»Hammse jetz Planzen? Wann sie mir des Göld hinlegen, komm ich gärne! Wohin farren se denn?«

»Natürlich lege ich Ihnen das Geld hin. Schauen Sie bitte nach den Pflanzen, die ich umgetopft habe. Ich fahre zur Kur. Bin ein paar Wochen weg. Genaues weiß ich noch nicht.«

»Zur Kur? Was haben se denn? Brauchen se Hilfe?«

»Nein, vielen Dank, mir geht es gut. Ich nehme an einem Forschungsprojekt teil. Aber nett, dass Sie fragen. Wenn es länger dauert, schicke ich Ihnen eine Karte.«

»Iss recht, ich kimmer mich. Fahren se gutt und gommen se gsund zerick.«

Ich buchte eine Sitzplatzreservierung, veranlasste die Abholung meiner Gepäckstücke für den kommenden Montagmorgen und schaute zufrieden der Muse entgegen, die ich am Wochenende küssen wollte. Noch zwei schöne Runden und dann ein leises Servus. So dachte ich mir das.

Am nächsten Morgen lauschte ich der Pianomusik in einem Klassiksender, während ich in dem Bildband »Golflinks, Golfrecht und Golf geradeaus« blätterte, in dem die schönsten Golfbahnen der Welt abgebildet waren. Die Nachrichten im Radio meldeten, dass in Heathrow wegen dichtem Nebel die Flüge gestrichen seien und Zehntausende von Reisenden warten müssten, bis sich der Himmel lichte. Ich schaute aus dem Fenster, auch hier war es neblig. Ich mochte Nebel. Dichter Nebel war eine Garantie dafür, dass der Platz so gut wie leer war. Wenn es auch noch kalt war, wie an diesem grauen Tag, dann umso besser. Ich spürte das vertraute Zucken in den Händen. Mein Körper wurde unruhig. Synapsen klickten, Endorphine gluckerten in meinen Körper, Lust kam auf – unendliche Lust einen Ball zu schlagen. Schauer liefen über meinen Rücken, ich zuckte und zitterte. Der Golfer in mir erwachte und gleich einem Werwolf bei Vollmond verwandelte ich mich in eine Bestie: In zahllosen Schlachten erfahren, ein Killer im Matchplay und auf dem Grün, hatte ich schon manchen Zehn-Zentimeter-Putt, dem Todesstoß ins Herz des Gegners gleich, im Loch versenkt. Leider war das lange her und ich war sozusagen ein zahnloser Werwolf geworden.

Trotzdem griff ich nach meiner Tasche mit den Schlägern und holte die Golfschuhe aus dem Schrank.

Drei Bekloppte im Nebel

Ich rief in einem Club in der Nähe an. Der Manager sagte mir, der Platz sei offen und die Wintergrüns bespielbar. Es sei aber sehr frostig und neblig. Na und. Ich bin kein Warmduscher, sondern ein Allwettergolfer, der auch unter verschärften Bedingungen arbeitet. Als ich ankam, sah ich auf dem Parkplatz nur wenige Autos. Es lag wirklich dichter Nebel über dem Platz, so dass ich meinen Studien ohne größere Belästigung seitens anderer Golfer würde nachgehen können. Pitching- und Puttinggrün waren noch vereist, ebenso die Abschlagsmatten. Auf der Driving Range reichte die Sicht nicht mal bis zur 50-Meter-Markierung. Drei dick eingemummte Bekloppte schlugen ihre Bälle ins Nirgendwo. Diese Leute waren mir ein Rätsel. Was sollte der Schwachsinn. Es war kalt, es war gefroren und man sah keinen Ballflug. Normales Training war vollkommen absurd.

Bei mir war das anders. In Büchern über ZEN und die Kunst des Bogenschießens wird beschrieben, wie der Adept manchmal jahrelang mit dem Bogen übt, ohne einen Pfeil aufzulegen. Wenn er dann den Pfeil auflegen darf, dann steht er gerade mal einen Meter vor dem Strohballen, und das für weitere Jahre. Dieses Üben ohne Ziel, dieses Erspüren des Nebulösen jenseits meiner Möglichkeiten, deshalb war ich hierher gekommen. Das hatte überhaupt nichts damit zu tun, dass ich es zu Hause nicht aushielte und Bälle kloppen müsste. Nein – was ich praktiziere, ist eine uralte, fernöstliche Kunst.

Nach ein paar Dehnübungen, die etwas hastig gerieten, weil es doch recht frisch war, begann ich mit meinen rituellen Handlungen. Ich gedachte, erst mal eine halbe Stunde Schwünge ohne Ball zu üben. Übungen der Mitte. Langsam, in perfekter Harmonie mit dem Universum und mit der unvergleichlichen Eleganz, die meinem Schwung nachgesagt wird.

Aber, ach was soll's. Ich schlug doch lieber ein paar Bälle, denn ohne Bälle war es irgendwie langweilig. Eine zeitlose Trance umgab mich. Die kühle Harmonie von Eisnebel und Unendlichkeit. Darauf folgte die Wirklichkeit, die mich mit nasskalter Luft umfing. Ich wachte aus meiner Trance auf und merkte, dass das Körbchen leer war. Wie schnell doch ein Korb mit Bällen verschwinden kann, wenn man in vollkommener universeller Harmonie agiert. Die Zeit schien auch stehen geblieben zu sein. Es waren knapp zehn Minuten vergangen. Eistropfen hingen an meinem Holz. Gleich werden die Jungs kommen und dann geht es auf, ins große Nebelmatch, dachte ich. Die drei Bekloppten standen mittlerweile auf dem Puttinggrün. Was sollte denn das? Ihre Bälle rollten durch den angetauten Reif, der einen Eisring um den Ball bildete. Vollkommen sinnlos, jetzt Putten zu üben. Es ist außerdem wirklich schlecht für das Grün, wenn man bei Frost drauf rumläuft. Aber es ist nicht meine Sache, anderen Leuten reinzuquatschen.

Also ging ich auf das Puttinggrün. Neben mir die schemenhaften Gestalten, die Eisbröckchen von ihren Bällen wischen. Ich puttete ein paar Loch, stellte fest, dass sich ein Eisring um den Ball bildete und hob den Ball demonstrativ auf, in der Hoffnung, dass die anderen meinem

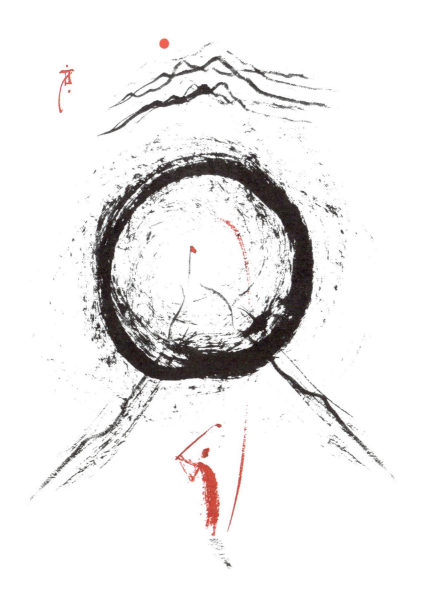

guten Beispiel folgen würden. Leider nicht. Sie konnten mich wohl nicht erkennen.

Ich trabte zum Clubhaus zurück und bestellte einen Cappuccino. Seit der 2,50 Euro kostet, also nach meiner Währung fünf Mark, bestelle ich nur noch selten Kaffee und wenn, dann trinke ich ihn ganz langsam, Schluck für Schluck. Ich nahm meinen Keks, den ich genüsslich auf der Zunge zerschmelzen ließ. Einige Mitglieder saßen am Nachbartisch, tranken Kaffee und überlegten, ob sie bei diesem Wetter spielen sollten. Nein, sie wollten doch nicht spielen. Es war ihnen zu neblig. Sie machten sich auf und jemand ließ seinen Keks liegen, den ich mir sofort schnappte. Das war mein Glückstag und ich war ein Glückskeks.

Es zog mich zum 1. Abschlag. Wenn niemand kommt, gehe ich eben alleine, dachte ich. Ich spiele oft alleine. Eigentlich meistens. Kann sein, dass niemand mit mir spielen will, weil ich etwas wunderlich bin und mir jetzt auch noch die Haare wachsen lasse, nachdem ich in einer Fachzeitschrift las, dass langes Haupthaar ein Symbol von Freiheit sei.

Die drei Bekloppten waren mittlerweile verschwunden. Auf der Driving Range standen ein paar Spukgestalten, die sich dehnten und streckten und hofften, dass die fahle Sonne, die unwirklich hinter dem Nebeldunst schimmerte, bald herauskam. So lange wollte ich nicht warten.

Der 1. Abschlag war frei. Ein vollkommen leerer Platz. Der Winterabschlag war nach vorne verlegt worden, aber ich konnte kaum über den Graben sehen, der direkt vor dem Damenabschlag verläuft. Dahinter war eine große, dichte, weißgraue Wand. Mit müheloser Geschmeidigkeit butterte mein Spoon[13] durch den Ball, der eine Sekunde später in der weißen Watte verschwand. Was für ein herrlicher Tag, um ZEN-Golf zu üben. Die Unwirklichkeit des Seins umfing mich nach wenigen Schritten und ich wurde vom Nirwana verschluckt. An meinen Schritten merkte ich, dass es bergauf ging und ich auf der Linie war. Wie geplant lag mein Ball bei 170 Metern. In der steilen Bergauflage nahm ich meinen Baffler und der Ball zischte davon. Nach hundert Schritten sah ich, was der Manager mit Wintergrün meinte. 20 Meter vor dem Grün hatte man ein breiteres Loch mit einer Fahne in den Boden eingelassen und die Fläche drum herum geschoren. Mein Ball war zu weit geflogen. Ich

---

13 Traditioneller Begriff für ein Holz 3.

chippte zurück und versenkte den Ball in dem extrabreiten, yipsfreundlichen, für Golfneurotiker tauglichen Winterloch zum Par.

Die nächste Bahn, ein Par 3, spielte ich in vollkommener Einsamkeit und Stille. Irgendwo ist Nirgendwo, und ich war mittendrin. Das Grün war auch hier vorverlegt und ich musste vom Sommergrünrand delikat zurückchippen, was mit dem Pitchingwedge zum erotischen Genuss wurde. Jedes Alter hat nun mal seine Schmankerl.

Dritte Bahn: Ich traf das Holz wunderbar weich, aber der Ball lag nicht bei 175 Metern, wo er sein sollte. Ich stellte mein Bag ab und ging auf 150 Meter zurück. Ich sah das Bag kaum noch. Suchend lief ich hin und her. Der Nebel wurde dichter. Der kurze Anflug von Sonne hatte sich längst verabschiedet. Wenn ich ehrlich sein soll, muss ich zugeben, dass ich die Orientierung verloren hatte. Das ist die verschärfte Form von ZEN-Golf. Der Weg ist das Ziel und dann ist auch der Weg plötzlich weg. Alles aufgeben, alles loslassen, sagt Suzuki Roshi. Alles löst sich auf. Sein und Nichtsein sind weiße Watte in einem Universum voller Bälle, die zu kleinen kalten Tropfen verdichtet in der Luft hängen. ZEN und die Kunst, den Weg loszulassen. WOW. Davon habe ich immer geträumt. Aber ehrlich gesagt, war diese weiße Einsamkeit nach einer Weile etwas nervtötend, wenn man, wie ich, jetzt schon 15 Minuten im Kreis tappte und nichts, aber auch nichts an die 3. Bahn erinnerte. Ich musste eine Zeit-Raum-Schranke durchschritten haben und mitten in der Milchstraße gelandet sein. Nein – Fakt war: Ich stand auf der 3. Bahn, es war dichter Nebel und links musste irgendwo der Kurzplatz sein. Aber ich konnte nicht mehr sehen, wo vorne und hinten, geschweige denn, wo links war. Beim Suchen hatte ich mich zu oft gedreht und war im Kreis gelaufen. Mein Kompass und mein Survival-Kit waren im Bag, das ich auch nicht mehr sehen konnte. Was, wenn die Sonne heute nicht mehr herauskommen würde? Wenn niemand mehr abschlagen würde? Wenn es dunkeln würde und ich würde am nächsten Tag erfroren aufgefunden werden? Wäre das ein angemessener Tod für einen Golfer? Nein! Ich musste mein Bag finden. Darin waren Wasser, Brot, Beruhigungsmittel und die Signalpistole, die ich seit dem »Round-Robin-Turnier« in Baden-Baden stets mit mir führe. Ich möchte nicht verhehlen, dass ich eine leise Panik spürte. Es war nicht die Angst vor dem Eistod – nein – es war die Schande vor dem Gelächter, in das alle ausbrechen würden, wenn sich im Club rumspräche, dass ich mich auf der 3. Bahn verirrt hätte. Ich überlegte, laut um Hilfe zu rufen. In früheren Survival-Kursen hatte ich gelernt, dass Spaziergänger im Schwarzwald, die von Eis und Nebel überrascht wurden, nur wenige Meter von der Straße tot aufgefunden wurden, weil sie erstens nicht früh genug angefangen hatten, ein Nachtlager vorzubereiten, und zweitens nicht laut um Hilfe rufen wollten, weil sie das peinlich fanden. Mir war das auch peinlich, also lieber der erste Eis-Tote sein, als diesen Spott ertragen! Irgendwer, der mit seinem Hund am Waldrand rumläuft, zum Beispiel der Manager oder die Frau des Pros, würde mich finden. Sollte ich wirklich rufen? Nein, ich wartete noch. Eigentlich brauchte ich ja nur in eine Richtung gehen. Dann müsste ich zum Wald kommen oder zur Autobahn oder zu einem mir bekannten Loch. In diesem Moment trat ich auf meinen Ball. An der Spur im frostigen Gras erkannte ich, aus welcher Richtung er gerollt war. Also musste dort der Abschlag sein. Da die Spur länger war und eine Linkskurve hatte, musste ich den Ball gehookt haben. Ergo wusste ich, wo Nord-Nordost ist beziehungsweise wo das Grün lag. Ich schlug den Ball mit dem Baffler in die vermutete Richtung und lief hinterher. Nach 26 Schritten stand ich an meinem Bag. Der Kompass bestätigte meine Richtungsvermutung. Ich überlegte, ob ich ein kleines Signalfeuer machen sollte, fand aber kein Brennmaterial und lief weiter meinem Ball nach. Der lag, wie immer, hinter dem Wintergrün. Golf kann so einfach sein!

Am nächsten Tee wollte ich gerade abschlagen, als ich vor mir leises Klappern und Stimmen hörte. Ein Suchtrupp? Hunde? Warme Decken und heißer Tee? Ich hatte keine Ahnung, wer beziehungsweise wo diese Menschen auf der 4. Bahn vor mir waren. Ebenfalls Verirrte? Ich würde ihnen helfen. Deshalb schlug ich nicht ab, sondern lief vor. »Halloooo!« Nach hundertachtzig Schritten Süd-Südwest sah ich den ersten von den drei Bekloppten, der gerade versuchte, seinen Eisball aus dem gefrorenen Sand des Fairway-Bunkers zu hacken. Er sah nicht, dass seine beiden Kollegen direkt vor ihm liefen. »Achtung«, rief er im letzten Moment, während geeiste Sandbrocken durch die nasse Luft spritzten. »Halloo!« Endlich bemerkten sie mich. »Hi, ich konnte nicht abschlagen, da ich nicht wusste, wie weit Sie vor mir sind.« Ich dachte, die drei Bekloppten würden mich jetzt um Hilfe und Orientierung bitten, aber nix da. Sie hatten gesunde, rote Backen, vermutlich eine gebratene Schweinehälfte und fette Brote in ihrem Bag und schienen auch zu wissen, in welcher Richtung Süden lag. Keine Spur von Panik in ihren Gesichtern.

»Jemand vor Ihnen?«, fragte ich.

»Wissen wir nicht.« – »Kann man ja auch nicht sehen«, kicherte einer.

»Das ist mir zu gefährlich«, sagte ich, »Verursacherprinzip in der Rechtsprechung. Kann ich mir nicht leisten. Gibt Punkte in Flensburg.«

»Oha!« Die drei Bekloppten nickten, zuckten aber mit den Schultern und hackten sich weiter Richtung Süden, wo eine kaum sichtbare Sonne, hinter dichtem Milchglas verborgen, die Hoffnung weckte, dass der Tag doch noch schön werden könnte.

Hartnäckige, durchgeknallte Neugolfer, die auch im Nebel ihrem Handicap hinterherjagen. So irrsinnig, wie ich früher war, als ich noch bei Eis und Nebel über die Plätze lief, dachte ich. Aber ich war tolerant, grüßte höflich und verschwand.

Die vierte Bahn führt, wenn man ihre rechte Seite entlanggeht, zum 11. Abschlag. Und die 11. Bahn führt ins Tal zum Clubhaus. Dort waren Menschen, Wärme, heißes Wasser und Feuer. Durch nasses Gras schlurfte ich zum 11. Tee und schlug meinen Ball mit dem Spoon in die große, weiße Wattewand. Es ging gen Westen, nach Hause. Der Kompass stimmte mir zu.

Zwei Driver

Am nächsten Tag war der Nebel verschwunden. Mein letzter Tag vor der Abreise. Ich wollte mir noch mal richtig etwas gönnen und fuhr zu einem Club, den ich nicht so häufig besuche. Auch hier noch Winterkonditionen, aber die Sonnenstrahlen hatten einige Golfer aus den Federn gelockt. Die Driving Range war gut besetzt. In jedem Golfer keimt alljährlich eine neu sprießende Hoffnung auf, dass etwas Training, ein neuer Schläger und der feste Glaube an Wunder ausreichen, um endlich *das Golf seines Lebens* zu spielen. Oder wenigstens so gut, dass man beim Herrenmittwoch wieder zum Kreis der Nettosieger gehört. Der Spielführer überreicht einen Gutschein für den Proshop, sowie eine Schachtel Bälle. Die Feinde klatschen. Die bewundernden Blicke ahnungsloser Rabbits und das falsche Lächeln eifersüchtiger Rivalen versüßen diesen kurzen Moment des Ruhms. Ein paar Weizenbier mischen sich mit dem Schulterklopfen zu einem Sud des Wohlgefühls. In solchen Momenten wird das Leben eines Golfers erträglicher.

Ich näherte mich der Driving Range, um in aller Ruhe ein paar Bälle zu schlagen. Es war noch recht frisch. Die Abschlagmatten waren steinhart und die Bälle wie gefrorene Kieselsteine. Ein Eimerchen mit 40 dreckigen, uralten Zementmurmeln kostete zwei Euro. Könnte auch 20 Euro kosten. Würde der bekloppte, golfsüchtige Maniac auf der Suche nach dem ultimativen Schwung auch bezahlen, dachte ich. Auf einer der grünen Betonplatten sah ich einen kräftigen Burschen mittleren Alters. Seine Kugel lag auf dem Gummitee. Er bereitete sich auf seinen Schlag vor. Das heißt, sein Fleisch war schon willig, aber der Kopf noch ganz schwach und der Geist polterte durch seine Hirnwindungen. Seine Hände umschlossen den Griff wie Zangen. Der Kerl zitterte vor Anspannung, dann holte er aus. Seine Monsterkeule erwischte die Kugel mit einem der neun im Driver integrierten Sweetspots. Der Ball flog in hohem Bogen nach rechts weg. Ein hässlicher Ärzte-Slice, dachte ich. Etwas höher aufteen. Ich kenne diesen Driver. Damit kann man eigentlich nur geradeaus spielen.

»Ssson besser!« Der dürre, baumlange Pro stand wie ein Klappstuhl hinter dem Dicken und nickte. Wie alle Golflehrer seit der Veröffentlichung des ersten Leadbetter-Videos stand er mit leicht gespreizten X-Beinen da, die Arme dort vor der Brust verschränkt, wo Leadbetter gewöhnlich, kurz unter den Achseln, seinen Hosenbund sitzen hat. Golflehrer können in dieser x-beinigen Stellung stundenlang stehen, müssen sie auch. Vollkommen sinnlos klebte eine Sonnenbrille über der Stirn. Der Golflehrer arbeitete konzeptionell nach einem Motivationsprogramm, das die positive Verankerung von mäßiger Leistung zum Inhalt hatte. »Wirkliss besser! Der Ball fliegt. Der Refst isst Feinarbeit.« Der Pro lispelte.

Mir war, als könnte ich hören, wie es im Schädel des Dicken brummte: *Wie lange wird die Feinarbeit dauern und was wird sie kosten?*

Er legte den nächsten Ball aufs Tee. Auch ich stellte mich an meinen Ball und überlegte, ob ich den offensichtlich schockgefrosteten Kieselstein von der Betonplatte schlagen konnte, ohne mir die Ellbogengelenke zu zerfetzen. Ich wollte mich warm schlagen, ließ es dann aber bleiben. Das musste ich mir nicht mehr antun. Ich setzte mich auf die kleine Bank hinter der Driving Range und beobachtete die Szene. Der Pro konnte mich aus seinem Blickwinkel nicht sehen. Gut so. So kann die Anakonda nur ein Opfer verschlingen. Der Pro wippte auf den Fersen und begann das lässige Geplauder, das Pros so draufhaben, wenn sie bei einem hoffnungslosen Kandidaten die gähnende Langeweile überkommt und ihnen nichts mehr einfällt. Golfschüler, gerade Anfänger, lieben es (meist), wenn der Pro mit ihnen intim plaudert. Andere Neulinge sehen dann, dass man sozusagen schon *dazugehört.* »Mickelffon gesehen?«

Er meinte den Auftritt von Phil Mickelson bei einem Turnier. Der Schüler hob irritiert den Kopf. Er war gerade damit befasst gewesen, dem Körper die Anweisungen für den nächsten Golfschlag in der Reihenfolge ihrer Priorität als To-Do-Liste runterzuschicken:

»*Gewicht 70 Prozent zu 50 Prozent verteilen, Schwung einleiten, nicht zu früh anwinkeln, Körper aufdrehen, Gewicht verlagert sich – ganz natürlich – nach rechts, Schläger stände in der Endposition zum Ziel, soll er aber nicht, weil dann Kontrollverlust, linke Hand zieht nach unten, rechter Ellbogen am Körper, aber nicht so fest wie früher ... HALT! Zieht die linke Hand wirklich noch nach unten? Da gab es doch so eine Diskussion, dass das nicht zeitgemäß wäre? Wann kommt die rechte Hand ins Spiel? Wird das dann ein Powerdraw oder führt die linke Hand bis sie von der rechten überholt wird? Mickelson? Was redet der da?*«

Der Dicke merkte, dass ihm der Pro eine Frage gestellt hatte. Zwei Burschen mit rasierten Köpfen, Ohrringen, coolen Sonnenbrillen und kleinen Täschchen am Bag standen zwei Matten weiter hinter ihren Bällen und taten so, als würden sie konzentriert den nächsten Schlag visualisieren. In Wirklichkeit spitzten sie die Ohren. Was sagte der Pro von Mickelson? Der Pro spürte, dass er jetzt alle Aufmerksamkeit hatte. »Mickelffon spielt jesst swei Treiffer!«

Er schaute triumphierend, sein Schüler verdutzt.

»Zwei Driver?« Er konnte sich das nicht vorstellen. »Gleichzeitig?«

»Nein, natürliss nisst.«

Der Pro sandte ein kurzes Stoßgebet zum Himmel, damit das Frischfleisch die nächste Saison nicht ganz so abgehangen geliefert wird.

»Nee«, wiederholte er. »Einen für den Traa, den anderen für den

Fääth!« Seine Augen blitzten vor Freude. Geniale Idee. Hätte von ihm sein können. »Mit dem Traa isst er länger, aber mit dem Fääth genauer. Swei Treiffer. Klathe Sache!«

Der Schüler hob seinen Wasserkopf-Driver und schaute ihn bedächtig an. Er war wirklich von der langsamen Sorte. »Und wofür ist mein Driver? Kann man mit dem nur nach rechts schlagen?«

»Ssie spielen damit einen sssönen hohen Fääth (*Ich hielt den Atem an und wollte es nicht glauben, was ich da hörte ...*). Aber wenn Ssie mal auf den Plass dürfen, werden Ssie ssehen, dass es manssmal auch linkssrum geht.«

Der Pro wippte ungeduldig auf den Fersen. Die Stunde war bald zu Ende.

»Und mit dem anderen Driver kann ich dann nach links schlagen?«

»Müssen natürliss ein paar Stunden nehmen und tüstiss üben.«

Seine Zunge leckte über die trockenen Lippen. Seine Augen blitzen vor Erregung. Endlich war der Tölpel angewärmt.

»Und was kostet so ein Driver für Linksrum?«

»Och, dass iss ganss verssiden.« Der Pro winkte ab. Da wollte er sich noch nicht festlegen. Viel Auswahl hatte er nicht mehr, fiel ihm ein. »Iss würde Ihnen mal so ein Model aussem Prossop holen.«

»Einen Schläger für linksrum?«

Der Pro nickte. »Müssen natürliss tüstiss üben.«

Der Dicke spürte die bewundernden Blicke der beiden Kahlköpfe, die sich von ihren Visualisierungsgedanken gelöst hatten (Ball flog auch visualisiert ins Aus) und voll blankem Neid herüberschauten. Er würde einen Driver für linksrum bekommen!

Der Pro hielt die Hand auf, kassierte seine Stunde, lobte noch mal den schönen Powerfade und verschwand, um den Driver zu holen. Der Dicke schnibbelte noch ein paar Bälle über den Zaun, was für ihn der Beweis war, dass er jetzt wirklich einen hohen Powerfade spielen konnte. Er genoss die Aufmerksamkeit der anderen Spieler, die sich mittlerweile hinter seinem Bag versammelt hatten. Er kannte sie noch vom Platzreifekurs. Alles Anfänger. Keiner von ihnen hatte einen Powerfade drauf. Er sammelte seinen Kram zusammen, um zum Puttinggrün zu tappsen. Wer das lange Spiel beherrscht, sollte das kurze nicht vernachlässigen, stand in seinem Golfratgeber. »Leider ist das Buch veraltet«, dachte er, »von zwei Drivern steht nichts drin.«

Ich gesellte mich zu den Herren.

»Schon unglaublich, wie sich das Material entwickelt.«

Die Herren nickten.

»Mittlerweile kann man bei Astrosoft Schläger bestellen, die nicht nur zum Sternzeichen, sondern auch zum Aszendenten passen.«

Die Herren spitzten die Ohren. Der Dicke kam vom Puttingrün zurück. Ob man auch von der Innovation in der Driver-Akkustik gehört habe? Die Herren verneinten und drängten sich um mich herum. Jetzt war ich in meinem Element:

»Habe mich schon immer über diese hässlichen Klänge moderner Driver aufgeregt, die wie das Husten eines Aliens klingen«, dozierte ich, »aber Sie werden wohl kaum noch wissen, wie Driver früher klangen, als sie noch aus echtem Holz waren?«

Die Herren verneinten. Der Dicke schaute mich ungläubig an.

»Es gibt jetzt Driver, die sind auf den kosmischen Urton des Wassermannzeitalters abgestimmt.«

Die Herren atmeten schneller.

»Und sie haben Außenlautsprecher!«

»Nein!« Die Herren stöhnten vor Aufregung.

»Diese neuen Driver, die gerade auf den Markt kommen, sind so gedämpft, dass sie vollkommen klangfrei sind!« Jetzt waren die Herren erregt.

»Natürlich mit USB-Eingang. Damit kann man jetzt seinen Lieblingsdriver-Sound als Klingelton herunterladen. Ist das nicht der Hammer?«

Die Herren machten große Augen.

»Wenn wir uns überlegen, wie viele Leute mit ihrem Driver reden – warum nicht gleich darüber telefonieren?«

»Ja, warum nicht?«, fragten sich die Herren.

»Bei den neuen Drivern ist die Wicklung des Graphitschaftes als Massespeicher für 10 Gigabite konzipiert und fungiert gleichzeitig als Antenne. Es gibt auch eine GPS-Version. Am Griffende ist das Mikrofon angebracht, Bluetooth ermöglicht das optimale Sprechen auf der Runde via Headset. Natürlich kann man über die Sprachfunktion auch die Navigationssoftware aktivieren und dem Schläger vor dem Schlag sagen, wohin man spielen will. Den Rest des Schlages macht das Schwungfehlerneutralisierungsprogramm. Tolles Teil. Nur schwer zu bekommen.«

Die Herren waren platt. Nur der Dicke, der die ganze Zeit misstrauisch zugehört hatte, schaute mich höhnisch an: »Sie wollen uns wohl verarschen. Driver aus echtem Holz. Soll das ein Witz sein?«

In dem Moment kam der Pro zurück. Wohlgemut trug er einen Driver unter dem Arm.

»Dass isser. Der macht einen mästissen Wummsss. Wollen Sie den mal tessten?«

Der Dicke schaute immer noch verärgert.

»Wirklich das Neuste vom Markt? Hat der etwa 10 Giga Speicher, Astro-Software, USB-Sound mit Außenlautsprecher, Bluetooth, integriertes Mobiltelefon und Navigationssoftware mit Neutralisierungsprogramm?«

»Äääh, wasss?« Der Pro schaute irritiert. »Nein, dass nisst, aber der Ball fliegt sssön nach linkss, wenn man damit hookt!«

»Ne, will ich nicht, wenn ich schon was kaufe, dann nur das Neueste.

Die Herren nickten zustimmend. Der Pro verkroch sich.

Auf dem Weg zurück zu meinem Wagen summte ich ein kleines Lied.

Die Reise nach Bad Berzich

Natürlich war ich viel zu früh am Bahnhof. Wenn man ein Turnier spielt, ist man etwa eine Stunde früher auf dem Platz, um sich warm zu machen und einzuschlagen und um mit den Kumpels ein paar dumme Sprüche zu klopfen. Das habe ich so verinnerlicht, dass ich jetzt überall eine Stunde zu früh komme. Zum Glück habe ich nur noch ganz wenige Termine. Ich stand also am Bahnhof rum und vertrat mir die Füße. Heutzutage gibt es keine Warteräume mehr, selten Bänke, keine Toiletten, kein Personal, eigentlich nichts mehr. Vermutlich wegen der Terrorgefahr und auch, damit wir uns nicht einfach hinsetzen, sondern mit der Globalisierung Schritt halten. Ich sollte mit der Bahn fahren, wurde mir empfohlen. Der PKW sei bei Kurgästen nicht so gern gesehen. Die Parkplätze seien knapp. Ich vermutete aber, dass man die Fluchtgefahr einschränken wollte. Wer weiß, wie es da ausschaut? Verzweifelte Golfer bunkern trockenes Brot und horten Speckstücke. In einer Neumondnacht werden die Wachhunde mit dem Speck gefüttert, bis sie umfallen. Der Stacheldraht muss mit einer speziellen Zange an der richtigen Stelle gekappt werden. Ich habe den Fluchtplan ausgearbeitet und mein Kamerad, ein Dicker mit hohem Handicap und einem Hang, sich zu verzählen, hat sich das Brot vom Mund abgespart, weil er sowieso auf Diät ist. Dummerweise bleibt er im Zaun hängen. Hexenschuss.

»Warte nicht auf mich, lass mich liegen«, stöhnt er.

»Hatte ich auch nicht vor.«

»Du musst fliiiiehen. Geh ... lass mich«, haucht er.

»Soll ich jetzt Schuldgefühle haben, müssen wir uns jetzt mit deiner Mutter befassen? Willst du das? Sollen wir mal rasch eine Familienaufstellung machen?«

»Nein, geh nur, ich werde mich opfern ...«

»Du klingst *wirklich* wie meine Mutter.« Plötzlich höre ich Stimmen. Vom Wachturm kommt der große, weiße Scheinwerfer auf uns zu und zielt unerbittlich auf die Stelle, wo der Dicke feststeckt und rumjammert.

»Denk an mich, wenn du das nächste Mal am Abschlag stehst und jetzt laaaauuuuf«, stöhnt er vom Zaun her.

Mit meinem großen Jutesack voll getrocknetem, altem Brot renne ich los, so schnell meine Füße tragen. Am Abschlag soll ich an ihn denken? Also, soweit geht die Freundschaft nicht, alter Kumpel, dass ich mir noch deinen Slice einfange. Nein, das muss nicht sein. Ich schwinge den Brotbeutel herum und merke, dass man damit gut schwingen kann. Schöne Übung, dachte ich und schwang wieder, als ich im Rückschwung etwas Weiches traf. Plötzlich hatte ich keinen Jutesack mit altem Brot in der Hand, sondern meine Sporttasche. Ich stand am Bahnhof und hatte eine ältere Dame da erwischt, wo es weh tut.

Sie stand hinter mir und studierte den Fahrplan. Meine Tasche knallte ihr aus heiterem Himmel an den Rücken, worauf sie heftig erschrak.

»Oh, pardon! Ist mir so weggerutscht.«

Sie schaute mich mit diesem Blick an, den Damen dieses Kalibers normalerweise bei unzüchtigen Belästigungen einsetzen, dieses: »Freundchen, einen Schritt näher, und ich schreie ...«

Ich bereitete den geordneten Rückzug vor. Außer meiner Sportasche hatte ich als Handgepäck noch einen kleinen Ziehkoffer dabei, wie man ihn jetzt überall auf Bahnhöfen und Flughäfen sieht. Zum Beispiel in Dublin oder am Londoner Flughafen. Man braucht so einen Ziehkoffer, wenn man einen Anschlussflug erwischen will und dafür in rasender Eile von einem Terminal zum anderen muss, der gewöhnlich am anderen Ende des Flughafens liegt. Das geht nur mit einem flotten, kleinen Trolley. Das große Gepäck muss man abgeben, sonst schafft man es nicht. Das wird einem aber nicht gesagt. Also stehen die deutschen Golfurlauber mit ihren Taschen, Koffern und Golfbags herum und finden keinen Gepäckwagen. Wenn sie endlich einen haben, ist der Berg Gepäck so sperrig, dass sie es durch keine Tür schaffen, geschweige denn über die erhöhte Rolltreppe, die ähnlich intelligent angelegt ist wie im Frankfurter Messeturm. Wir Profis hocken schon eine halbe Stunde im Flieger und immer wieder werden *Last Call Mr. and Mrs. Smitt-Slicer from Stüttgard* aufgerufen, die ihren verdammten Arsch gefälligst zum Flieger bewegen sollen, wenn sie noch mitwollen, weil der Captain langsam sauer wird. Wir bekommen in dieser Wartezeit natürlich keine Drinks, sondern nur kalte Füße und einen geblasen von diesem Eisgebläse. Weiß jemand, bitte schön, warum es in den Fliegern immer so eiskalt sein muss? Wenn die draußen enteisen, müssen sie die Kälte von den Flügeln doch nicht direkt in den Flieger leiten. Oder wird das Flugzeug mittels Körperwärme der Fluggäste enteist?

Ein fast leerer Zug fuhr ein. Ich öffnete und wollte einsteigen, aber hinter mir stand mit vielsagendem Blick die dicke Dame. Sie trug einen cremefarbenen Mantel mit einem Kragen aus pflegeleichtem Pelzimitat, das man vermutlich dank Gentechnik bereits wieder auf Tieren züchtet, weil das preiswerter ist. Sie schaute wie ein Wolf im Polyacrylfell. Sie hatte ein dickes Kinn wie meine Tante Hilde und einen leicht schielenden, bösen Blick hinter ihrer Weitsichtigenbrille, der mich veranlasste zur Seite zu treten, um den Einstieg frei zu machen. Sie wuchtete ihr cremefarbenes Köfferchen durch die Tür, wobei sie in der Drehung die dreckige Tür streifte und dem cremefarbenen Köfferchen einen Schmiss verpasste. Die Dame hatte aber nichts gemerkt. Sie schnaufte, als sie die Stufen zum Abteil hochstieg. Ich sagte nichts, weil mir mein Leben lieb war.

Dann stieg ich ein, mit meiner Rollbox und meinem Brotsack und turnte in ein leeres Abteil. Jeder Gedanke an Enteisung war hier schnell vergessen, denn das Abteil war warm wie ein Kaufhaus. Verstehen Sie das? Im Winter, wenn wir alle dicke Klamotten anhaben, sind die Kaufhäuser so warm, dass man es darin nicht aushält. Im Sommer, wenn wir nichts anhaben, ist es so kalt, dass man es auch nicht aushält. Und der Einzelhandel klagt über Umsatzrückgänge.

Ich richtete mich in meinem Abteil ein und traf Vorkehrung, dass es mein Abteil bleiben würde. Ich mache es mir gerne allein gemütlich, weshalb ich das Abteil so umgestaltete, dass es an eine Zelle in einer überbelegten Strafanstalt in der Türkei erinnert. 42 Personen teilen sich einen Raum, der für sechs vorgesehen ist.

Zuerst aber desinfizierte ich meinen Sitzplatz und den kleinen Tisch am Fenster. Dafür habe ich ein Spray, dessen Geruch ich gottlob vertrage. Bei manchen dieser Düfte falle ich sonst nämlich tot um oder ich muss kotzen. In meiner Sporttasche hatte ich zwei Handtücher, eine Leine und die Sachen, die nach der letzten Wäsche zu Hause nicht mehr ganz trocken geworden waren. Ich spannte die Leine von der einen Kofferablage zur anderen und hängte die Unterhosen dran. Die Socken legte ich auf die Heizlüftung, worauf es sofort sehr heimelig duftete, besonders als sich die Feuchte-Socken-Moleküle mit den Desinfektionsmittelmolekülen verbanden. Meine Handtücher ließ ich einfach auf den Sitzen liegen, wie in Mallorca am Pool. Jetzt sollte mir mal einer kommen.

Der Zug fuhr los und ich suchte nach dem Speisewagen. Es gibt keinen Speisewagen in einem Bummelzug, sagte mir jemand. Sonst wären Großraumwagen eingesetzt und keine kleinen Abteile. Aha. Zurück in meiner Zelle versuchte ich zu lesen und wurde sofort müde. Kaum war ich weggepennt, rumste die Tür auf, dieses RUMMMS-DIE-FAHRKARTEN-BITTE! Ich schreckte hoch.

Die Zugbegleiterin sah nicht aus, wie die netten Damen, die auf den Plakaten für den freundlichen Bahnservice werben. Sie sah eher aus, als hätte sie sich auf Mehdorns Casting-Couch den Nerv eingeklemmt. Finster blickte sie mich mit ihrem Bulldoggengesicht an. Sie war breit wie hoch. Das Opfer jahrelanger Bahnkantinenmast? Oder war sie der gentechnisch entgleiste Versuch der Bahn, Mehdorns Corporate-Identity-Visionen auch in den Mitarbeitern zu verkörpern?

»Was machen Sie denn hier?«

»Wie meinen?«

»DAS HIER IST EIN MUTTER-UND-KIND-ABTEIL, KÖNNEN SIE NICHT LESEN?«

Aha, es waren also nicht die Socken. Es war ein Schild, das ich übersehen hatte.

»UND WER SAGT IHNEN, DASS ICH KEINE MUTTER BIN?«

Sie stutzte.

»Nein, bin ich natürlich nicht. Ich bin Vater. Und nach dem neuen Antidiskriminierungsgesetz ist die Unterscheidung zwischen Vater und Mutter nicht mehr zulässig. Außerdem falle ich unter die Kategorie »ältere Personen«, die ebenfalls durch das Antidiskriminierungsgesetz geschützt werden. Ich bin zufällig Rechtsanwalt und sehe in Ihrem Verhalten einen glatten Verstoß gegen den neuen Erlass zur Beförderungsverordnung vom 1. 1. 2007. Kann es sein, dass Sie eine Schulung verpasst haben?«

Jetzt schien sie verunsichert. Sie sei im Herbst krank gewesen, aber die Kollegen meinten, es sei nichts Wichtiges vorgekommen.

»Nichts Wichtiges? Wissen Sie, was diskriminierendes Verhalten gegenüber Minderheiten aus Ihrer Personalakte macht?«, donnerte ich.

Sie zögerte. Ich schaute sie an, spielte beiläufig mit einem Socken und bereitete die große, versöhnliche Geste vor: »Schauen Sie? Wir sind alle nur Menschen, sogar wir Anwälte. Ich fahre zur Kur und darf mich nicht aufregen. Sie möchten doch nicht, dass ich mich aufrege?«

Sie schüttelte den Kopf.

»Also«, schmunzelte ich jovial, »hier ist meine Fahrkarte. Tun Sie Ihre Pflicht, knipsen Sie Ihr Loch und dann Schwamm drüber.«

Sie atmete erleichtert auf, ein Versuch des Lächelns huschte über ihre Mehdornmaske: »Also dann, gute Reise noch und vielen Dank für die Information. Ich werde das alles nachlesen. Tut mir wirklich leid.«

»Schon gut. Würden Sie mich bitte rechtzeitig vor Koblenz wecken? Und bitte schließen Sie die Tür *leise*.«

Sie nickte und verschwand. Ich zog die Schuhe aus, legte die Füße auf meine Handtücher, brachte den Sitz in die Schräge und bestaunte das nichtssagende kleine Werbeschild an der Wand gegenüber. Wer machte eigentlich diese kleinen, nichtssagenden Werbeschilder? Wer ist in der Lage, diesen Blödsinn, vermutlich für teures Geld, irgendeinem Volltrottel als Werbung zu verkaufen? Das muss ein Genie sein! Über diesem Gedanken schnarchte ich davon. Der Zug pochte und ratterte.

Jeder Zug hat einen Rhythmus. Manche rattern, manche quälen sich und stöhnen, manche summen fröhlich und manche Züge klingen wie ein altes Bluesstück.

Es war zu warm, vielleicht hätte ich die Heizung ausdrehen sollen. Mit geschlossenen Augen verfolgte ich das weiße und rote Flimmern, das entsteht, wenn die Sonne zwischen den Bäumen und Masten hervorflackert.

Ich verlasse die Erde und gleite durch eine endlose, schwarze Dunkelheit. Millionen Jahre treibe ich in der Kälte des Weltraums. Es ist unendlich kalt. Eine Nova explodiert vor meinem inneren Auge, als ich aus dem Hyperraum in den Einstein´schen Raum wechsele. Ich halte die Augen geschlossen. Im Weltall ist es kalt. Plötzlich sehe ich die Sonne, blendend hell. Eine sanfte Stimme sagt zu mir: »Wir sind da.«
»Ich sage: Bin ich im Himmel?«

Die Stimme antwortet:

»Nein, wir sind in Koblenz, Sie müssen umsteigen.«

Der Rest der Fahrt verlief ohne besondere Vorkommnisse. Noch zwei Haltestellen bis Bad Berzich. Eine bergige Landschaft floss vorbei. Immer wieder rauschte der Zug durch einen Tunnel, dann wieder gleißendes Sonnenlicht, Regenwolken in der Ferne. Lange fuhren wir an einem breiten Fluss mit Überschwemmungen an den Randstreifen entlang. In vielen Orten stand Hochwasser. Ob das mit globaler Erwärmung zu tun hat, ist natürlich noch nicht bewiesen. Bewiesen ist nur, dass alles hässlich verbaut ist. Vor hundert Jahren muss die Gegend herrlich ausgesehen haben.

Bad Berzich

So, da war ich. Bad Berzich. Am Bahnsteig wurde gebaut. Die Reisenden mussten über eine hohe Holztreppe klettern, um die Gleise zu überqueren. Wie das die Mütter mit Kindern und Gepäck sowie die Alten und Kranken schaffen sollten, war mir ein Rätsel. Vor dem Bahnhof wartete ein Shuttle. Sechs Personen kamen zusammen, nachdem noch ein anderer Zug aus der Gegenrichtung abgewartet wurde. Wir grüßten einander höflich, schauten uns dann heimlich an und überlegten, was für eine Sucht der andere haben könnte. Das Gepäck sei schon in den Kliniken, hieß es. Aha! Die Kliniken. Also mehrere. So war es dann auch. Wer zur *Herz- und-Kreislauf* müsse, fragte der Fahrer. Die anderen nickten. »Und Sie? In die Suchtklinik Lichtheimat?« Das war mir jetzt doch irgendwie peinlich. Die anderen schauten pikiert weg. »Ja«, sagte ich zum Fahrer, »ich bin Experte, ich bin als Dozent eingeladen ...«

»Ja, ja, ist schon recht ...« Der Fahrer grinste vielsagend. »In dem Haus ist jeder ein Experte.«

Das Paar neben mir rückte enger zusammen. Alle starrten geradeaus. Offensichtlich rätselten sie, mit welcher Sucht sie sich bei mir anstecken könnten. Dann stiegen die Herz- und Kreislaufkranken aus. Der Shuttlefahrer nahm die Serpentinen im Vollgas. Nach einer Biegung fuhren wir durch einen hohen Torbogen. Vor uns, zwischen hohen Tannen, stand ein burgähnliches Monster, das an ein schottisches Herrenhaus erinnerte, wie es in den Highlands zu finden ist. Ein mächtiger Kasten mit einer gewaltigen Ölrechnung. An der vorderen Seite hockte ein Maler auf einem Gerüst und strich ein Fenster.

An der Rezeption wurde ich sehr freundlich begrüßt. Ich erhielt eine Mappe mit der Hausordnung, dem Speiseplan der Woche, einem Lageplan und Veranstaltungshinweisen sowie einem Plan für ein breites therapeutisches Angebot. Frau Nüsken, eine rheinländische Frohnatur, drückte mir den Zimmerschlüssel in die Hand.

»Wenn was fehlt, rufen sie die 9. Brauchen Sie Hilfe mit dem Gepäck? Wasser ist auf dem Zimmer! Kommen Sie erst mal an. Frau Dr. Zeisig erwartet Sie dann gegen 16 Uhr.«

Schüchtern, wie es meine Art ist, bedankte ich mich. Ich nickte jenen zu, die im Foyer herumsaßen und in Zeitungen blätterten. Der Lift quietschte und nörgelte.

Meine Koffer wurden von Arno, dem Hausmeister, auf einem kleinen Wagen gebracht. Arno hatte eine Hasenscharte und sprach nicht viel. Als er gehen wollte, war ich etwas verunsichert wegen eines Trinkgeldes. Da ich keine Münzen greifbar hatte, gab ich ihm einen 10-Euro-Schein, eine Investition, die ich nicht bereuen sollte.

Sonnendurchflutet, nach hinten raus und sehr schlicht – mein Zimmer gefiel mir gut. Helles Holz. Ein Tisch, ein Stuhl, ein Sessel mit Leselampe, ein Bett mit einer guten Matratze und einer Naturwolldecke. Etwas mönchisch, aber was braucht der Mensch mehr. Ich fand einen Hinweis, dass das Haus ökologische Pflegeprodukte verwendet. Aus Gründen des Elektrosmogs würde man in den Zimmern auf elektrische Apparate verzichten. In einer Schale lag frisches Obst. Ich futterte einen Apfel.

Das Vogelkonzert drang durch die Balkontür. Draußen war es warm und sonnig. Erster Frühling duftete vom Wald her. Nur das ständige Schrammen, Summen, Brummen und Knarzen des alten Thyssen-Liftes, der ächzend seinen Dienst tat, mahnte Vergänglichkeit an, kündete vom Ende aller Tage. Eine bergige Waldlandschaft breitete sich vor meinem Balkon aus. Steile Hänge, schroffe, zerklüftete Felsen. Ich legte mich aufs Bett und schaute durch das Fenster, vor dem ein großer, abgestorbener Eichbaum stand. Ein Belaufbaum, wie die Naturschützer sagen, der vielfältigen Lebensraum bot. Hier wohnt der Specht, der alte Hacker. Specht, der alte Hacker ... Das wäre doch eine Buchidee! Im Kopf speicherte ich eine kurze Konzeptnotiz für den Verlag: Herr Specht hat seine Platzreife gemacht, aber mehr bekommt er nicht hin. Er fährt im Urlaub nach Norwegen. In einer Lappen-Jurte begegnet ihm ein ehemaliger Golfchampion, der dort vollkommen zurückgezogen lebt. Der schnitzt aus Rentiergeweihen die schönsten Putter-Köpfe der Welt. Der Champion zeigt Herrn Specht, wie man allein durch die Konzentration der Gedanken jedes Ziel trifft. (Hier müsste dann so ein Haufen Eso-Zeugs rein.) Specht wird ein Treff-Meister. Beim Lachsfangen gerät der Champion mit dem Fuß in eine Astgabel, die im Fluss schwimmt und ein Bär geht auf ihn los. Specht kann nicht mehr schnell genug herankommen, um den Champion zu retten. Da schickt er den stärksten Gedanken, einen Megahammer von Power-Gedanken und es haut den Bären um. Der Champion wird gerettet und schenkt Specht zum Dank einen magischen Putterkopf vom Zahn eines Kampfbibers, mit dem er zum Single-Handicapper aufsteigt. So ähnlich ...

Aufnahmegespräch

 Ich war wohl weggedämmert. Als ich zu mir kam, öffnete ich das Fenster, ließ die gute Luft rein, machte mich frisch und freute mich auf Frau Dr. Zeisig. Ich rief die 9 an. Frau Nüsken erklärte mir, wie ich das Arztzimmer finden würde. Bis 16 Uhr war noch etwas Zeit und ich stromerte durch die Gänge. Wirklich ein gewaltiger Kasten. Die Wände waren in sanften Erdtönen gehalten. Vermutlich Mineralfarben. Gute Ausstrahlung. In den Fluren hing nicht der übliche Bastelgruppen-Tinnef, sondern eine Auswahl von herrlichen Landschaftsaufnahmen. Das Ganze hatte Stil. Dann sah ich das Schild.

Suchtstation, Leitung: Dr. Ludmilla Zeisig.

Ich war etwas zu früh und betrachtete einige der Fotografien, als mich ihre vertraute Stimme ansprach.

»Na, da sind Sie ja, herzlich willkommen. Gefallen Ihnen meine Bilder?«

»Die Bilder sind sehr schön.«

Ich versuchte Zeit zu gewinnen, um sie in Ruhe betrachten zu können. Sie sah wie Mitte Dreißig aus, obwohl ich vermutete, dass sie um einiges älter sein musste. Herzensbildung und Humor standen ihr mit winzigen Lachfalten ins Gesicht geschrieben. Sie wirkte sehr elegant. Zwar hatte sie einen weißen Kittel übergestreift, aber ich vermutete, dass sie damit nur den Hausvorschriften genügen wollte. Darunter trug sie eine helle Bluse und cremefarbene, weiche Hosen, die ihre Figur betonten, ohne aufdringlich zu wirken. Sie schaute so lieb, dass man vermuten konnte, dass sie das Böse in der Welt nur aus den Erzählungen ihrer Patienten kannte.

Wir gingen in ihr Büro. An einer Seite standen ein paar Kartons mit Büchern, die noch nicht ausgepackt waren. Der Raum atmete ihre Handschrift: Helligkeit, Freundlichkeit und Stil. Eine chinesische Kalligraphie hing hinter ihrem Schreibtisch, auf dem die bekannte, männliche Figur stand, die ich oft in Akupunkturpraxen gesehen hatte. Jeder gab dem etwa 30 cm hohen Burschen, auf dem die Meridiane und Punkte abgebildet waren, einen anderen Namen.

»Wie heißt er?«

»Klaus«, sagte sie. »Nach meinem Ex-Mann.« Das war sehr persönlich. Das wusste ich zu schätzen.

Sie bot mir an, in einem bequemen Liegesessel Platz zu nehmen. Auf einem dunklen Holztisch stand ein Teeservice. »Grünen Tee?«
»Gerne.«
Sie goss den Tee ein und setzte sich in den zweiten Sessel, dessen Seitenarm so breit war, dass sie ihren Block bequem auflegen konnte. Einen Moment schwiegen wir.
»Schön haben Sie es hier«, begann ich. »Mächtiger Kasten. Muss eine gewaltige Ölrechnung haben!« Sie schien irritiert »Die Ölrechnung?« Sie lachte. »Da habe ich noch gar nicht drüber nachgedacht.« Ich mochte ihren melodischen amerikanischen Akzent.
»Also.« Jetzt wurde sie forsch. »Dann erzählen Sie mal.«
Ich schaute auf die Bäume im Park. Gäbe einen schönen Pitch & Putt, dachte ich. Der Kurzplatz von Bad Homburg erschien vor meinem inneren Auge. Frau Dr. Zeisig hatte ihren Block und einen schlanken Stift bereit, um sich Notizen zu machen. Allgemeine Formalitäten hatte ich bereits auf einem Fragebogen ausgefüllt. Jetzt wollte sie meine vielfältigen Gebresten aufnehmen.
»Lesen Sie doch einfach ›Und Nietzsche weinte‹«, schlug ich vor. »Alles was Nietzsche dem Doktorvater von Freud, Dr. Breuer, bei der Aufnahme an Symptomen schilderte, habe ich auch. Dann müssen Sie nicht mitschreiben.« Wieder lachte sie. Ihre Augen funkelten. Trotzdem bestand sie auf einem ausführlichen Aufnahmegespräch und machte sich eine Menge Notizen, besonders als ich ihr von einem Tibeter namens Ho Lin Wan und meinen Trancen schilderte.
Dann sagte sie: »Ich werde Ihnen jetzt mal etwas über unser Haus erzählen, damit Sie wissen, wo Sie sind.«
Ich lehnte mich in meinem Liegesessel zurück.
»Wie Sie bereits gesehen haben, ist die Lichtheimat-Klinik kein moderner Zweckbau, sondern ein altertümliches Gemäuer, das mit seinen Türmchen, Zwingern und Zinnen an ein schottisches Hochlandschloss erinnert. Tatsächlich wurde das Gebäude im späten 19. Jahrhundert nach den Bauplänen eines schottischen Kastells erbaut. Die Klinik ist fast 130 Jahre alt und wird seit zwei Jahren renoviert. Früher war das Haus eine diskrete Privatklinik, dann, etwa ab den 70er Jahren, eine Reha-Klinik für Sportverletzungen. Jetzt sind wir eine Forschungsstätte von internationalem Ruf. Die Abteilung für akutes und chronisches Burnout wurde im Jahr 2000 eröffnet und war nach dem Zusammen-

bruch des Neuen Marktes derart überfüllt, dass eine Erweiterung im Haus unabänderlich war. Durch die Winterpause und die Renovierung sind einige Abteilungen des Hauses derzeit fast leer. Aber das wird sich in den nächsten Wochen ändern.

Alle Patienten, wir nennen sie Gäste, nehmen gemeinsam am Essen und den Veranstaltungen teil. Niemand weiß, warum der andere hier ist, es sei denn, man ist bereit, das im persönlichen Gespräch oder in der Gruppentherapie mitzuteilen ...«, hörte ich ihre Stimme in der Ferne. »Die ganze Abteilung für IT-Burnout ist komplett analog organisiert und garantiert offline. Viele der Patienten ...«

Ich sah fette, Pizza fressende Systemadministratoren, E-mail-süchtige Microsoft-Opfer, Web-Designer mit Dachschaden, ausgebrannte Programmierer, albern kichernde ehemalige Nemax-Vorstände, die immer noch glaubten, sie seien Milliardäre, und jene armen Schweine, Investor-Relations-Manager, die dem Druck der Analysten physisch nicht gewachsen waren und schwere orthopädische Schäden davontrugen (Nackenwirbel, LWS). Von der Fusion zur Infusion, vom Merger zur Magersucht. Im Flur hingen Banker und Politiker mangels Rückgrat in Stützapparaten an die Wand gebunden. Handy-Maniacs mit Cold Turkey saßen am Waldrand, malten mit dem Filzstift Tasten auf Kiefernborkenstücke und redeten mit sich selbst. Männer in Kaltwasserbecken schrien: »Verkaufen, Verkaufen!« Eine dralle Brünette, ehemalige Marketingleiterin eines abgefackelten Start-up, war in eine zähe Diskussion mit Frau Nüsken verwickelt. Sie bestand darauf, einen Stand auf der Cebit zu buchen: »Wir müssen da hin. Dieses Jahr werden wir es schaffen!« Sie weinte. Beim Fußbad versuchten sich Ex-Multimillionäre gegenseitig Beteiligungen aufzuschwatzen. Ein beliebter Zeitvertreib, der Pep in die Kamillenteepause zwischen den Anwendungen brachte, war die Klärung der Schuldfrage: ohne Zweifel die Banken!

»Hallo ... hallo? Du liebe Zeit. Haben Sie das öfter? Hat meine Stimme so eine einschläfernde Wirkung auf Sie?«

Frau Dr. Zeisig schaute mich verwundert an. Ich wollte ihr nicht sagen, welche Wirkung ihre Stimme noch auf mich hatte.

»Das muss die Luftveränderung sein. Ich war schon oben im Zimmer weggepennt. Pardon.«

»Aber ich bitte Sie, das macht ja überhaupt nichts.«

Im Flur tönte ein Gong.

»Abendessen! Sie müssen hungrig sein.«
Wir standen auf.

»Ach, da wäre noch ein Punkt zu besprechen. Ich möchte versuchen, möglichst viel Zeit für ausführliche Gespräche mit Ihnen zu reservieren. In den nächsten Tagen werde ich jedoch noch sehr mit administrativen Aufgaben befasst ein. Mein Vorschlag ist, dass Sie sich erst mal einleben und die allgemeinen Therapieangebote nutzen. So oft wie möglich würden wir uns nach dem Abendessen zusammensetzen. Wäre Ihnen das recht?«

Ob mir das recht wäre? Mein Herz sprang vor Glück. »Ja, natürlich.« Ich versuchte dabei unbefangen zu wirken.

»Expertengespräche brauchen Zeit.«

Dann fiel mit etwas ein.

»Wo sind eigentlich meine Golfsachen? Im Zimmer stand nur mein Koffer mit der Kleidung.«

»Uuups. Hatte ich Ihnen das nicht gesagt? Kein Golf in Bad Berzich! Ihre Gerätschaften sind in unserem Depot gut untergebracht. Bei Alkoholikern würden wir auch keine Sammlung von hübschen Whiskeyflaschen in die Zimmer stellen, nicht wahr? Aber ich denke, auch das werden Sie verkraften.«

Sie nahm meinen Arm, während wir aus dem Zimmer gingen, zog die Tür hinter uns zu und ging, leicht untergehakt, mit mir den Flur entlang, als würde sie meinem Entsetzen und meiner Trauer Trost spenden wollen. In dem Moment spürte ich jedoch kein Entsetzen und keine Trauer. Ich spürte ihre Wärme und sah auf ihr rotbraunes Haar. Exakt die gleiche Farbe wie meine Alex, die mit ihren Kameraden im Keller eingekerkert war.

Wir näherten uns dem Speisesaal, denn die Stimmen wurden lauter. Sie ließ meinen Arm los, flüsterte mit der Hausdame und diese brachte mich zu meinem Tisch. Ludmilla zwinkerte mir zu und verschwand durch eine andere Tür.

Der erste Tag

 Der Specht weckte mich zehn vor sieben. Ratt-tatt-tatt! Dazu Kreischpiepser, Pfeifamseln, Schrillmeisen und Blaumiesen[14]. Die Sonne keilte sich durch den Vorhang. Ich mochte es, noch etwas zu liegen und zu dösen. Früher gab es nur die Hetze zum Platz, die Hoffnung, dass man keinen Ehepaarvierer vor sich hatte und dann folgte eine rasende Runde. Das war vorbei. Ich war frei wie der Kreischpiepser vor meinem Fenster.

Es klopfte kurz, die Tür ging auf und Schwester Annika kam herein, gefolgt von zwei Pflegeschülerinnen. Die sollten mein Bett machen, während mich Schwester Annika mit einem rauen, kalten Leinenwaschlappen abrubbelte. Sie war eine solide gebaute Blondine, die irgendwie schwedisch wirkte. Vielleicht war es nur der Name. Sie war auf den ersten Blick kaum als hübsch zu bezeichnen, aber sie wirkte irgendwie *interessant*. Zumindest gefiel mir die humorvolle Art, mit der sie ihre Truppe freundlich, aber resolut dirigierte. Sie wirkte etwas derb, das brachte wohl der Beruf mit sich. Muffigen, alten Kerlen mit dem Waschlappen kommen, also – meine Sache wäre das nicht. Die Kneippwaschungen wären nicht täglich, tröstete sie mich, sondern nur hin und wieder, morgens oder nach der Mittagsruhe, wie sie es schaffen würden.

Nachdem Annikas Putzkolonne verschwunden war, hörte ich den Fahrstuhl rumpeln. Es trappelte auf dem Flur. Emsige Morgenflüchter humpelten hungrig zu den Trögen. Das Frühstück wartete. Die Essenszeiten waren so früh, dass man Jetlag bekam. Nachdem ich noch eine Weile in meiner Leinen- und Wollverpackung geruht hatte, machte ich mich fertig.

Als selbstverantwortliche Patienten durften wir aus der vollwertigen Fülle wählen, die auf dem Büffet angerichtet lag. Unverantwortlich wie ich war, überfraß ich mich die ersten Tage regelmäßig.

Aber mein Homocystein-Wert lag bei 8,3, wie die junge Dame im Labor sagte. Das sei optimal. Da wusste ich, dass man sich hier auskannte.

Bei der ersten Gelegenheit spazierte ich in den Ort. Bad Berzich liegt in einem Talkessel, in dem schon die Römer lagerten. Die Berzicher Stadtväter und Architekten hatten ohne Frage ein Enzym zu viel: das

---

14 Siehe Beatles, »Yellow Submarine«.

Geschmacklos-Enzym. Dieses Geschmacklos-Enzym war dafür verantwortlich, dass das schöne, kleine Städtchen mit modernen Zweckbauten verschandelt wurde. Deutsche Campingplatzkultur und ihr Totem, der Gartenzwerg, erlebten in Bad Berzich kultige Wiederauferstehung. Strohhasen und original 60er-Design in den Auslagen der Hotels kreierten ein Spannungsfeld zwischen Alptraum und Avantgarde. Die Dekorationen der Schaufenster auf der Hauptstraße schienen allesamt aus der Beschäftigungstherapie regionaler Kliniken zu stammen; diese kleinbürgerliche Behaglichkeit zwischen Campingklappstuhl, Minigolf und röhrendem Hirsch nannte ein Journalist einst in einem wunderbaren Artikel *Bebraismus*, nach der hessischen Stadt Bebra, in der sich diese populäre Eternitplatten- und Glasbausteinkultur nach seiner Ansicht am treffendsten darstellte. Immerhin fand ich eine nette Kneipe, eine Art englischer Pub. Der ältere Herr hinter dem Tresen sah auch sehr britisch aus. Er unterhielt sich mit zwei Gästen an der Bar über einen Jugendfreund aus der Nähe von Braunau, der seinen Penis dummerweise durch einen Maschendrahtzaun hielt, um einen Hund zu ärgern. Konnte später keine Kinder mehr bekommen. Dumm gelaufen. Ob Hitler auch an dem Zaun war, fragte einer. Er konnte ja auch keine Kinder haben, mutmaßten die Gäste. So viel zum Ort.

Zum Abendessen gab es eine Auswahl frischer Salate, Quarkdips mit Kräutern und ein leckeres, leichtes Vollkornbrot. Wer wollte, konnte eine Suppe haben, die eine Blätterteighaube hatte und einer Sterneküche in nichts nachstand.

Biographisches

»*Zauberer brauchen eine Krise, damit das Wirken der inneren Stille beginnt.*«
Don Juan

»Möchten Sie mir erzählen, wie es mit Ihrem Golfspiel begonnen hat?« Ludmilla stand ans Fensterbrett gelehnt und schaute in den Park. »Wer hat Sie damit bekannt gemacht?«

Ich lag in meinem Sessel, die Arme hinter dem Kopf verschränkt. Sie drehte sich zu mir um, kam langsam herüber und setzte sich. Sie hatte einen geschmeidigen Gang, als wäre Sam Snead ihr Großvater gewesen.

»Es ist über 20 Jahre her. Ich hatte eine Freundin in Luxemburg. Ihr Vater war Schotte. Er war ein Leben lang Kricketfan, aber auf seine alten Tage wurde er Golfer. Er nahm mich das erste Mal auf den Platz mit und spendierte mir ein paar Golfstunden bei Andrew Bruce im Grand Ducal Golfclub.

Es dauerte etwa ein halbes Jahr, dann begann ich nachts mit ein paar alten Hickory-Schlägern auf einer Driving Range in Süddeutschland zu üben. Lange Zeit war ich clubfreier Golfer, dann über zehn Jahre Mitglied im schottischen Golfverband, dann im VcG und jetzt bin ich seit ein paar Jahren Mitglied in deutschen Golfclubs.«

Ich schenkte Tee nach. Ludmilla schien in Gedanken zu sein.

»Also Schottland. Sehr interessant. In Ihrem Buch beschreiben Sie Übungen der Mitte und die *heitere Gelassenheit* als Schlüssel zu einem erfolgreichen Golfspiel. Das scheint Ihnen selbst offensichtlich entglitten zu sein. Was ist passiert?«

Ich zuckte die Schultern und starrte an die Decke. »Vielleicht habe ich mich zu weit in eine Richtung bewegt und das Leben pendelt dann ganz natürlich in die andere Richtung zurück, damit man wieder in der Mitte ankommt. Das wäre eine Interpretation, die mich beruhigen würde. Eine andere wäre, dass ich zu viele Stunden für mich allein verbracht habe. So eine Isolation führt zwar »zu gewissen Offenbarungen«, wie John Lilly[15] das nennt, die mit dem Wesen des Universums zu tun haben, aber vielleicht macht das einfach nur GOLFGAGA.«

Ludmilla, die auf ihre Notizen geschaut hatte, hob den Kopf, als ich den Namen von John Lilly genannt hatte. »Wie kommen Sie auf John Lilly?«

»Ich traf ihn und seine Frau Tony Anfang der 80er Jahre anlässlich eines Workshops in Basel. Er schien mir ziemlich verrückt. Er hockte meist am Boden, während seine Frau den Job machte. Sie erzählten, wie gerne sie in den Bergen sind, wie toll die Schweiz ist und was man auf Bergen für Peak-Erlebnisse haben kann. Soweit ich mich erinnere, war das nur der Eröffnungsabend, den der Verlag veranstaltet hatte. Für den Workshop hatte ich kein Geld. Ich fuhr am nächsten Tag nach Luzern,

---

15 Amerikanischer Bewusstseins- und Delfinforscher.

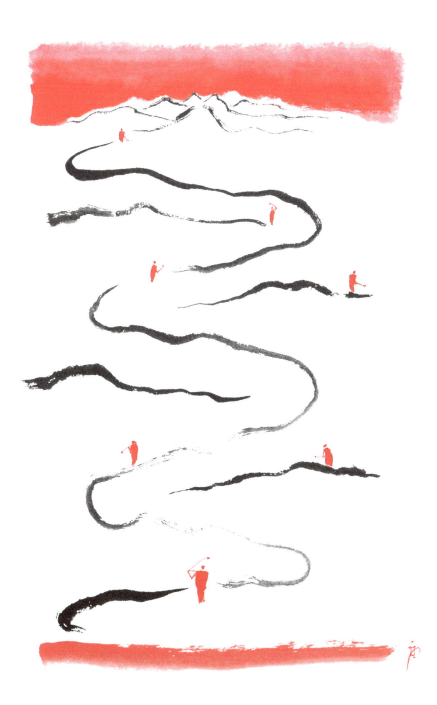

wanderte einen Bergweg entlang und wollte auf den nächsten Berg steigen, um eine Peak-Erfahrung zu haben. Es war Mai, herrliches Wetter, aber in manchen Rinnen und an der Nordwand lag noch Schnee. Auf dem Gipfel stieg ich die falsche Seite hinab, rutschte in einer Schneerinne aus und knallte auf einen Felsen, der mir mein Leben rettete. Sonst wäre ich die Steilwand hinabgeflogen. Ich blutete an mehren Stellen aus Schürfwunden. Ich tastete mich ab, aber es schien nichts gebrochen zu sein. Ich zitterte, vom Adrenalin geschüttelt. Der Zustand war vergleichbar mit dem, was ein Amateur erlebt, wenn er bei einem Pro/Am vor einer großen Menschenmenge abschlagen muss. Davon träume ich manchmal.«

»Von dem Absturz?«

»Nein, vom ersten Abschlag.«

»Und was passierte dann?«

»Jemand im Tal muss mich beobachtet haben. Ein Helikopter stieg auf. Ich wusste, was das kostet, wenn der mich abholen würde und machte das Zeichen, dass alles in Ordnung wäre. Er flog davon und ich tappste mit schlotternden Beinen Schritt für Schritt ins Tal zurück.

»Das war Ihre Peak-Erfahrung.«

»Genau.«

»Also weiter mit dem Golf.«

»'95 kam ich mit einer schweren Borrelieninfektion aus Schottland zurück und begann in der Klinik über Golf zu schreiben. Es wurde die ursprüngliche Fassung vom ›Weg der weißen Kugel‹. Ich arbeitete damals als Marketingberater für eine der ersten Internetfirmen in unserer Region. Unser Azubi stellte meine Golflinksammlung ins Web und programmierte mir ein kleines Backoffice, mit dem ich meine Seiten füllen konnte. Daraus wurde eines der größten Golfportale deutscher Sprache. Als die Bloggerei losging, schrieb ich wöchentlich meine ›Golfnotizen‹. 2005 erschien die neue Ausgabe meines Golfratgebers ›Der Weg der weißen Kugel‹. Danach begannen Dinge zu passieren, die ich mir nicht allein mit meiner blühenden Phantasie erklären konnte. Im letzten Jahr wurde es mir langsam unheimlich.«

»Wieso?«

»Nun, manche der verrückten Ideen, die ich im »Weg« beschrieb, schienen plötzlich real zu werden. Das Gibson-Phänomen.«

»Was meinen Sie damit?«

»William Gibson, Autor der Neuromancer-Trilogie, einer Science-Fiction-Reihe. Er kreierte den *Cyberspace* als Idee, bevor die digitale Vernetzung der Welt begann, wie wir sie heute kennen. Was immer er sich ausdachte, wurde nach kurzer Zeit von der NASA oder den Militärs nachgebaut, wurde durch Filme in die Öffentlichkeit gebracht und bald darauf entstanden Produkte, die heute fast jedem zur Verfügung stehen. Seit einiger Zeit bin ich mehreren Themen auf der Spur, die ich im »Weg« nur andeuten konnte, die mich aber sehr beschäftigen. Es gibt eine Theorie, nach der die digitalisierte Welt ein interstellarer Virus ist, der nach und nach Planeten überfällt und alle Bereiche des Lebens okkupiert. Unser planetares Gaja-Bewusstsein wird durch giftmüllproduzierende Technologien so weit geschwächt, dass die Erde kaum noch in der Lage ist, dem etwas entgegenzusetzen. Deshalb hagelt es jetzt Gewitter und Stürme. Die Erde schüttelt und wehrt sich. John Lilly sagte mal, dass die Menschheit eine höchstgefährliche Spezies sei, wovon jeder Wal ein Lied singen könne.

Von den Gefahren, die der Erde drohen, habe ich erstmals auf einer Reise durch die unendlichen Netze einer menschenfeindlichen, digitalen Welt erfahren. Ich war ein Bewusstseinspünktchen, das mit unglaublicher Geschwindigkeit durch diese Netze reiste. Ich wusste, dass ich sozusagen als Tourist unterwegs war und wieder zurückkommen würde. Ich wusste auch, dass mein Körper im OP-Saal eines Krankenhauses lag. Ich hatte einen Führer, der mir erklärte, was passierte. Die Zukunft, die ich erlebte, war unglaublich brutal, denn die digitale Intelligenz, ein riesiges anorganisches Bewusstsein, bemühte sich, organisches Leben zu zerstören, wo immer es möglich war. ›Das gesamte Universum ist randvoll von Welten mit organischem und anorganischem Bewusstsein‹, sagt Don Juan[16]. Auch die ›Terminator‹-Filme haben dieses Thema aufgegriffen.

Über solche Ideen auch nur nachzudenken, führt schnell dazu, dass man einen am Sträußchen kriegt. Deshalb habe ich diese Erinnerungen zu verdrängen versucht, bis ich las, dass John Lilly nicht nur viel weitreichendere Erfahrungen in dieser Hinsicht gemacht hatte, sondern diese auch verständlich beschreiben und kartografieren konnte[17]. Davon war

---

16 Carlos Castaneda: Das Wirken der Unendlichkeit, S. Fischer
17 Siehe Anhang: »Der Dyadische Zyklon«.

ich weit entfernt. Mir blieb nur die Erinnerung an eine sehr emotionale, erschreckende Erfahrung. Vielleicht wurde diese zum Trauma.

Ein anderes Thema ist Mr. Mulligan. Als ich den erstmals traf, war er ein dicker Papa mit einem grässlichen Slice. Dann nahm er aus Versehen eine psychedelische Substanz, die ihn in eine andere Welt katapultierte, *wo er die Quanten springen sah,* wie er das formulierte. Diese Erfahrung führte ihn zu einem neuzeitlichen Schamanismus, bei dem er lernte, dissonante Golfschläger mit einer Erpelfeder in ihrer Atomstruktur neu zu ordnen und zu harmonisieren. Ich hatte damals keine Ahnung, warum ich das schrieb. Vielleicht, um meine Leser zu unterhalten. Die Schoten von Mulligan waren auch nicht viel mehr als eine Fußnote, ein *running joke*. Dann erfuhr ich, dass ein Golfschläger durchaus die schlechte Energie eines Spielers aufnehmen und speichern kann. Ich lernte von einer Heilerin, wie man Schläger entstört, also energetisch neutralisiert. An meinem Putter habe ich mittlerweile einen speziellen Griff aus Japan angebracht, der – mit negativen Ionen geladen – verhindert, dass meine nervöse Yips-Energie den Putter infiziert. Auch andere Verrücktheiten, die ich im »Weg der weißen Kugel« beschrieb, nahmen in irgendeiner Weise Gestalt an.

Ich arbeite vollkommen ungefiltert und lese erst am nächsten Tag, was ich in der Nacht zuvor geschrieben habe. Vielleicht, um mir selbst ein Erklärungsmodell zu geben oder um nicht verrückt zu werden, schuf ich die Figur des Ho Lin Wan, dem weisen Golf-Derwisch von Tao Yin. Das war nicht viel mehr als eine lustige Idee, bis ich mit Ho Lin Wan '95 in der Klinik jene Begegnung hatte, die ich im »Weg« beschrieb. Irgendwann im letzten Sommer, besonders nach jenem Gespräch mit Dagobert Seicht, wo es um die 23 ging, dachte ich, ich hätte eine Schraube locker. Habe ich eine Schraube locker?«

»Ich glaube nicht, dass Sie eine Schraube locker haben. Ich würde eher meinen, dass Ihre Schraube zu fest angezogen ist. Zuviel Spannung. Der Schlüssel heißt *loslassen*!«

Mittagsschläfchen

 Mir ist schlecht. Mein Kopf ist kalt und heiß. Durch die von Angstschweiß verschmierte Brille erkenne ich eine hungrige Meute, die hinter der Absperrung vom 1. Abschlag darauf wartet, dass ich endlich meinen Ball schlage. Sie sind unruhig. Den traumhaften, eleganten Drive des amerikanischen Superstars haben sie mit atemlosem Staunen und donnerndem Applaus bedacht, die Drives der beiden prominenten Sportler mit langem Klatschen. Jetzt fehlt nur noch der Abschlag des vierten Mannes: meiner.

»Wer zum Teufel ist das?«, fragt eine Frau. »Warum darf der da mitspielen?«, flüstert sie ihrem Mann zu. Das fragen sich mittlerweile auch die anderen Gäste, Professionals und Zuschauer, die mit diesem zitternden Burschen auf dem Tee kein Mitleid haben. Der veranstaltende Turnierdirektor, der mein Auftreten mit sprachlosem Entsetzen verfolgt, hat den Pressesprecher auf dem Knopf im Ohr: »Was soll das? Wer ist der Typ?«

Niemand weiß es und mir ist es im Moment egal. Ich muss kotzen. Ich weiß auch nicht mehr, wer ich bin, wie ich hierher komme und was ich hier soll. Jahrtausende vergehen, während ich erstarrt in Ansprechhaltung an meinem Ball stehe. Vollkommen kraftlos liegen meine Hände auf dem Schläger, der derart zittert, dass ich den Ball bereits mehrfach vom Tee gestoßen habe. Ein bedrohliches Rumpeln im Unterleib kündigt sich an. An dem roten und weißen Flimmern vor meinen Augen merke ich, dass mein Kreislauf abbaut.

Der Weltstar schaut pikiert in die Ferne. Leise fragt sein Caddie den Starter: »Who is this bloody wimp?« Ich kann ihn hören. Ich kann jetzt alles hören und alles sehen, denn ich schwebe über dem Abschlag. Ich sehe auch mich auf dem Abschlag stehen und Hunderte von Zuschauern jenseits der Absperrungen auf beiden Seiten des Fairways. Der prominente Fußballer, der neben mir steht, sieht mich erwartungsvoll an. »Joa mei, Bürscherl, jetzt loass halt krachen«, sagt er. In diesem Moment lasse ich es krachen. Hunderte von Augen starren auf meine hellen Chinos, auf denen sich in Zeitlupe ein dunkler Fleck bildet. Dann breche ich mit einem Kreislaufkollaps zusammen, und werde von zwei Maltesern aufgefangen, die bereits vom Starter herbeigewunken wurden, der offensichtlich ahnte, was kommen würde.

»Eing'schissen hat er sich, der Herr Schreiberling«, ist das Letzte, was ich hören kann. Meine Seele schwebt immer höher und sieht, wie sich die Menge in Bewegung setzt. Jetzt stimmt ihre Welt wieder. Der Weltstar schlendert zu seinem Ball und plaudert dabei angeregt mit einem gelben Hasen mit rosa Ohren. Der zitternde Fremdkörper ist entfernt.

»Na? Endlich wach? Haben wir schlecht geträumt? Vielleicht von einem Golfturnier?« Schwester Annika riss die Decke hoch. Woher wusste sie das? Wie eine Bernhardinerzunge fuhr mir ihr kalter, rauer Leinenwaschlappen über das Gesicht. Die zwei Pflegeschülerinnen zogen die von Angstschweiß nassen Laken und Kissenbezüge vom Bett, während ich mit einem »eins-zwei-hopp« auf den Bettrand hochgeklappt wurde. »Das machen wir nur die ersten Tage, dann machen Sie Ihr Bett selber«, sagte Annika bestimmt. »Aber der Kneippwaschlappen bleibt, bis sich Ihre kalten Füße, und äh, andere Durchblutungsstörungen gebessert haben!«

Schwester Annika fuhr mir mit dem Lappen über Arme und Beine, Brust und Rücken. Dann streifte sie mir, nass wie ich war, ein weißes Leinenhemd über. Das Bett unter mir war frisch bezogen und »eins-zwei-hopp« lag ich wieder flach. Die dünne Überdecke wurde auf Kinnhöhe gestrafft und beiderseits unter der Matratze festgesteckt. Zwei kompromisslose Hände packten mich fest in ein Leinentuch, dann in eine Wolldecke ein. Die kalte Kneipp-Waschung, so unangenehm sie sein mochte, ließ sofort wohlige Wärme aufkommen. So mochte ich das. Ich fühlte mich geborgen. Ich hatte keine Angst mehr. Ich wusste wieder, wo ich war: In einem Öko-Irrenhaus für Golfsüchtige.

An den folgenden Tagen traf ich Ludmilla, so oft es ging. Es wurde eine angenehme Routine, sich nach dem Abendessen bei ihr einzufinden, um gemeinsam den Tee zu genießen und aus dem Fenster zu schauen, bis die Erinnerungen flossen. Ich erzählte ihr von meinen Erlebnissen auf dem Platz, von Dagobert Seicht, Karl Janzen, diesem verrückten Turnier im Sommer, von meiner Lesung, der Alligatorjagd, meinen Begegnungen, Träumen und Phantasien. Sie war der geduldigste Zuhörer, den ich je erlebt hatte.

Meist sagte sie wenig, manchmal fragte sie vorsichtig nach. Nur ganz selten gab sie einen Hinweis. Ihr einziger Therapievorschlag bestand vorerst darin, dass ich *aufmerksam* sein sollte. Beim Aufwachen, beim

Essen, beim Spazierengehen, bei allem was ich tat. Wenn möglich sollte ich darauf achten, dass ich langsam und tief atmete. Aber wichtiger sei erst mal, auszuschlafen, nicht zu viel, aber ordentlich zu essen und mich viel zu bewegen, wobei sie Schwimmen und lange Spaziergänge empfahl.

»Ausschlafen? Sagen Sie das Annika«, maulte ich.

Limburger-Rap

Noch war es zu kühl, um draußen zu sitzen, aber im Wintergarten, auf der Südseite des Hauses, war es herrlich hell und warm. Das ehemalige Gewächshaus war zu einer Cafeteria ausgebaut worden, wo man einen guten Cappuccino bekam und in Ruhe lesen konnte. Wenn es zu warm wurde, konnten die großen Seitentüren aufgeschoben werden. Von dort gelangte man direkt auf die Terrasse, die einen Blick in den Park ermöglichte, der die Klinik umgab.

Ich las im ersten Band der »Limmy-Triologie« von Bernhard von Limburger, dessen drei Bände in einer Faksimileausgabe erschienen waren. Selbstverständlich dürfe ich ein Golfbuch lesen, hatte Ludmilla gesagt, als ich sie deswegen fragte. Ich müsse lernen, dem Golf mit distanziertem Interesse zu begegnen. Distanz und Interesse würden zur *Aufmerksamkeit* führen, Aufmerksamkeit zu Bewusstsein und bewusstes Sein führe zur Auflösung von Anhaftungen und Süchten.

Das schien mir plausibel und so vertiefte ich mich mit distanziertem Interesse in Limburgers schöne Geschichten, die aus einer Zeit stammten, als Drives noch »Treibschläge« genannt wurden und das Rough »Rauhes«.

Bernhard von Limburger hatte etliche Golfplätze in Deutschland gebaut, darunter auch einen meiner Lieblingsplätze: Auf der Vahr bei Bremen. Vor 20 Jahren, als ich mit dem Golfen anfing, war der Mann bereits Legende, aber ältere Golfer haben ihn noch persönlich gekannt. Sein Markenzeichen als Platzarchitekt sei das Par 3 ohne Bunker gewesen, erzählte mir jemand vom Golfclub Braunfels. Irgendwann fiel mir in einem Antiquariat »Der Schwung« von Ben Hogan in die Finger. Die längst vergriffene deutsche Ausgabe. Übersetzer: Bernhard von Limburger.

Ich schmunzelte. Herr von Limburger schrieb seine Schnurren gerne mit leisen Untertönen, spätestens, wenn es um junge, weibliche Caddies ging. Ein Gentleman und Kenner der Golfgeschichte. Er beschrieb die großen Helden des Golfsports, die er teilweise selbst kannte, daneben Persönliches von »Klubs, Kameraden und Kadetten« (Caddies). Limmy und ich, wir fabulieren beide gerne. Aber er bediente sich einer ganz anderen Sprache. Ich überlegte, ob ich meine ordinäre, plumpe und angeblich sarkastische Schreibe ändern sollte. Mit freundlichem Stil und wohlfeilen Sätzen könnte ich meine Leser besser erreichen, um ihnen stille Stunden des Glücks zu bereiten. Könnte ich das?

Interessant ist, dass schon Limmy seine Bücher selber drucken musste, weil er keinen Verlag fand. Der dritte Band seiner Werke enthält eine »Caddie-Fibel« und »Fore – die kleine Golffibel für Anfänger«. So eine kleine Golffibel für Anfänger müsste Pflichtlektüre für alle Software-Hunnen, Amalgam-Piraten, Ex-Tennisspieler und die anderen Neugolfer sein, damit sie wenigstens ein Minimum an Golfbildung bekämen, dachte ich. Vielleicht sollte ich die Caddie-Fibel mal überarbeiten? Schließlich hatten sich die Zeiten geändert. Genau! Ich würde dem Verlag dafür ein Exposé schreiben. Das wäre doch gelacht! Nur ein kleines Problem war da noch: Es gibt hierzulande eigentlich keine Caddies mehr. Kaum ein halbes Dutzend Clubs hat noch Apfel kauende Knaben im Sortiment. Es hat vielleicht doch keinen Sinn, ein Buch über einen Job zu schreiben, der ausgestorben ist. Eine zeitgemäße Caddie-Fibel müsste man sowieso als Rap auf MP3 blasen, damit die Kids sich das überhaupt anhören würden. Ich schrieb einen Caddie-Rap-Song und verbrachte den Abend damit, vor dem Badezimmerspiegel coole Gangsta-Posen zu üben.

Ich bin der coole Caddie, mein Spieler der heißt Freddy.
Sein Golf ist so bescheuert, vollkommen übeteuert,
Ich trage und schufte und latsche und grufte
übers Land, durch den Sand, küss die Hand, alter Schmand
und er schreit mich an, weil er nicht spielen kann.
Der alte Sack trifft keinen Ball, dafür hat er einen Knall.
Yo, voll krass, oh, Mann, weil der es nicht kann, bin ich jetzt dran. Yo!
Umzz. Umzz. Umzz. Umzz. Umzz. Umzz. Umzz. Umzz.

Ich bin der coole Caddie, der Alte, der heißt Freddy.
Oh, Golf ist so bescheuert, vollkommen überteuert,
der Alte ist jetzt abgepisst, weil er seinen Ball vermisst,
weil er den Drive vermasselt hat, hat Freddy jetzt das golfen satt,
doch mir geht's an den Kragen, denn ich kann nicht sagen,
in welchem Busch sein Slice krepiert – ist. Yo!
denn die Leute spielen zu viert – Mist. Yo!
Keiner hat hier einen Plan, weil keiner richtig Golfen kann.
Jeder kann nur hacken, den armen Ball abfucken,
jeden Schlag versaun, ich kann's nicht mehr anschaun!
Voll krass, oh, Mann, weil der es nicht kann, bin ich jetzt dran. Yo!
Umzz. Umzz. Umzz. Umzz. Umzz. Umzz. Umzz.Umzz.

Yo fetter Macker, der Freddy, dieser Knacker,
zahlt grade mal 'nen Heiermann,
für den man sich nichts kaufen kann,
Yo fetter Macker, Freddy, alter Knacker,
Golf ist so bescheuert, vollkommen überteuert,
X-Golf ist die Strategie, cooles Golf für das Genie;
ein krasses magic Seven, kann Euer Caddie treffen,
die magic Seven in der Hand, natural born, und stets verkannt
bin ich der coole Caddie, und der Alte, der heißt Freddy,
yo fetter Macker, Freddy, alter Knacker,
Voll krass, oh, Mann, weil der es nicht kann, bin ich jetzt dran. Yo!
Mach mich nicht an, alter Mann. Yo!
Weil ich sonst für nichts garantieren kann.
Umzz. Umzz. Umzz. Umzz. Umzz. Umzz. Umzz.

Anderntags rief ich im Verlag an, um meinem Redakteur den Caddie-Rap vorzutragen. Ich sang an der Rezeption ins Telefon und simulierte den Beat so nebenher mit dem Mund: umzz umzz, umzz umzz ... yo umzz umzz.

    Also, ehrlich gesagt: Ich fand es total klasse. Er eher weniger.

    Frau Nüsken bat mich auch, für solche Gespräche das nächste Mal die Telefonzelle im Ort zu nehmen. Der Redakteur schrieb mir dann, dass der Verlag nicht plane, Rap-Produktionen in das Golfprogramm aufzunehmen.

Buchkonzepte

 Es war Ende der zweiten Woche, als ich erstmals auf Ludmilla warten musste. Als sie kam, schien sie erschöpft zu sein. Sie versuchte zu lächeln, aber ich spürte, dass sie Stress hatte.

Heute gab es keinen Tee. Sie bot mir meinen Platz an und ließ sich in ihren Sessel fallen. Sie trug einen flauschigen, hellen Mohairpulli.

»Ufff«, sagte sie.

»Na, wie geht es uns heute?«, fragte ich, um sie aufzumuntern.

»Es war ein langer Tag.«

»Dann werde ich mich heute mal kurz fassen.«

»Da bin ich aber gespannt.« Sie lächelte etwas bemüht. »Was ist bei Ihnen im Moment Thema? Schließen Sie die Augen und erzählen Sie, was Ihnen einfällt.«

Wir gingen beide auf Startposition.

»Ich fühle mich hier sehr wohl. Ich schlafe mittlerweile sehr gut und habe derzeit keine Angstzustände mehr. Im Moment beschäftigt mich mein Buch. Ich hänge fest. Ich hatte Ihnen schon von mehreren Konzepten erzählt. Nachdem ich hier so viel über Ernährung gelernt habe, dachte ich an ein Handbuch für Golfsingles mit großem Rezeptteil. Das war mir dann aber doch zu trivial. Außerdem hatte ich schon immer vor, einen Roman zu schreiben, der von Eifersucht, Leidenschaft und Golf handelt. Eine Liebesgeschichte, die auf dem Golfplatz spielt. Ein Drama aus der Welt der Hochfinanz, des Adels und englischer Dekadenz. Die Geschichte beginnt damit, dass der 7. Earl von Cunningham, Hochgradfreimaurer und Mitglied des Bilderbergkreises, auf der Schlosstreppe über seinen Niblick[18] stolpert und geradewegs in den Porsche fällt, in dem die Vermögensvernichter einer deutschen Großbank die geheimen Unterlagen vom verborgenen Nazi-Goldschatz der Lady Ashton Lilly Gwenlithwine aus Strathpeffer versteckt haben. Er bricht sich dabei das Genick, aber schon im nächsten Kapitel konnte ich nur noch seine Hunde angemessen unterbringen, bevor mir die Luft ausging, wenn wir mal von jener Szene absehen, in der ein alter Butler namens Willis versucht, das Beweisstück, einen Golfball, zu schlucken, um seinen Herrn

---

18 Ehemaliger Name für ein Eisen 9.

vor einer Mordanklage zu schützen. Außerdem war ich vollkommen fasziniert davon, wie Fachleute von Reputation Vermögen verschwinden lassen können, worauf ich das Thema Golf vollkommen vergaß. Dieses Verschwindenlassen erinnerte mich an eine andere Buchidee, an der ich früher schon mal dran war: ›Zauberhaftes Golf‹, das Handbuch zum grünen Weg der Golfmagie.

Sie müssen wissen, dass zum Beispiel ›magischer Moment‹ eine häufig benutzte Metapher im Zusammenhang mit Golf ist. In keiner anderen Sportart gibt es so viele Beschreibungen von ›magischen Momenten‹, ›Ballmagiern‹, ›zauberhaften Spielen‹ und ›wundersamen Begebenheiten‹ wie im Golfsport. Dabei meint man glückliche Zufälle. Oder das besondere Können von Meisterspielern, die es nach jahrelangem Training geschafft haben, einen Bewegungsablauf so leicht und mühelos erscheinen zu lassen, dass er wie Zauberei wirkt. Zwei Dinge fallen mir ein, die nach wie vor von einem Zauber umwoben sind, mystisch, unerklärt und voller Geheimnisse: Wie man von seiner Hausbank einen Kredit bekommt, wenn man ihn braucht und wie man beim Golfen zaubert. Ich besuchte eine ältere Dame vom Fach und sie brachte mir bei, wie man ›Schwurrdiburr‹ intoniert. Kennen Sie Schwurrdiburr? Schwurrdiburr ist ein Zauberwort. Kann man immer einsetzen, wenn jemand auf der Puttlinie rumsteht, etwas schneller gehen oder jemand verschwinden soll. Tja, und dann passierte ein kleiner Unfall. Ich will das nicht ausführen, aber ich musste dem Club versprechen, dafür zwei neue Mitglieder anzuwerben und die Finger von der Zauberei zu lassen. Also ließ ich das Zauberbuch liegen.

Gestern kam ich auf die Idee, meinen Roman in die Münchner Gesellschaft zu verlegen. Die Geschichte erzählt von einem hübschen, jungen Ding, das sich am grimmigen Türsteher vorbei in die Nobeldisco windet, um nach einer langen, trunkenen Nacht im Gästezimmer eines herrschaftlichen Hauses zu erwachen. Ein diskreter Diener legt ihr Morgenmantel und Pantoffeln vor und bittet zum Frühstück. Der junge Herr sei noch bei den Pferden. Aschenputtel rollt die Augen vor Glück und verschwindet im Bad, um sich alle herumstehenden Fläschchen auf einmal in die Wanne zu kippen und hofft inständig, nicht so schnell aus dem Traum zu erwachen.

Der Rest ist schnell erzählt. Er ist bei Tageslicht viel älter, als sie in Erinnerung hatte, aber Liebe macht bekanntlich blind. Ja, er hat es mit

Pferden, aber seine noch größere Lust gilt dem Golfsport. Die beiden heiraten und bald stellt sich heraus, dass das viele Geld nicht dazu da ist, dass man es ausgibt. Er trägt kleine englische Karomuster auf weißgrundigem Hemd und erwartet von seiner Frau, dass sie nachstopft, wenn das Button-Down-Loch ausreißt. Weil sie das nicht kann, gibt es Szenen. Mama, die ohnehin das Sagen hat, knöpft sich die Hemden vor und macht ihrem kleinen Liebling klar, dass er mit unserer tragischen Heldin keine gute Wahl getroffen hat.

Schon nach einer kurzen Zeit sind gemeinsame Lustspiele Vergangenheit und er wendet sich von seiner jungen Frau ab und seinen Pferden zu, wenn er nicht im Golfclub Hof hält.

Jetzt sitzt sie in ihrem goldenen Käfig, die Ärmste, bis ihr Blattgold zu bröckeln beginnt und sie selbst Patina ansetzt. Doch eines Tages geht sie mit zum Golfclub und lernt dort einen jungen, blonden Pro mit blauen Augen kennen. Hansi heißt er. Die beiden verlieben sich unsterblich. Es darf nicht sein, aber die Lust ist stärker und ein Kind der Sünde ist im Anmarsch. Der Ehemann ist glücklich über den Stammhalter, aber Mama ahnt etwas, intrigiert und Hansi muss nach Österreich fliehen, wo er Schlagersänger wird.

Jetzt wollte ich die ganze Münchner Schickeria mit ihren Exzessen und Abszessen zwischen Kitzbühel und München hin- und herfahren lassen, aber dann fand ich das Ganze ziemlich langweilig und war mir nicht sicher ... Ludmilla ... äh, Frau Dr. Zeisig ... hallo?«

Ludmilla war fest eingeschlafen. Ich widerstand der Versuchung, sie zu küssen und ging leise aus dem Raum.

Die Welt kippt

In der Nacht hatte ich meinen üblichen Alptraum, aber mit dem Unterschied, dass ich zum Schluss nicht in die Hose machte, sondern abschlug und den Ball gut traf. Ich dachte, das sei ein gutes Zeichen dafür, dass die Therapie anschlüge, aber am Morgen traktierte mich ein Drehschwindel. Ich habe dieses Kippen der Welt erstmals erlebt, als sich Ho Lin Wan ankündigte. Danach hatte es sich beruhigt. Jetzt war mir schlecht, weil ich mich auch im aufrechten Zustand fühlte, wie auf einer Kutterfahrt nach Helgoland. Es gibt verschiedene Theorien für den Dreh- und Lagerungsschwindel. Ich vermutete, dass ein Alien-Ei in meinem Kopf rumeierte. Bei der Morgenrasur wurde mir schlagartig bewusst, dass mein Kopf ein Alien-Ei ist, das auf seinem Wirtskörper balanciert. In diesem Zustand des Entsetzens ging ich zum Frühstück in den Speisesaal und entdeckte, dass überall Alien-Eier auf der Suche nach Nahrung am Büffet standen. Paranoia überkam mich: War die Lichtheimat-Klinik eine Pflegeanstalt für Außerirdische? Die Damen am Tisch meinten, das sei Quatsch. Aber Mittags, als Frau Berger aus der Therme von Bad Berzich zurückkam, gab sie mir Recht. Sie hätte die unglaublichsten Mutanten gesehen, die ihre Wirtsorganismen im warmen Wasser suhlten. Frau Berger behauptete steif und fest, dass ein Alien aus der Badekappe einer Frau geschlüpft wäre!

Am Abend saß ich wie immer im Flur und wartete auf meine Göttin. Flott, aber keinesfalls hastig, kam sie um die Ecke.

»Na, ausgeschlafen? Ich bin ja vollkommen überrascht, Sie hier so früh zu sehen«, frotzelte ich.

Sie blieb vor meinem Stuhl stehen, holte den Schlüssel aus ihrer Handtasche und sagte: »Jetzt, wo Sie es sagen, fällt es mir ein. Ich habe sehr merkwürdig geträumt. Ich lag in einem Strandkorb und eine Welle von Worten spülte mich ins Meer. Dann weiß ich nichts mehr, bis ich in der Nacht erwachte. Wo waren Sie?«

»Ich war die Welle und bin davongeschwommen«, sagte ich gespielt mürrisch.

Ich erzählte Ludmilla von meinem Drehschwindel.

»Fühlen Sie den im Stehen oder im Liegen?«

»Im Bett, als ich mich drehte. Ich wusste plötzlich nicht mehr, wo oben oder unten ist. Die Welt kippte förmlich. Ich hatte das vor Jahren schon mal erlebt. Beim Gehen ist mir leicht schwindelig.«

»Nicht die Welt kippt, sondern Ihre Sicht der Welt. Kennen Sie den Begriff ›die Welt anhalten‹?«

»Castaneda?«

»Richtig. Ihre Welt ist ins Eiern gekommen«, sagte sie. »Ganz normal. Stellen Sie sich vor, Ihr ständiger Gedankenstrom würde ein Rad antreiben, das frei balancierend in eine Richtung rollt. Solange das Rad Schwung hat, zum Beispiel durch Ihre Gedanken und weil es bergab geht, dreht es sich immer schneller, bis es eiert, über die Klippen springt und in den Abgrund stürzt. Wenn wir diesen Prozess aufhalten, zum Beispiel durch Atmen und Bewusstmachen, verlangsamt sich das Rad, bevor es zum Abgrund kommt.

Der Schwung wird geringer, das Rad fängt an zu eiern und fällt schließlich um. Ihre Welt kippt. Wo ist oben und wo ist unten? Sie verlieren jede Orientierung. Der Drehschwindel zeigt Ihnen, wo Sie stehen. Die gute Nachricht dabei ist, dass die Raserei Richtung Abgrund gestoppt wurde. Es wird Ihnen bald besser gehen.«

»Wenn ich dieses Übermaß an Gedankenenergie habe, zum Beispiel wenn ich nicht schlafen kann oder bei einem Turnier, was mache ich dann? Schäfchen zählen hilft nicht.«

»Kennen Sie die Übung, bei der Sie dunkle, trübe und beängstigende Gedanken als dunkle Wolke ausatmen und Wunschverstellungen und Licht einatmen?«

Ich nickte. »Dieser Tibeter-Trick? Kenne ich. Funktioniert bei mir aber manchmal nicht.«

»Dann dehnen Sie sich aus!«

»Wie das?«

»Eine gute Übung zum Einschlafen. Sie stellen sich vor, Sie wären ein Ballon, der sich selbst aufbläst. Mit jedem Einatmen wachsen Sie gleichzeitig in jede Richtung. Alles in Ihnen dehnt sich aus. Manchmal braucht es nur wenige Atemzüge und Sie sind eingeschlafen.«

»Ich werde es probieren. Aber was mache ich, wenn ich in einer Situation sehr aufgeregt bin?«

»Haben Sie Ihren Gedankenstrom schon mal in die Erde entlassen? Das geht fast immer, wenn Sie irgendwo in angespannter Haltung stehen. Sie stellen sich vor, dass Spannung und überflüssige Gedankenenergie auf der Außenseite der Beine durch die Füße hinab in die Erde fließen. Um den Yin-Yang-Ausgleich herzustellen, lassen Sie gleichzeitig geerdete Kraft auf der Innenseite ihrer Beine in den Körper fließen.«

»Könnte ich das in der Stellung *Den Baum umarmen* üben?

»Ja, aber ich empfehle die Übung von Huo Long *Mensch und Himmel sind eins*. Stehen Sie mal auf.«

Wir stellten uns gegenüber und sie ließ die Arme herab.

»Wir trennen Yin und Yang, indem wir mit den Füßen nebeneinander aufrecht und entspannt stehen. Dabei atmen wir ruhig und gleichmäßig. Wenn Sie sich ganz gelöst und bereit für die Übung fühlen, verlagern Sie Ihr Gewicht beim nächsten Ausatmen auf die rechte Seite, öffnen die Hüften und stellen den linken Fuß etwa schulterweit aus. Wir atmen weiterhin ruhig und gleichmäßig.«

Ich folgte ihrer Bewegung.

»Einatmen: Heben Sie die Arme zur Seite bis Schulterhöhe. Dabei die Handflächen (Punkt Laogong) mit der Erde verbunden fühlen und beim Heben die Luft als einen leichten Widerstand empfinden.

Ausatmen: Sinken Sie etwas in die Knie, entspannen die Arme und schieben die Handflächen nach außen. Fingerspitzen weisen nach oben.

Einatmen: Heben Sie die Arme weiter bis hoch über den Kopf. Fingerspitzen zueinander, Handflächen nach oben, die Hände über dem Punkt Baihui, dem Scheitelpunkt. Der Körper wird dabei leicht gestreckt.

Ausatmen: Sie drehen die Hände und führen sie mit den Handflächen nach unten, vor dem Kopf nach unten drückend, bis in Höhe der Augenbrauen (oberes Dantian).

Dort verweilend einatmen.

Ausatmen: Führen Sie die Hände weiter nach unten bis zur Brustmitte (mittleres Dantian).

Dort verweilend einatmen.

Ausatmen: Führen Sie die Hände weiter nach unten bis zum Unterbauch (unteres Dantian).«

Wir führten die Übung mehrfach durch. Dann ließen wir die Arme sinken, ließen die Hände auf dem Unterbauch kreisen, um die Energie zu sammeln, stellten die Füße zusammen und setzten uns wieder.

»Diese Übung machen Sie möglichst zwei Mal täglich. Sie können sich von Herrn Mandler gerne den Gymnastikraum zeigen lassen, um Qigong zu üben.«

»Gut«, sagte ich, »aber diese Übung kann ich schlecht auf dem Abschlag machen. Was gibt es denn für einen Trick, um die unmittelbare Verspannung der Arme und Hände vor dem Schlagen des Balles zu lockern?«

Ludmilla schaute mich argwöhnisch an. »Kann es sein, dass Sie Pläne haben, von denen ich nichts weiß? Aber ich will es Ihnen sagen, auch wenn ich langsam misstrauisch werde. Machen Sie diese Gruppe ›Muskelentspannung nach Jacobson‹ mit?‹

Ich nickte.

»Da lernen Sie den Trick, den Sie suchen. Ganz egal in welcher Situation Sie eine Überanspannung Ihrer Muskeln vermeiden wollen, ich formuliere das jetzt mal allgemein, können Sie mit Jacobson arbeiten. Sie müssen ausprobieren, ob es Ihnen ausreicht, nur die Hand und Armmuskulatur anzuspannen oder ob Sie besser den ganzen Körper anspannen. Jedenfalls führt die sekundenlange fast krampfartige Überanspannung der gewünschten Muskeln und das plötzliche Loslassen zu einem starken Entspannungseffekt. Sie sollten es nur nicht übertreiben und in spastische Zuckungen verfallen.«

»Aha.«

Ich dachte eine Weile nach.

»Und wenn das alles nicht funktioniert?«

»Dann nehmen Sie eine Tablette!«

Ich muss sehr blöd geschaut haben. Ludmilla lachte schallend los.

»Warten Sie, ich gebe Ihnen eine Tablette, für alle Fälle.«

Sie ging zu ihrem Bücherregal, nahm einen kleinen Stein aus einer Schale, hielt ihn einen Moment schweigend in der Hand, dann gab sie ihn mir. »Nehmen Sie den Stein in die Hand, wenn Sie unruhig sind. Sonst tragen Sie ihn einfach in der Hosentasche. Höchst unwissenschaftlich, aber effektiv. Erzählen Sie mir bei Gelegenheit, was Sie spüren, wenn Sie sich auf den Stein konzentrieren.«

Der Stein war klein und flach, kaum größer als ein spatelförmiger, großer Daumennagel mit feinen, gelbbraunen Streifen.

»Eine Schalenblende. Hilft bei großen Veränderungen im Leben.«

»Danke«. Ich steckte den Stein weg. Erst später konnte ich mich so richtig freuen. Sie hatte mir etwas geschenkt!

Der Turm

Am nächsten Vormittag fragte ich Herrn Mandler nach dem Raum, in dem ich Qigong üben könnte. Ich solle den Gymnastikraum II im Turm nehmen. Da hätte ich meine Ruhe.

Ich musste eine Weile suchen, bis ich auf der Erdgeschossebene einen fast runden Raum im rechten Seitenturm des alten Gemäuers fand. Das helle, frisch abgeschliffene Naturholzparkett roch sehr gut und verbreitete heimelige Atmosphäre. An der Türseite war ein großer Wandspiegel. In die dicke Mauer waren hohe Lichtfenster eingebaut, durch die man das Grün der Bäume sah und die Sonne, die hervorblitzte.

Einige Isomatten lagen auf einem Stapel, ein paar große Bälle und Gymnastikstangen. Hey, dachte ich, Gymnastikstangen! Ich nahm eine, stellte mich vor den Spiegel und dehnte mich in den Rückschwung. Ideal. Wenn ich die verglaste Tür öffnete, konnte ich mich in der Spiegelung auch von der Seite betrachten. Das war, was ich gesucht hatte. Der Raum sei okay, teilte ich Herrn Mandler später mit. »Was ich noch bräuchte, wäre ein leichtes Gewicht, wie es Jogger benutzen und ein starkes Klebeband.«

»Wofür denn das?«

»Im Qigong arbeitet man mit sehr leichten Gewichten, die unter dem Hara am Gürtel verklebt werden, um die zentripedale Energie nach unten zu bringen. Manche Taomeister befestigen sich die Gewichte auch direkt am Hoden, wovon ich hier aber absehen möchte.«

Mandler wunderte sich. Nein, was es nicht alles gäbe, stöhnte er. Er habe davon schon viel gehört, er könne aber nicht alles anbieten und das Tape und die Gewichte würde ich im Wandschrank finden.

Da lag tatsächlich, was ich brauchte. Ich verschwand in meinem Turm und klebte eines dieser Gewichtbänder an einer Gymnastikstange fest. Jetzt hatte ich ein Golfschlägertrainingsgerät, wie es Hervey Penick und andere Golfmeister für das Trockentraining empfahlen. Damit ließ sich gut arbeiten: Schwung, Muskelaufbau, Haltung.

Zuerst übte ich *Mensch und Himmel sind eins*. Als ich mich so richtig schön eins fühlte, nahm ich meinen Stecken und begann zu schwingen. Was tat das gut! Das Gefühl, endlich wieder zu schwingen, war ein Genuss. Langsam, bis in die Endposition. Ich stand vor der weißen

Wand, auf der allmählich immer deutlicher ein breites Fairway entstand. Ich ging in meine Ansprechposition, fühlte Mensch und Himmel als eins und zog durch. Der Ball flog in einem herrlichen Draw ins Tal hinab. Langsam ging ich vom Abschlag über die Wiese. Ich spürte jeden Schritt im weichen Gras, als würde ich barfuß gehen. Als ich an meinem Ball ankam, sah ich, dass er in einem Divot lag. »Wer, bitte schön, hat auf diesem Platz schon ein Divot geschlagen?«, dachte ich. Ich zuckte die Schultern, hielt Mensch und Himmel zusammen, spielte den Ball etwas mehr vom rechten Fuß und das Ergebnis war ein flacher Fade, der wohlplatziert auf dem höhergelegenen Grün aufkam und ein Stück hinter der Fahne ausrollte. Das Grün war sehr gut gepflegt. Ich schlug meinen Putt nur leicht an und der Ball rollte davon. Leider verpasste er das Loch und blieb etwa 20 cm dahinter liegen. Meine kritische Länge. Mensch und Himmel sind eins, dachte ich mir und versuchte in meinen Bauch zu atmen. Mit der linken Hand führte ich den Putter durch den Ball, der in dem Moment fiel, als der Essensgong ertönte. Ich legte mein Gerät auf einen Mauersims und schloss den Raum. So ein Par 4 macht richtig Appetit!

Wochenende

Nach dem Mittagessen saß ich auf der Terrasse der Cafeteria, als Ludmilla auftauchte.

»Ich war zu spät, um Sie im Speisesaal zu treffen. Ich wollte Sie etwas fragen, sofern ich Ihnen etwas Gesellschaft leisten darf.«

»Wenn sich das ärztliche Personal mit Patienten einlassen darf«, frotzelte ich.

Sie stellte ihren Milchkaffee ab und setzte sich zu mir.

»Natürlich erhalten Sie entsprechend Ihrer Kur bestimmte Behandlungen und ich bin offiziell Ihre betreuende Ärztin. Aber wir haben eine Abmachung, die auch der Klinikleitung bekannt ist, nach der Sie hier in beratender Funktion kooperieren. Das ist natürlich nur durch das Forschungsprogramm möglich. Es widerspricht also weder der Hausordnung noch meinem Begriff von ärztlicher Ethik, wenn ich mich zu

Ihnen setze und mit Ihnen Kaffee trinke, solange Sie mich hier nicht so anstarren, wie Sie das bisweilen in meinem Büro tun.«

»Wie, ich starre Sie an?«

»Natürlich. Meinen Sie, ich merke das nicht?«

»Sie werden doch einem alten Mann nicht verwehren, die Iris zu weiten, wenn die Natur in schönster Ausprägung durch seinen grauen Star schimmert. Es sollte Sie freuen, wenn ich endlich wieder gesunde Reaktionen zeige, anstatt depressiv darüber nachzusinnen, wo Arno meine Schläger versteckt haben könnte. Schwester Annika würde sich freuen, wenn ich sie anstarren würde.«

»Sind Sie sicher?« Sie lachte so laut, dass die Gäste an den anderen Tischen herüberschauten. Sollten sie doch gucken.

Ich flüsterte: »Es tut mir gut, dass Sie sich zu mir setzen. Sie sind hier sozusagen *das Statussymbol*. Das wird mein Image heben. Ich werde jetzt mit Respekt behandelt werden.«

»Wie? Werden Sie nicht mit Respekt behandelt?«

»Nun, es könnte mehr sein. Schauen Sie jetzt nicht rüber, aber sehen Sie diese beiden jungen Glatzköpfe da drüben? Ich vermute mal ein Kredithai und ein Inkassoanwalt. Natürlich Privatpatienten. Jede Menge Schotter. Sie dürfen dazu nichts sagen, ich weiß. Aber das sind brutale Krauler, die mir das Leben im Schwimmbecken zur Hölle machen.«

»Wieso denn das?« Sie schaute mich gespielt mitleidig an. »Was machen denn die beiden bösen, großen Jungen mit Ihnen?«

»Sie brauchen sich gar nicht über mich lustig zu machen. Erst mal blockieren sie mit ihrer Sporttasche die Bank vor meinem Spind, so dass ich nicht sitzen kann, um mir die Socken auszuziehen.«

»Oje!« Sie legte den Kopf schräg und schaute spöttisch.

»Ja«, fuhr ich fort, »und wenn ich schwimme, kraulen sie in meiner Bahn. Ich soll auf dem Rücken schwimmen, wegen der Lendenwirbel. Hab ich hinten die Augen? Nein. Die haben aber vorne Augen! Und was machen die? Sie rasen wie die Bekloppten die Bahn entlang, weichen erst im letzten Moment aus und einmal sind wir zusammengeknallt. Da hat sich die Pappnase aber nicht entschuldigt, sondern noch sauer geguckt. Also muss ich mich beim Schwimmen ständig umdrehen, um zu sehen, wann Haie kommen. Das macht mich nervös und mindert meine Lebensqualität sowie den Kurerfolg. Ich kann nur hoffen, dass Ihr Haus egomanische Kampfkrauler streng anfasst. Haben Sie keine geschlossene Abteilung, so mit Kaltwasserwannen, wie das früher in den Klapsen der Fall war?«

Sie hob die Braue. Ich merkte, dass mein Lamento jetzt im Grenzbereich angekommen war.

»Na gut, ich bin schon still. Was wollten Sie mich fragen?«

»Ich werde demnächst zu einer Tagung zum Thema Golfsucht fahren, die sich mit dem Konzept der Selbsthilfegruppen befasst. Je nach Ergebnis wäre es möglich, dass wir hier auch eine Selbsthilfegruppe gründen. Könnten Sie sich vorstellen, einen kurzen Vortrag zum Thema Golfsucht zu halten?«

»Warum nicht. Und wie arbeitet diese regionale Gruppe?«

»Das Konzept soll sich an dem Modell der früheren Patientenkollektive orientieren. In einer Art Selbstcoaching werden Lösungsansätze erarbeitet, welche die Patienten mit nach Hause nehmen, um dort eigene Gruppen zu bilden.«

»Aah, Release-Bewegung, 70er Jahre. Kenne ich. Wussten Sie, dass einige dieser Patienten dann zur RAF gegangen sind und die Botschaft in Stockholm besetzt hatten?« Ludmilla schaute mich ungläubig an.

»Ich glaube nicht, dass *anonyme Golfer* ein Aggressionspotential haben, das für terroristische Aktivitäten ausreicht.«

»Das sehe ich anders«, erwiderte ich, »nehmen Sie den Staatsterrorismus westlicher Prägung, Beispiel USA: Anonyme Alkoholiker aus dem Bibelgürtel werden aktive Golfer! Eine explosive Mischung! Aber gut, so schlimm wird es in Ihrer Gruppe hier nicht werden. Bis wann sollte ich den Vortrag fertig haben?«

»Ich werde für ein paar Tage verreisen. Ich denke, wir werden einen gemeinsamen Abend machen, weil der neu renovierte Saal eröffnet wird. Bis dahin werden auch mehr ›Golfer‹ hier sein.«

Sie machte eine Pause, trank einen Schluck Kaffee und fuhr fort:

»Wir werden uns heute Abend nicht treffen können, weil ich die Tagung vorbereiten muss. Aber wenn ich zurück bin, möchte ich mit Ihnen über ein paar Dinge reden, die Ihr Buch betreffen. Das habe ich nämlich fertiggelesen.«

»Gerne.«

»Leider muss ich jetzt los.«

»Schade, dass Sie schon gehen müssen. Bringen Sie mir etwas Schönes mit!«

»Bis Montag. Stay balanced.«

Wir standen auf und gaben uns die Hand. In meinem Tweedjackett und meinen Kordhosen fühlte ich mich in dieser herrlichen Umgebung wie in einer Rosamunde-Pilcher-Verfilmung. Wir reden auch schon so, dachte ich, fehlt nur noch das Einstecktuch.

Die Sonne verschwand hinter den alten Eichen, als die schöne Ärztin mit dem feinen Silberblick die rotbraune Mähne schüttelte, ihre Jacke über die Schulter schwang und mit langen Schritten zum Ausgang eilte. Ich blickte ihr nach. Auch die gierigen Blicke der beiden Kampfkrauler folgten ihr, was mich ärgerte. Aber sollte ich mich mit denen anlegen? Sollte ich um meine Ludmilla kämpfen? Ich könnte die beiden fordern. Strokeplay oder Matchplay? Darüber sann ich eine Weile nach. Nach einem zähen, langen Ringen würde ich auf der 18 mit einem Chip-in siegen und meine Ärztin in die Arme schließen. Meine Gedanken hingen wie drohende Schatten über dem Herrenhaus. Der alte Willis schlurfte über die Terrasse, um das Teegeschirr abzuräumen.

»Sieht nach Regen aus, Sir!«

»Scheußlicher Gedanke, Willis, wo der Tag doch so schön anfing.«

»Kann man sagen. Noch ein Wunsch, Sir?«

»Jetzt nicht, Willis. Ich nehme den Scotch nachher in der Bibliothek.«

Ich brachte das Tablett mit dem Geschirr zur Essensausgabe, wobei ich versuchte, das Bein etwas nachzuziehen, wie es der alte Willis machte, seit ihm im Burmakrieg ein Ghurka-Messer einen Muskel am Allerwertesten durchtrennt hatte.

Es war noch früh am Abend, als ich auf mein Zimmer ging. Ich zündete ein japanisches Räucherstäbchen an, damit sich irgendetwas in Luft auflösen würde.

Der Vollmond ging hinter dem Berg auf. Ich übte *Mensch und Himmel sind eins.*

Dann machte ich es mir in meiner Koje bequem und las noch ein Kapitel in Yaloms »Die rote Couch«. Das Buch beschreibt die Problematik sexueller Beziehungen zwischen Therapeut und Patient – schließlich musste ich meine Chancen ausloten. Ich hielt den Stein von Ludmilla in der Hand. Ruhe überkam mich. Ob es der Stein war, oder die Wasseranwendungen – jedenfalls war ich sehr müde. Ich legte das Buch weg und versuchte, mich auszudehnen. Das Letzte, was ich wahrnahm, war eine Amsel, die vor dem Fenster jodelte.

Ich verbrachte das Wochenende mit Lesen, Spaziergängen oder im Fitnessraum, und wenn mir nach Gesellschaft war, hörte ich dem Geratsche in der Cafeteria zu. Lieblingsthema: das eigene Leid und Operationen.

Zwei künstliche Kniegelenke tauschten ihre Erfahrungen aus. Der Verwaltungsbeamte aus Köln: »Wie lange das Titan wohl hält? 15 Jahre?«

Die Schwäbin: »Ha noi, so lang wohl net. Abr wie werdet die wohl den Zement nausbringa?«

Er: »Mit´m Sandstrahler?«

Ich hab es auch an den Knien, also mischte ich mich ein: »Meine Knie lasse ich mir erst machen, wenn die mich in eine Lösung stecken können, in der die Beine *nachwachsen*!«

»Hä, wie moinet Sie däss?«

»Na, das habe ich schon in einem Science-Fiction gesehen. Was sie im Film können, kriegen die zehn Jahre später auch in echt hin. Die Füße lasse ich mir dann schöner wachsen?«

»Ha, sie machet a Spässle?!"

Allgemeine Erleichterung.

»Aber des ganget ja heit so schnell, diese Operatione! Moi Operation hat grad a Stund' daueret!«

»Meine hat über vier Stunden gedauert«, erwiderte der Verwaltungsbeamte mit Leidensmine.

»Der Herr ist bei der Behörde«, erklärte ich der Schwäbin, »da dauert das länger!«

»So ischt des.« Sie nickte verständnisvoll. Der Herr war beleidigt.

Ich trollte mich.

Ho Lin Wan

Ludmilla war zurück. Sie sah toll aus. Hatte ich mich nach ihr gesehnt! War das nur ein Übertragungsphänomen, weil ich meinen kastanienfarbenen Persimmon vermisste und meine ganze Aufmerksamkeit deshalb auf das nächstbeste farblich passende Objekt warf, das Schönheit und Lustgewinn versprach?

»Wie war Ihre Tagung?«

»Es war sehr interessant. Ich habe auch einen Golflehrer kennengelernt, der mich bei meiner Arbeit unterstützen will.«

»Ach ja?« Ich war sofort eifersüchtig. »Wen denn?«

Sie nannte mir den Namen und mir wurde schlecht. Kein Wunder, dass der ihr helfen wollte. Seit ich ihn kannte, hatte er alles gebumst, was sich nicht schnell genug im Wasserhindernis eingrub. Er war ein Großmaul, der bei PGA-Turnieren kniff. Ein unsäglicher Dummschwätzer, der alten Damen steife Schäfte verkaufte, weil er sich an seiner Mutter rächen wollte. Er trank wie ein Loch, zahlte keine Alimente, verpennte Termine, hatte seit seiner Lehrzeit nichts dazugelernt und mancher Golflehrer wird sich jetzt fragen, ob ich über ihn schreibe. Aber nein, ich nenne keinen Namen!

»Ach der!«, sagte ich. »Klasse Typ. Großartiger Golfer. Absolut kompetent. Ist er jetzt trocken?«

Dazu sagte sie nichts.

»Auf meiner Tagung wurde mir bewusst, dass die Golfsucht mehr Leute betrifft, als ich gedacht hatte. Ich freue mich schon auf Ihre Ausführungen zu dem Thema.«

Nach einer Pause, in der wir gemeinsam in den Park schauten, fragte sie: »Wie geht es Ihnen?«

Ludmilla betrachtete mich mit dieser liebevollen Herzlichkeit, die ich seit unserer ersten Begegnung so sehr genoss. Ihr Interesse war geradezu rührend. Sie nahm ihre Aufgabe wirklich ernst. Wo gab es das noch.

»Ich habe Sie vermisst. Um mich abzulenken, habe ich darüber nachgedacht, ob Golf eine biochemische Reaktion auslösen kann, die der Körper nicht mehr missen möchte, ähnlich wie beim Joggen, wenn Glückshormone ausgeschüttet werden. Wird Golf nur in der Überdosis schädlich oder gibt es eine Schwelle, ab der ein Organismus ständig mehr von dem braucht, was Golf biochemisch auslöst, ähnlich wie bei Drogen oder Alkohol?«

Ludmilla schien zu überlegen, wie sie ihre Antwort verpacken könnte, damit ich sie verstehen würde.

»Glückshormone werden auch und gerade im Golf ausgelöst. Das Problem scheint darin zu liegen, dass man Golf bei steigender Dosis nicht automatisch besser spielt. Oft ist das Gegenteil der Fall. Die Glücksgefühle reduzieren sich in dem Maß, wie die Ansprüche an das eigene Spiel steigen. Dadurch, dass man Vergleiche anstellt und Erwartungen hat, wird der Frust immer größer. Der Traumschlag, der dann von Zeit zu Zeit gelingt, sorgt dafür, dass die Möhre weiter vor der Nase baumelt.«

»Könnte es sein, dass man tatsächlich eines Tages ein Golfvirus entdeckt?«

»So weit würde ich nicht gehen«, sagte sie lächelnd, »aber wer weiß.«

Ich ertappte mich, wie ich auf ihre langen Beine starrte. Heute trug sie Rock und Bluse. Elegant, wie eine Talkmasterin, verschränkte sie die Beine seitlich und brachte mein Bewusstsein durch eine Geste der Hand zurück. Am Gelenk trug sie ein kleine, goldene Uhr, die mir zuvor noch nicht aufgefallen war und sehr feminin wirkte.

»Dann wäre es doch ein gutes Zeichen, dass ich Sie vermisst habe? Das würde doch bedeuten, dass ich Antikörper gegen den Golfvirus bilde, wodurch ich meine emotionale Abhängigkeit vom Golf löse.«

»Damit Sie in eine neue emotionale Abhängigkeit gelangen? Möchten Sie das? An manchen Stellen in Ihrem Buch schreiben Sie so klar über die innere Balance. Wo ist die geblieben? Wir sollten uns der Frage zuwenden, was passiert ist. Was hat Sie aus der Balance geworfen, oder wie ich es ausdrücken würde: *Wann hat sich Ihr Schwerpunkt vom Hara zum Kopf verschoben?*«

Sie machte eine Pause, die mir Zeit gab, über ihre Frage nachzudenken. Dann fuhr sie fort:

»Heute möchte ich aber auf ein anderes Thema näher eingehen. Sie haben in Ihrem Buch eine merkwürdige Figur beschrieben, die ihnen erschienen ist, als sie mit Borreliose in der Klinik lagen. Haben Sie diesen chinesischen Mönch jemals wiedergesehen oder seine Stimme gehört?«

»Sie meinen Ho Lin Wan? Das ist kein Chinese. Er ist Tibeter!«

»Wie auch immer, haben Sie seine Stimme noch mal gehört?«

Das machte mich jetzt leicht ärgerlich.

»Verehrte Frau Dr. Zeisig, das Leiden des tibetischen Volkes unter der Knute eines chinesischen Regimes können wir nicht mit einem »*wie auch immer*« abtun! Selbst die deutsche Wirtschaft, die viel vom Tafelsilber unseres Landes an die Chinesen verschenkte, begreift langsam, dass diese Leute zu allem bereit sind und es nur eine Frage der Zeit ist, bis wir in Deutschland Frondienste leisten müssen, wie derzeit die Tibeter.«

Ludmilla blickte mich weiterhin freundlich an. Sie wusste, dass ich schnell zu erregen war – was aber nie lange anhielt. Ein Problem, das manche meiner Beziehungen jäh enden ließ.

»Und wann sind Sie ihm das letzte Mal begegnet?«

Wollte sie Ho Lin Wan als Phantasiegespinst entlarven? Offensichtlich war sie von ihm fasziniert, weil er mit mir sprach. Psychiater mögen Stimmen und überlegen sich stets, wie es wohl wäre, wenn man Stimmen hörte. Gleichzeitig wüssten sie dann, dass sie die eigene Borderline überschritten hätten, wenn man sie im Plausch mit dem Astralleib eines tibetischen Mönches erwischen würde. Offensichtlich war auch Ludmilla stimmgeil. Das brachte der Job so mit sich, dachte ich mir.

Ich setzte mich aufrecht, mein Gesicht wurde starr. Dann senkte ich den Blick und sagte leise: »Manchmal höre ich ihn noch, ganz in der Ferne. Ein leises Mahnen wie ein Wind, der wimmernd durch die Flure streift.«

Sie lauschte angespannt. Würde es sie erregen, wenn ich ihr ein paar Stimmen vormachen würde? Vielleicht hätte sie dann das Gefühl, dass unsere Arbeit in die Tiefe ginge. Ich saß sehr aufrecht, hatte die Lider fast geschlossen, brabbelte sehr leise vor mich hin und hoffte, dass sie jetzt auch in die Tiefe gehen würde. Ich hatte Glück. Ganz vorsichtig, um mich nicht in meiner Trance zu stören, rückte sie auf die vordere Kante ihres Sessels und beugte sich vor, um mit mir den leisen Stimmen zu lauschen, die wie unruhige Geister um ein altes Schloss strichen. Sie beugte sich noch weiter vor. Durch meine in Trance gesenkten Augenschlitze konnte ich endlich einen Blick auf ihren herrlichen, in weiße Spitze verpackten Busen werfen, der aus dem Ausschnitt der seidenen Bluse schimmerte. Jetzt konnte sie sicher sein, dass ich nicht über Putter, Golfschläger oder vermasselte Runden nachdachte. Mit einem Ruck wurde ich wach und lehnte mich zurück.

»Liebe Frau Dr. Zeisig«, sagte ich, »Sie haben wirklich alles, was eine Therapeutin braucht, um einen Patienten aus seinem Trauma zu führen«.

Kurz schien sie verunsichert, dann schnaubte sie: »Ich würde es nicht glauben, wenn ich es nicht erlebt hätte. Na gut. Wenn meine primären Geschlechtsmerkmale ein positiver Stimulus für Sie sind, werde ich das mal als Kompliment auffassen. Aber noch so einen Trick und es gibt jede Menge Ärger.«

Wir standen auf. Jetzt hielt ich den Kopf wirklich gesenkt. Sie legte mir den Arm um die Schulter, als wir zur Tür gingen.

»Ja, fühlen Sie sich jetzt ruhig ein bisschen schuldig. Sie brauchen das. Aber es ist okay. Schließlich war Ihr Versuch nicht ohne. Und jetzt raus mit Ihnen.«

Diese Frau war einfach klasse.

Der Mond schien hell in mein Zimmer. Es war zwar noch früh im Jahr, aber ich meinte, der Frühling würde seine ersten Boten senden, wie man so schön sagt. Vielleicht waren es auch nur schöne Grüße vom Ozonloch. Jedenfalls ging ein laues Lüftchen. Ich beschloss, noch einen Spaziergang zu machen. Der nette Herr Huber, der an der Nachtpforte saß, nickte mir zu.

»Na? Noch mal Luft schnappen? Ist ein herrlicher Abend, nicht wahr? Man meint, es wäre Frühling.«

»Ja, wirklich herrlich. Ich geh noch eine kleine Runde.«

Ich schlenderte in den Park und lief eine Weile herum. Am Ende des Geländes meinte ich zwischen den Bäumen ein Licht zu sehen. Die Seite, wo der Park der Klinik in den Kurpark des Ortes mündete, kannte ich. Aber an der Seite, an der ich mich jetzt befand, war ich noch nicht gewesen. Ich ging auf das kleine Licht zu. Der Mond war gerade hell genug, dass ich unter den alten Bäumen ein Sommerhaus sah, wie sie früher in großen Gärten angelegt wurden. Eine Art Teehaus, in dem man die Sommernachmittage verbringen konnte. Nur war dieses Haus hier nicht nach allen Seiten offen. Die Wände bestanden aus einer Art Holzgeflecht auf einer dünnen Wand. Das Licht drang durch den Spalt eines Vorhanges. Leise ging ich näher heran, stellte mich auf die Zehenspitzen und versuchte in den Spalt zu lugen. Ich sah einen fast leeren Raum. Auf einem Steinsockel stand eine Kerze, die Licht spendete.

Daneben, mit dem Rücken zu mir, saß Ludmilla sehr aufrecht in Meditationshaltung. Sie saß unbeweglich. Ich betrachtete sie eine Weile und versuchte dann, so leise wie möglich davonzuschleichen. Als ich um das Gartenhaus herumging, um zur anderen Seite des Parks zu gelangen, stand sie plötzlich vor mir. ZACK. Direkt vor mir.

»Huuu! Sie können einen aber erschrecken!« Mein Herz pochte. »Ich wollte Ihnen nicht nachspüren. Ich sah das Licht ... es tut mir leid, wenn ich Sie gestört habe. Es ist eine so schöne Nacht ...«

Sie stand nur da und schaute mich an. Dann änderte sich ihr Ausdruck. Sie hakte sich bei mir ein und sagte: »Sie haben nicht gestört. Kommen Sie, wir gehen zurück.«

Langsam liefen wir durch den Park. Mit Ludmilla im Mondlicht zu schlendern – mein Traum. Aber durch die Umstände war es mir jetzt unangenehm. Dachte sie, ich würde ihr nachspionieren? Um meine Anspannung zu lockern, versuchte ich, etwas Smalltalk zu machen:

»Mir fällt etwas ein, was ich Sie schon immer fragen wollte: Haben Sie selbst schon mal Golf gespielt? Ich meine, wie können Sie Golfer therapieren, wenn Sie keine Ahnung haben, wovon die reden?«

»Aber dafür habe ich doch Sie hier.«

Sie schubste mich kumpelhaft mit der Schulter.

»Meinen Sie, ich müsste erst stehlen lernen, um einem Kleptomanen zu helfen? Noch ein Frage?«

»Was treiben Sie eigentlich für einen Sport? Sie sehen so sportlich aus.«

»Oh, Sie meinen mein breites Kreuz? Als Jugendliche war ich Schwimmerin, später habe ich auch eine Weile gerudert, bis ich einen anderen Sport fand. Jetzt habe ich zu wenig Zeit, weshalb ich Yoga mache. Wenn Arno mich reinlässt, schwimme ich am späten Abend. Morgens versuche ich zu joggen, wenn ich keine frühen Termine habe. Mir ist sehr angenehm, dass es hier im Haus nicht so schrecklich früh losgeht wie in anderen Krankenhäusern.«

»Merkwürdig, ich wundere mich, dass ich Sie noch nie im Bad getroffen habe. Ich habe Arno bestochen und schwimme auch immer abends, weil ich dann in Ruhe auf dem Rücken schwimmen kann.«

»Ja, ich weiß«, lächelte sie listig. »Aber ich zahle Arno mehr, damit mir niemand in die Bahn kommt. Ich kraule.«

Wir waren an der Nachtpforte angekommen. Sie ließ mich verdutzt stehen, winkte mir kurz zu und verschwand durch eine Glastür in den für Mitarbeiter reservierten Bereich.

Tommy Armour

Vor dem Frühstück ging ich in meinen Gymnastikraum II. Auf dem Weg durch die Flure begegnete ich keinem Menschen. Der ganze Seitentrakt war vollkommen leer. In der Ikebana-Nische stand ein kleiner Strauß mit Tulpen und Osterglocken.

Im Turmzimmer lag mein Gymnastikstab mit dem angeklebten Gewicht auf dem Sims, wie ich ihn verlassen hatte. In diesem schönen Raum war ich richtig motiviert, neu anzufangen und begann mit den Qigong-Übungen, die ich früher jahrelang praktiziert hatte, um sie dann wieder zu vernachlässigen.

Ich massierte die Ohren und den Hals, dann wurde der Körper abgeklopft, um die Organe anzuregen. Der Seitenstretch, bei dem ich mich mit den Händen zur Decke dehnte, öffnet die Meridiane. Dann schüttelte ich die Füße aus und ließ die Fußgelenke kreisen, dann die Knie, das Becken und die Hüfte.

Die Übung *Himmel und Mensch* verebbte in einem sanften Schaukeln, in dem Erdenergie aufgenommen wird. Dann folgte die berühmte *Übung des inneren Lächelns*. Diese Übung ist zum Beispiel das Geheimnis erfolgreicher Telefonverkäufer, um nur einen praktischen Ansatz zu erwähnen. Dann wechselte ich in die *Haltung des Baums*. Wenn man aus dieser Stellung die Arme sinken lässt, ist man unmittelbar in der Ansprechposition für einen erfolgreichen Golfschlag. Diese Übungen kann man in jedem Qigong- oder Tao-Yoga-Workshop lernen, wobei dort natürlich viel mehr auf den Atem geachtet wird, als ich das hier beschreibe. Entscheidend ist, dass die Golf-Haltung mit der Basis im Unterbauch, den parallel stehenden Füssen und der leichten Gewichtsverlagerung nach vorne in einem Qigong-Kurs leberschonender gelernt werden kann, als zum Beispiel auf dem Rand eines Barhockers sitzend. Hier nimmt man die gleiche Haltung ein, aber sie verlagert sich, je nach Menge der Drinks, immer mehr unter den Barhocker.

Nachdem ich meine Übungen gemacht hatte, stellte ich mich vor die weiße Wand, nahm meinen Schläger und begann, mich einzuschwingen. Dann sah ich Palmen und dahinter das Meer.

Trotz der Morgenfrühe war es schon ziemlich heiß. Die Palmen bewegten sich im Wind, der von der See her kam und zum Mittag etwas Kühlung bringen würde. Tommy Armour, *the silver Scot*, saß in einem Regiestuhl unter einem großen, hellen Sonnenschirm. Auf dem Tisch neben ihm stand sein Tee, den er zur Lunchzeit durch einen Drink ersetzen würde. So war das, seit er 1935 im Boca Raton Golf Club begonnen hatte, einem exklusiven Klientel von Suchenden Stunden zu geben – oder sagen wir lieber, Lektionen zu erteilen –, die er für den damals überaus stattlichen Betrag von 50 Dollar in bisweilen süffisante, aber meist sehr hilfreiche Bemerkungen zu kleiden pflegte. Ich begann, die 18 Bälle zu schlagen, nach denen er gewöhnlich die erste Analyse eines Schwungs kundtat, um dann gegebenenfalls weitere 18 Schläge zu betrachten, bei denen man tunlichst bemüht sein sollte, die Fehler zu vermeiden, die in der ersten Betrachtung des Altmeisters Erwähnung fanden.

Mit meinem Mashie[19] schlug ich, sehr langsam und konzentriert, Ball für Ball. Der brave Willis stand in 163 Yards Entfernung und fing, mit einem Baumwolllappen in der Hand, die Bälle auf. Ich war froh, dass ich Willis nach Übersee mitgenommen hatte. Zum einen war die Schiffspassage durch seine persönliche Betreuung wesentlich angenehmer als durch einen Steward, zum anderen wusste ich, dass ich ihm, der auch nicht mehr der Jüngste war, eine große Freude damit gemacht hatte, dass wir seinen alten Jugendfreund aus Schottland besuchten.

Wie sich herausstellte, war Willis tatsächlich die Eintrittskarte, die ich brauchte, denn *the silver Scot* war auf Wochen ausgebucht. Nur auf Willis' Bitte hin war er bereit, noch vor seiner ersten Lehrstunde eine Sonderschicht einzulegen. Nachdem ich meine 18 Bälle geschlagen hatte, ging ich zurück zum Sonnenschirm, wo der Meister mit seinen scharfen Falkenaugen jede meiner Bewegungen observiert hatte. Ich setzte mich und wartete, bis Willis mit den Bällen herbeikam. Er verschnaufte kurz, um dann Tee nachzuschenken.

»Danke, Willis.«

---

19 Traditioneller Name, entspricht etwa einem Eisen 6.

»Herrlicher Morgen, Sir«
»Darum sind wir hier.«

Mr. Armour schaute in die Ferne. Seine dunklen Brauen standen wie schwarze Balken in seinem Gesicht.

»Als mir Hagen damals diesen Job in Westchester besorgte, schrieb ich eine Karte an Willis«, sagte er zu mir. »Er schickte mir daraufhin eine Schachtel Short Bread aus meiner Lieblingsbäckerei in Edinburgh. Ich erzähle Ihnen das, damit Sie wissen, warum ich bereit war, mir 18 Ihrer Schläge anzusehen. Ihre Präzision mit dem Mashie ist ordentlich. Alles andere hätte Willis umgebracht. Aber ich möchte noch mal ein paar Schläge mit dem Baffler sehen, bevor ich mir ein Urteil erlaube.«

Seine Stimme war tief und kehlig. Er sprach diesen schottischen Akzent, den ich so sehr mochte. Mein Faible für die schottische Golftradition hatte letztendlich dazu geführt, dass ich meine Geschäfte in die Gegend um St. Andrews verlagert hatte. Bei dem Essen, das man dort bekam, blieb man schlank und bei dem Golf, dass man dort spielen konnte, ruhte die Seele in der Mitte des Seins.

Der Grund, warum ich Hilfe bei Armour suchte, war nur eine ganz feine Irritation, die ich sowohl im Rückschwung als auch im Durchschwung verspürte. Es war nicht der Anlass unserer langen Reise, aber wenn ich schon die Gelegenheit zu einer Golfstunde beim Meister hatte, gedachte ich das Problem beim Schopf zu packen.

Ich ging zurück zum Abschlag, wo Willis die Bälle fein säuberlich abgelegt hatte. Ich nahm mein Alex-Mitchell-Holz 4, während Willis das Weite suchte. Er kannte meine Distanz, die mit diesem Schläger bei 190 bis 200 Yards lag. Ich adressierte den Ball, schwang leicht mit hohem Finish und er segelte davon. Ich spürte, wie die Schlagfläche im Treffmoment leicht geöffnet stand. Willis musste ein paar Meter zum Ball schlurfen, was ihm gut tun würde. In letzter Zeit hatte ich bei ihm eine leichte Gewichtszunahme registriert. Nur ungern wäre ich dazu bereit, aber als sein Arbeitgeber verpflichtet gewesen, seine Garderobe so umarbeiten zulassen, dass er darin nicht ersticken würde.

Dann schlug ich weitere Bälle, die präziser landeten. Ich konnte nicht anders. Mir schien die Stunde zu kostbar, als dass ich, um Willis eine Diät zu verpassen, angefangen hätte, mein Ziel zu verfehlen.

»Das reicht.« Tommy Armour hielt die Arme vor der Brust verschränkt, blinzelte unter seinen Falkenbrauen herüber und deutete mit einem Nicken seines Kopfes an, zu ihm zu kommen. Langsam trat ich heran, wobei ich mir Gedanken machte, was er wohl in meinem Schwung gesehen haben könnte. Als ich vor ihm stand, bedeutete er mir, mich seitlich zu stellen, um den Schwungablauf in Zeitlupe auszuführen, wie in einer Pantomime. Als ich nach dem Treffmoment gerade dabei war, die Arme zum Durchschwung zu heben, sagte er: »HALT! So bleiben.«

Ich versuchte, erstarrt zu stehen.

»Spüren Sie jetzt eine gewisse Spannung?« Ich nickte.

»Wo?«

»In den Armen, in den Schulter, in der Drehung des Oberkörpers ...«

»Das ist normal für einen steifen, alten Bock. Das meine ich nicht. Fühlen Sie in sich rein. Wo klemmt es? Wo bleiben Sie in sich hängen?«

So sehr ich mich bemühte, in mich hineinzuspüren, es war mir nicht erfahrbar, was er meinte, was ich hätte fühlen können. Meinte er etwa ... das konnte doch nicht sein. Er schien zu spüren, wo meine Gedanken hin gingen.«

»Genau«, sagte er. »Sind Sie Rechtsträger oder Linksträger?«

Vollkommen konsterniert schaute ich ihn an, worauf er in ein donnerndes Lachen ausbrach. Willis, der mittlerweile herangekommen war, versuchte Contenance zu wahren. Ich spürte hinab in jene Region, die mir bislang für den Golfschwung am unerheblichsten erschienen war.

»Ich denke, links, Mr. Armour.«

»Sehen Sie. Und das behindert im Durchschwung. Selbst wenn es sich nur um eine geringfügige ...« Er konnte nicht weiterreden. Armour und mein treuer Willis hatten Tränen in den Augen und hielten sich den Bauch vor Lachen. Durch die vielen Golfrunden in Schottland war ich mit den Grobheiten der Eingeborenen durchaus vertraut. Aber es schien mir befremdlich, dass ein weltbekannter Golflehrer und mein eigener Butler mein Gemächt in einem atavistischen Rückfall schottischer Derbheit zur Zielscheibe ihres Spotts machten.

»Nun denn«, sagte Amour, nach Luft schnappend. »Nichts für ungut. Willis, zeige ihm bei Gelegenheit, wie man in Indien den Longurti bindet. Dann wird seinem Schwung nichts mehr im Weg hängen.« Wieder brüllten die beiden los, bis mir Armour die Hand entgegenstreckte, die ich gerne annahm. »Entschuldigen Sie mich jetzt«, sagte er zu mir.

»Es war mir eine Freude, mit Ihnen zu arbeiten, Mr. Armour«, sagte ich. Auch von Willis verabschiedete er sich per Handschlag. Wir gingen zum Hotel zurück.

»Verzeihen Sie, Sir, aber ich ...«

»Schon gut, Willis, ich verstehe, das Blut war stärker.«

»Trotzdem, eine große Ehre, Sir. Mr. Armour empfängt nicht jeden und er lacht mit keinem seiner Schüler! Nicht für 50 Dollar!«

»Das ist mir schon klar, Willis. Das haben Sie gut gemacht. Was ist ein Longurti?« Wir gingen zum Hotel zurück, während mir Willis erklärte, wie die indische Schambinde anzubringen sei.

Der Gong ertönte und ich stand vor einer weißen Wand. In meinen Händen hielt ich den Gymnastikstab mit dem Gewicht. Als ich den Raum verließ, knirschte es unter meinen Füßen. Ich hob meine Schuhe an und entdeckte Spuren von Sand.

Unter der Zirkuskuppel

Ich fühlte mich verunsichert, als ich am Abend zu meinem Termin mit Ludmilla ging. Sollte ich das Geschehene von gestern Nacht ansprechen? Sie kam, schloss den Raum auf und strahlte mich an, als wäre nichts gewesen. Ich nahm Platz.

»Wissen Sie was?«, sagte sie beiläufig, als sie den Tee einschenkte.

»Nein?« Ich schaute sie fragend an.

»Ich mag es, wenn Sie mir Ihre Geschichten in dieser Ausführlichkeit erzählen.«

In meinen Ohren dröhnte ein Orkan. Mein Herz schlug Kapriolen. Ich wurde rot und zitterte vor Glück. Endlich jemand, der mich verstand. Ich sauste unter einer riesigen, blauen Zirkuskuppel von Trapez zu Trapez und flog durch die Luft, schwerelos, leicht, glücklich.

»Aber wissen Sie, was ich auch sehr mag?«, fuhr sie fort.

»Nein?«

»Wenn Sie kein Wort sagen und Ihnen trotzdem ein ganzer Roman in den Augen geschrieben steht. In riesengroßen Buchstaben.«

Ich flog zum Trapez, verpasste die Stange und sauste in freiem Fall.
»Ihre Augen sagen: Sie sind jetzt verunsichert und wissen nicht, ob Sie das von gestern Nacht ansprechen dürfen?«

Ich knallte auf das Sicherungsnetz, machte einen Salto und bremste den Schwung ab, um mit einem eleganten Schlenker in die Offensive zu gehen.

»Wir könnten mal zusammen meditieren!«

»Meditieren? Vergessen Sie nicht, dass ich die riesengroßen Buchstaben in Ihren Augen sehr gut lesen kann. Da steht nichts von Meditieren, aber wissen Sie was: Das ist vollkommen okay so. Sie fühlen sich etwas einsam, sehen in mir eine begehrenswerte Frau und wenn Schwester Annika mich nicht gewarnt hätte, hätte ich vielleicht schon längst ein Auge auf Sie geworfen.«

In ihren Augen spiegelte sich dieser wunderbare Humor. Es war ein kluger Versuch, die Dinge zwischen uns ohne Verletzung zu klären. Ich war ihr dankbar. Gleichzeitig platzte aus mir heraus:

»Wovor hat Sie Schwester Annika gewarnt?«

»Sie sagte mir, Sie seien immer noch in Ihr Holz 4 verliebt. Kann das sein?«

»Ich sagte Annika, dass ich es kaum noch aushalte, dass mein geliebtes Holz 4 im Keller steht und ich es nicht besuchen darf. Sie sagten doch: kein Golf in Bad Berzich!«

»Ja, das sagte ich. Das bedeutet, dass wir keinen Golfplatz haben, wir golfsüchtige Gäste keiner Versuchung aussetzen und dass es nicht erwünscht ist, wenn Suchtobjekte gleich welcher Art auf den Zimmern sind. Sie haben jetzt wirklich mal ein paar Tage Abstand gewonnen. Ich meine, das hat Ihnen gut getan.«

»Könnte es sein, dass der Anblick meiner Golfutensilien in mir eine ähnliche Reaktion auslöst, wie wenn ein Alkoholiker eine Flasche Schnaps sieht?«

»Ich bin der Meinung, dass Sie von Golf oder meinetwegen Body Building oder anderen Sportarten mit Suchtcharakter nur dann süchtig werden, wenn Sie nicht wissen, wer Sie sind und warum Sie das tun, was Sie tun. Was sind also Ihre Ziele? Ihr Bewusstsein und Ihre innere Balance entscheiden, ob Sie golfsüchtig sind oder ob Sie glücklich und erfolgreich Golf spielen.«

»Ich fühle mich noch ziemlich golfsüchtig.«

»Sie werden noch ziemlich schnell infantil. Aber das ändert sich dadurch, dass Sie sich über Ihren Entwicklungsprozess immer bewusster werden.«

»Ach, liebe Frau Zeisig.« Ich seufzte schwer. »Ich fürchte, dass Sie Golf in seiner Wirkung unterschätzen. Wenn das so einfach wäre. Dazu müssten Sie wirklich erst mal ein paar Jahre gespielt haben ...«

»Um da mitreden zu können?«, unterbrach sie mich – ich glaube das erste Mal überhaupt, seit wir uns kannten.

»Ja!« Ich nickte tragisch und bedeutungsschwer.

»Ich habe in einem Golfbuch die Definition gelesen: ›Erfolgreiches Golf spielen Sie, wenn Sie dabei Freude empfinden.‹ Und noch ein Zitat, um Ihnen zu zeigen, dass ich meine Hausaufgaben mache: ›Golf ist nur ein Geschicklichkeitsspiel mit Schläger und Ball, ähnlich wie Tischtennis. Hin und her. Das ist alles‹«

»Das stand in einem Golfbuch?« Jetzt war ich doch etwas genervt. »Wer schreibt denn derart verharmlosenden Unsinn?«

Sie griff in ihren Zeitschriftenkorb neben dem Sessel und fischte mein Buch heraus: »Hm. Ich fürchte, das waren Sie!«

Ich knallte vom Trapez neben das Sicherungsnetz und landete hart.

Es war so richtig peinlich. Oder besser: Es wäre so richtig peinlich gewesen, wenn sie mich nicht so nett angeschaut hätte.

»Und«, sagte ich erschöpft, »was sagen die großen Buchstaben in meinen Augen?«

Sie lächelte listig. »Ach, das muss Ihnen jetzt nicht peinlich sein, wie Sie selbst schon erkannt haben. Es ist nicht mal peinlich, dass Sie es nicht mehr wussten, woher das Zitat war. Denn wenn Ihre Symptome so sind, wie Sie sie beschrieben haben, dann ist es Teil des Problems, dass Sie ihren eigenen, richtigen Denkansatz nicht mehr kennen.«

»Der ist richtig?«

»Natürlich! Sie empfehlen *gelassene Heiterkeit,* also das nach innen gerichtete, freundliche Schmunzeln gegenüber den vielfältigen Ereignissen, die einem sowohl beim Golfspiel als auch im Leben wiederfahren können. Das ist vollkommen richtig. Aus meiner Sicht zumindest.«

»Aus Ihrer Sicht als Nichtgolferin. Aber es ist, wie ich erleben musste, doch nicht all zu schwer, aus dieser Balance zu kippen, wenn ich sie denn je hatte.«

»Darüber sprechen wir ein andermal«, schlug sie vor. »Das war heute sehr viel auf einmal. Zumal ich Sie emotional auch nicht zu sehr belasten darf.« Das verstand ich jetzt nicht. »Wieso?«

»Nun, all diese Erkenntnisse und dazu sind Sie ja auch noch verliebt!«

Ich wurde rot, mir wurde heiß, mir wurde kalt.

»Sie müssen mir nicht alles aus den Augen lesen, das ist mir jetzt peinlich.«

»Aber warum denn? Sie erzählten mir doch davon in Ihrer Geschichte vom *Scoreflüsterer*. Bald dürfen Sie ihre Liebste sehen. Ich will Ihr Holz 4 auch mal kennenlernen. Wie heißt sie?«

»Alex«, sagte ich resigniert. Manchmal wird es unendlich verwickelt, wenn man einmal mit irgendeinem Blödsinn angefangen hat. Wir gingen durch den Flur. Ludmilla schwieg, aber ich spürte, wie sie innerlich gluckste. Sie schaute mich an.

»Was denn? Sie freuen sich gar nicht auf Alex?«

Dieser Spott in den Augen! Sie sah meinen Blick und nahm meine beiden Hände.

»Das können Sie vertragen. Ich kann Sie nicht mehr schonen. Wir kennen uns jetzt gut genug. Und wenn ich Sie immer nur freundlich anschaue, könnten Sie mich eines Tags für einen Dackel halten, oder?«

»Ich werde Sie nie für einen Dackel halten. Dazu sind Ihre Beine zu lang. Aber gut. Die Schonzeit ist vorbei.«

Ich schaute sie bedeutungsvoll an, hatte aber keine Ahnung, was ich damit sagen wollte. Irgendetwas, um nicht so deppert dazustehen.

Heilendes Wasser

Ich ging durch einen Seitenanbau und gelangte in einen Gang, von dem ich vermutete, dass er zu einem der Ecktürme führen würde, die von außen so imposant aussahen. Durch die seitlichen Oberlichtfenster schien ein matte Frühjahrssonne. Der dicke Läufer schluckte jeden Schritt. Die Wände waren frisch geweißt. In einer Nische stand ein kleines Ikebana-Arrangement. Sehr schlicht, aber sehr liebevoll wirkte das. Wer hatte in einem solch großen Haus Zeit zum Blumenstecken? Ich stand vor einer Halbbogentür, die, wie mir schien, frisch abgeschliffen war. Ich war überrascht, als sie sich leise öffnen ließ. Ich hatte ein lautes Knarren erwartet. Noch überraschter war ich jedoch, als ich Ludmilla sah. Ich blieb in der Tür stehen.

Der Gymnastikraum I war fast rund, sehr schlicht und ebenso leer wie mein Qigong-Raum. Neben der Tür war eine Sprossenwand angebracht, daneben ein hoher Wandspiegel.

Ludmilla lag in Yogastellung auf einer Gymnastikmatte. Ihr enger Trikotanzug ließ keinen Raum für Phantasie. Sie schaute in die andere Richtung und bog den Rücken zur Cobra-Stellung durch, dann ging sie zurück, stellte sich auf Händen und Beinen auf, kam hoch, nahm die Arme zurück und ich sah, dass sie den Sonnengruß übte. Als sie die Arme senkte, drehte sie sich um.

»Ich wusste, dass du kommst.« Sie löste den Knoten und ihr langes Haar fiel über ihre Schulter herab. »Ich habe gerade an dich gedacht.«

Mein Herz klopfte. Sie schaute mich verführerisch an.

»Es gibt von hier einen direkten Zugang zu den Kellergewölben. Da sind viele interessante Räume, sehr alte Räume. Ich hätte Lust ...«, sie zögerte, »ich hätte Lust, dir einen besonderen Raum zu zeigen.«

Mir wurde schwach, meine Knie zitterten.

»Ich ... hmm ... hätte auch Lust ...«

Vielleicht wollte sie mir mein Bag mit meinen Schlägern zeigen? Würde ich Alex wiedersehen? Ich hatte einen Kloß im Hals.

»Aber zuerst will ich duschen, hier im Nebenraum ist eine Dusche,« sagte sie. »Möchtest du mit mir duschen?«

Panik kroch in mir hoch. Plötzlich hatte ich dieses Gefühl wie bei jenem Pro/Am am 1. Abschlag. Mir wurde heiß und kalt und mir war schlecht.

»Ähnnggg joooaannngg«, gurgelte ich hilflos. Das schien sie nicht zu stören. Sie zog mich in den kleinen Vorraum und begann, langsam ihr Trikot abzustreifen. »Zieh dich aus«, flüsterte sie, »und hör auf, den Bauch einzuziehen, sonst wirst du ersticken.«

Ich konnte sie nicht ansehen. Ich konnte einfach nicht hinschauen. Nur ein bisschen. Was ich sah, war perfekt. Nein. Es war zuviel. Sie war mehr, als ein Mann in meinem Alter vertragen konnte.

»Ich bin Stresshypertoniker«, sagte ich.

»Ich bin Ärztin«, sagte sie. »Du musst dich nicht schämen und keine Angst haben.«

Nackt legte ich zuletzt meine Brille ab und versuchte, hinter den Duschvorhang zu klettern. Ihre Hand umfasste meinen Arm und zog mich an ihren heißen Körper. Ihre vollen Brüste pressten sich an mich, während sie den Duschvorhang hinter mir zuzog.

Würde mein Kreislauf durchhalten? Kam jetzt der Drehschwindel zurück? Oder eine Ohnmacht? Sie drehte an der Armatur.

»Ich hoffe, es macht dir nichts aus …«

Hilflos hing ich in ihren Armen »Nein. Äh … was?«, stöhnte ich.

Sie drehte das Wasser auf und ein dichter, eiskalter Strahl schoss mir ins Gesicht. »Ich dusche immer kalt …«, hörte ich sie noch sagen. »KALT!«

»Aaaahhh. Brrrrr. Es ist so kalt … Schluss … aus … nein, ich will nicht!«

»Halten Sie still. Ganz tapfer. Ich bin gleich fertig.«

Schwester Annika hatte heute etwas zu viel kaltes Wasser auf ihrem Kneipp-Handschuh.

»Guten Morgen!«

In gewohnter Manier riss sie meine Bettdecke hoch, um sie sogleich wieder fallen zu lassen. Sie lächelte in sich hinein. »Der gute Pfarrer Kneipp. Wo Wasser ist, ist Heilung.«

»Ja, ja, danke.« Ich war übelst gelaunt. Wo war Ludmilla? Verdammt. Immer wenn es spannend wurde!

Schwester Annika packte mich fest ein.

»Schlafen Sie noch eine Runde. Oder wollen Sie zur Frühgymnastik?«

»Nein danke«, muffelte ich. »Gymnastik hatte ich schon genug.«

Selbstverantwortung

Vielleicht hatte ich an diesem Abend wegen des Wetters ziemlich muffelig geschaut, jedenfalls fragte mich Ludmilla, ob mich Golf aggressiv machen könne.

»Aber natürlich«, sagte ich. »Viele Golfer lassen ihrer Wut freien Lauf: Schläger, die in den Teich fliegen, Driver, die in den Boden geschlagen werden, Flüche, Wutausbrüche und kleinere Handgreiflichkeiten – das kommt öfter vor. Soll ich Ihnen mal von dem Tag erzählen, an dem ich das zweite Ass meines Lebens schlug und dabei fast zum Mörder wurde?« Sie schaute mich erwartungsvoll an.

»Sie haben mich mittlerweile als einen humorvollen und freundlichen Menschen kennengelernt, nicht wahr?«

Sie nickte. Ich fuhr fort:

»Einst hatte ich stets ein freundliches Lächeln auf den Lippen. Bei den Damen galt ich als charmant, ein Mittelpunkt jeder Gesellschaft. Ich liebte die Menschen und sie liebten mich. Wenn mich der Golfsport mit den Jahren zu einem grantelingen, menschenscheuen Miesepeter gemacht hat, dann verdanke ich das solchen Burschen wie dem, den ich Kasper nenne.

Ich habe das gleiche Problem, unter dem auch viele andere Golfer leiden: Wenn ich meine Leistungen mit anderen Spielern messen muss, gelingt es mir einfach nicht, Fremdeinflüsse von meinem Spiel fernzuhalten. Wie gerne wäre ich auf dem Platz so unnahbar wie Nick Faldo. Sobald mich ein Mitspieler stört, verstocke und versteife ich. Nur mein Wunsch, ein Gentleman zu bleiben, hält mich dann davon ab, mit dem Sandeisen zuzuschlagen. Schon die Bitte an meinen Mitbewerber, von meiner Puttlinie zu treten, erfüllt mich mit einer Anspannung, die es mir unmöglich macht, mich zu artikulieren. Natürlich habe ich alle mir zur Verfügung stehende Literatur zu Rate gezogen – ohne Erfolg. Also bin ich dazu übergegangen, allein auf die Runde zu gehen. In stiller Freude ziehe ich meine Kreise. Aus der Tierwelt wissen wir von Einzelgängern, die sich vom Rudel absondern. Bisweilen gelten sie als gefährlich. Ich bin es wahrlich nicht, oder zumindest war ich es nicht – bis zu dem Tag, an dem ich hätte morden können!

Es war im letzten Winter. Tagelang mieses Dreckswetter, aber eines Morgens, als ich dummerweise aus dem Fenster sah, stieß die Sonne provokant durch die Wolken. Ich hatte mich auf einen arbeitsreichen Tag gefreut, aber sofort verlor ich jede Kraft Nein zu sagen. Ich rief in einem Club an und fragte, ob der Platz bespielbar sei. Der Manager bejahte: Wintergrüns, Winterabschläge, aber sonst herrlich sonniges Wetter. Zwanzig Minuten später bog ich in die Einfahrt und sah, dass das 1. Tee belegt war. Ich peilte, ob die 9. Bahn bespielt wurde und weil das nicht der Fall war, düste ich sofort an das Ende des Parkplatzes, sprang aus dem Wagen und eilte zum 10. Abschlag. Die Bahn war vollkommen leer. Göttlich!

Alex trieb den Ball in einem schönen Bogen über die Bahn. Der zweite Schlag landete etwas oberhalb vom Wintergrün. Mit dem Wedge chippte ich hinter die Fahne. Der Putt ging rein: Birdie! Trotz Winterabschlägen und Winterlöchern zähle ich meist das reguläre Par einer Bahn, da der Schlamm, Eisbröckchen und unberechenbare Wintergrüns die Länge ausgleichen. Das 11. Grün erreiche ich normalerweise mit einem Eisen 5, bei Gegenwind mit einem kleinen Hölzchen. Das Wintergrün lag vor dem rechten Grünbunker, direkt hinter einem Baum. Tags zuvor hatte ich mit dem Eisen 6 im Bunker hinter dem Grün gelegen. Heute hatte ich nur Eisen 7 und 9 im Köcher. Ich dachte nicht groß nach, nahm die 7 und schlug einen hohen Draw, der über den Baum stieg, reinkam und fiel. Fühlte sich sehr gut an. Als ich am Grün ankam, war vom Ball keine Spur. Ich schaute im Bunker nach. Kein Ball, aber als ich zum Loch ging, lag er tatsächlich drin. Kein offizielles Turnier-Ass, nichts was man groß feiert, aber mein zweites Ass nach etlichen Jahren. Ein gutes Gefühl. Dann fiel mir ein, dass ich nach zwei Bahnen *drei unter* lag. Nicht schlecht für einen alten Mann. Der Himmel war klar. Mir ging es gut. Was braucht es mehr?

Die nächste Bahn war ein Par 4 bergab. Man kann vom Abschlag aus fast bis zum Wintergrün driven. Mein Ball blieb im Schlamm hängen, aber ich pitchte den Ball mit dem zweiten Schlag unterhalb des schrägen Grüns, chippte ans Loch und spielte Par.

Das folgende Dogleg, ein Par 5, war so verkürzt, dass das Wintergrün in einer Biegung stand, womit die Bahn zum Par 4 wurde. Mein Abschlag landete auf der linken Seite. Als ich dort ankam und zurückschaute, sah ich hinter mir, in der Ferne, einen Mann auf dem Abschlag stehen. Er schien zu warten. Wo kam der denn her? Mein zweiter Schlag landete einige Meter vor der Fahne, aber der Chip war gut und ich hatte kaum eine Putterlänge zum Par. Ich blickte zurück. Wieder stand der Mann etwa 200 Meter entfernt und wartete. Er trug eine rote Weste und hatte kein Bag. Ein Spaziergänger, der mich beobachten wollte? Er machte mich nervös.

Die 14. Bahn war wegen der Witterung gesperrt. Von der 13. ging es direkt hoch zur 15. Mir gelang ein schöner, weicher Abschlag. Ich war zufrieden, schaute aber durch die Büsche auf die tiefer verlaufende 13. Bahn. Der Mann war weg. Ich atmete auf und ging weiter. Doch gerade vor meinem zweiten Schlag schaute ich dummerweise zurück.

Wieder sah ich ihn am Abschlag stehen. Er wartete. Genervt verzog ich den Ball nach links, ein gutes Stück unterhalb des Wintergrüns. Jetzt kam er näher. Er trieb tatsächlich einen Ball vor sich her. Ich versuchte einen Pitch, der im Matsch liegenblieb, aber ich konnte einen Holperputt über zwei Meter lochen. Par. Ich wollte gerade weitergehen, als ich den Mann sehr schnell näher kommen sah. Er schwenkte ein Eisen. Was wollte der denn? Hatte ich ein Eisen verloren? Ich hatte nur sieben Schläger im Köcher, keines fehlte. Er schien mir etwas sagen zu wollen, was ich aber nicht verstand. Also ging ich ihm entgegen. Ich trat irritiert zur Seite, als er plötzlich seinen Ball schlug, der oberhalb des Wintergrüns in einen flachen Fairway-Bunker landete. Jetzt hatte er mich eingeholt. Ohne Frage ein wetterfester Kerl mit schnellem Schritt. Sein Gesicht hatte tiefe Furchen, rote Backen und eine große, rote Nase. Ein markantes Gesicht. Wie ein Bergführer, dachte ich. Oder wie Kasperle an seinem 60. Geburtstag. Fröhlich winkte er mir entgegen.

›Ihrer Körpersprache entnehme ich, dass ich Ihnen zu langsam spiele?‹

›Es geht, nein, ist schon okay. Wollen wir paar Loch zusammen spielen?‹

Seine Stimme klang heiser, seine Augen funkelten auffordernd.

›Ich muss mich beim Wintergolf schnell bewegen, sonst macht es keinen Spaß.‹

›Sie werden kaum jemanden finden, der schneller spielt als ich! Aber wenn Sie rennen wollen, können Sie gerne durchspielen.‹

›Ach nein, kein Problem. Wir können zusammen gehen.‹

Der Mann war mir unsympathisch. Schon aus 200 Metern fühlte ich mich verfolgt. Ich spürte seine hastige, zappelnde Aura und ich Idiot war bereit, mit ihm zu spielen. Er ging zu seinem Ball, kratzte ihn aus dem Bunker, chippte zum Grün und schenkte sich den Putt. Das missfiel mir. Selbst wenn man nur mit einem Schläger spielt, sind alle Schläge damit zu machen. Meinetwegen nach Winterregeln, aber kein Micky-Maus-Golf.

›Vollidiot‹, beschimpfte ich mich. ›Sag ihm, dass er durchspielen soll.‹ Aber es war zu spät. Ich wollte nicht unhöflich sein und er suchte offensichtlich Gesellschaft.

›Spielen Sie bereits die ganze Runde?‹

›Nein, ich bin auf der 10 gestartet. Das 1. Tee war besetzt.‹

›Tja, heute sind wirklich merkwürdige Leute unterwegs.‹ Er schaute verächtlich.

›Jeder, der bei dem Wetter draußen ist, hat meinen Respekt‹, hörte ich mich sagen.

›Wenn man spielen kann‹, meinte er arrogant. ›Ich habe schon neun Loch hinter mir‹.

Na gut. Ein paar Bahnen müssten mit ihm auszuhalten sein.

Wir waren wie entgegengesetzte Pole. Schon am nächsten Abschlag sprühten die Funken. Dass ich die Ehre hatte, hätte das einer Erwähnung bedurft? Er stand mir direkt gegenüber. Musste das sein? Ich wollte nicht rumzicken. Augen zu und durch. ›Sieh es als Übung‹, sagte ich mir. Ich wollte *Rhythmus* denken und *bemühte* mich um einen ruhigen Abschlag, als er zu husten begann. Ein trockener, heiserer Raucherhusten. Er röchelte.

Der Ball schien seinen Draw zu nehmen, kam dann aber nicht mehr rein. Er lag am rechten Rand der Bahn. Konnte man nehmen. Kasperle schlug einen kräftigen, hohen Schlag. Schöner Durchschwung. Offensichtlich ein erfahrener Spieler.

›Habe nur einen Ball‹, blinzelte er mir zu, als wollte er mir Hoffnung machen. ›Wenn der weg ist, muss ich heim.‹

Sein Ball war leider nicht weg. Er lag am linken Bunkerrand. Er kratzte sich den Ball aufs Fairway und spielte seinen zweiten Schlag. Ich schlug meinen zweiten etwa vier Meter links auf Fahnenhöhe. Er pitchte seinen dritten Schlag ein gutes Stück hinter die Fahne, chippte den Ball in die Nähe des Wintergrüns, hob auf und schrieb sich wohl im Geiste eine 5 auf. Ich chippte meinen Ball zur Fahne. Er lief fast ins Loch, aber nur fast und lag mehr als eine Putterlänge von der Stange entfernt.

›Birdie‹, rief er.

›Hä?‹

Ich wollte putten. ›Ich liege drei, das ist mein vierter Schlag auf einem Par 4.‹

›Ja, Birdie.‹

›Nein, wenn ich diesen Ball einloche, habe ich vier Schläge gebraucht. PAR!‹

Er kam näher: ›Ich meine, Ihr Chip war fast drin. Hätte ein Birdie sein können.‹

›War es aber nicht!‹ Sollte ich ihm erzählen, dass ich gerade ein Ass gespielt hatte?

Ach ja, das Ass. Wehmut erfüllte mich. Ich versuchte, den Ball zum Loch zu schlagen. Im letzten Moment sprang er vom Lochrand weg und blieb seitlich liegen.

›Bogey‹, sagte ich trotzig. Bebend wie Montgomery stapfte ich zum nächsten Abschlag. Im Sommer braucht es, je nach Wind, ein Eisen 5 bis 7. Zum Wintergrün war es nur ein Pitchingwedge, höchstens eine halbe 9. Ich nahm mein Wedge, überkompensierte meine Unruhe mit einem besonders weichen Schlag und der blieb kurz.

›Guter Schlag‹, sagte er, ›etwas kurz.‹ Ich kochte. Er schnippelte seine 7 mit einem halben Schlag neben das Wintergrün, chippte seinen Ball zum Loch, verpasste, hob auf. Ich chippte und blieb hängen. Der Putt lief vorbei. Ich lochte zum Bogey.

Er stand am Abschlag und sabbelte irgendetwas, was ich nicht hören wollte. Jede seiner Bewegungen signalisierte Eile. Verängstigte Kreaturen taumelten aus dunkler Vergangenheit hervor und sammelten sich vor meinem inneren Auge. Wütend schauten sie mich an, die Golfer, die ich all die Jahre von hinten, aus dem Nichts kommend, überfallen hatte. Unschuldige Seelen, die ich mit meinem Hinweis, dass man dieses Spiel auch schneller als in Zeitlupe spielen könne, gequält hatte. Ich war derart wütend auf diesen Mann und plötzlich wusste ich, warum: ER WAR WIE ICH!

Im Geiste bat ich alle Lahmärsche dieser Welt um Verzeihung. Ich schämte mich in Grund und Boden. Langsam wie eine Nacktschnecke im Kühlschrank kroch ich zum Abschlag. Das Wintergrün der achtzehnten Bahn, ein Par 4 mit Inselgrün, war auf der linken Seite so kurz gesteckt, dass kein Wasser ins Spiel kam. Kraftlos schlug ich meinen Drive. Ich erwischte den Ball gerade noch, konnte aber im Gegenlicht nicht sehen, wohin er flog. Mr. Rotbacke zog sein Eisen 7 durch den Ball und landete einen Treffer. Sein Ball lag rechts vom Fairway-Bunker. Ein ganzes Stück weiter sah ich etwas schimmern. Glück gehabt, dachte ich. Er schlug seinen Ball fünf Meter rechts vom Wintergrün. Als ich da ankam, wo ich meinen Ball vermutete, sah ich nur ein Papierchen blinken. Mein Ball war weg. Auch das noch. Sofort kam er herbei, scheinheilig hilfsbereit. ›Na, Ball weg?‹

Ich schaute zurück. 50 Meter hinter uns lag mein Ball im Sand. Schräglage. Ich nahm meine 9 und wollte den Ball mit einem leichten Schlag vom Sand schnippen, doch als ich Kasper sah, schlug ich zu. Ich erwischte nicht ihn, aber den Sand. Er stand da und wartete. Er stand genau so da, wie ich immer dastehe, wenn mir etwas zu lang dauert. Ich kannte jeden seiner Gedanken, denn es waren meine Gedanken. Der dritte Schlag, ein Pitch zum Grün, blieb im Matsch hängen. Ich wusste, dass dieses Grün besonders nass war. Trotzdem ließ ich meinen Schlag viel zu kurz. Ich hätte mich ohrfeigen können. Oder ihn. Kasperle gähnte. Ich chippte glücklich auf das Wintergrün. Er chippte ebenfalls, hob seinen Ball auf. Ich versuchte einen Putt auf der schlammigen, mit Regenwurmhaufen übersäten Dreckswiese. Der Ball sprang am Loch vorbei zum Doppelbogey. Jetzt könnte der Himmel herabfallen. Es könnte Würmer und Maden regnen. Mein Gott, warum hast Du mich verlassen? Golfer werden in solchen Momenten zu sabbernden, weinenden Jammerlappen, die Gott um Gnade anwinseln. Dabei konnte der gar nichts dafür. Kasperle war schuld. Ohne Frage. Ich hob meinen Ball auf. ›Danke fürs Mitnehmen‹, sagte er und lächelte. ›Schönen Tag noch‹, sagte ich. Wir nickten uns zu, aber wir gaben uns keine Hand. Er eilte zum Parkplatz. Ich schlich hinter ihm her. Ein Waldpfad führt vom 18. Grün zum Parkplatz. Ich malte mir aus, wie ich ihn mit einem schnellen Schlag ...

Als gebrochener, gedemütigter Hacker trödelte ich mit meinen Mordphantasien hinter ihm her.

Mittlerweile vermute ich, dass Kasper mich nur als einen unhöflichen Eigenbrötler erlebt hatte, von dem er so schnell wie möglich wegkommen wollte. Trotzdem. Es war der Tag, an dem ich mein zweites Ass spielte und Kasper hatte mir alles versaut.«

Ludmilla goss Tee nach. Nachdem sie einen Schluck genommen hatte, sagte sie: »Kasper war schuld?«

»Klar!«

»Und was ist mit der Selbstverantwortung? Warum sind immer die anderen schuld?«

»Sie meinen: Nur ein Schwächling gibt anderen die Verantwortung für sein Versagen oder dafür, dass die Dinge nicht so laufen, wie sie sollten?«

»Meinen Sie nicht?«

»Nein, meine ich nicht. Jeder Trainer, Therapeut oder Coach von dem ich gehört oder gelesen habe, ist natürlich dieser Ansicht. Wir sind selbst schuld: Kinder verblöden vor strohdummen Fernsehsendungen und Jugendliche finden keinen Job, aber sie sind selbst schuld. Die Völker der dritten Welt hungern und bringen sich gegenseitig um, aber nicht die Geheimdienste, die Rohstoffhändler, die Waffenhändler oder die Konzerne, geschweige denn die Kolonialisten und Missionare von einst, die alle Strukturen zerschlugen, sind schuld. Nein, es ist der blöde Neger, der sonst nichts zu tun hat, als sich gegenseitig aufzufressen.

Wenn ein sensibler Profigolfer trotz aller Konzentration und optimalem Mentaltraining nicht überhören kann, dass ein besoffener Vollidiot im Rückschwung ›YOU'RE THE MAN‹ brüllt, und er den Ball verzieht, erntet er noch Spott. Nicht der Vollidiot ist daran schuld, wenn der Ball weg ist, sondern der Profi, denn bei dem vielen Geld, das er bekommt, muss er so was abkönnen.

Nein, ich sehe das überhaupt nicht so. Das ist die gegenläufige Welle zu den Jahren, wo man jedes Verbrechen auf Kindheitsprobleme und Gesellschaft schieben durfte. Ich will ihnen sagen, warum die These von der Selbstverantwortung heute so populär ist. Weil es ein riesiges Business geworden ist, Leute in Selbstverantwortung zu coachen. Trainer und Therapeuten bekommen leichter das Opfer am Wickel, als den besoffenen Vollidioten, der in den Schwung brüllt und der eigentlich die Therapie bräuchte. Wenn ich mit Leuten spiele, die ich als angenehme Mitspieler empfinde, dann spiele ich keineswegs automatisch mein bestes Golf. Aber ich habe eine Chance, mein Spiel zu spielen. Dafür wurde die Etikette erfunden, damit jeder Spieler seine Chance hat. Es gibt einfach unangenehme Typen. Manchmal denke ich, dass ich so einer geworden bin. Zumindest kam mir das auf der Runde mit Kasper in den Sinn.«

»Mir zeigt die Geschichte, dass Sie Ihre Emotionen nicht im Griff haben«, erwiderte Ludmilla. »An der Disziplin des Geistes lässt sich erkennen, ob Sie ein Golfer sind.«

Mir stand wohl der Mund offen, aber ich sagte nichts.

»Die Frage ist«, fuhr sie fort, »wie und warum Sie Golf üben. Dient es einer sichtbaren Leistung oder Ihrer inneren Reifung? Jede sportliche Übung sollte ein Weg des Reifens sein.«

»Was würden Sie denn vorschlagen, um Emotionen in den Griff zu bekommen? Was hilft denn bei Panikattacken, Wutanfällen und endlosen negativen Gedanken?«

»Es gibt, je nach Situation, verschiedene Ansätze, mit denen man arbeiten kann. Zum Umgang mit Ärger gibt es zum Beispiel die Möglichkeit, Unangenehmes auszuatmen und Angenehmes tief einzuatmen. Selbstinstruktionen, sogenannte Glaubenssätze, die laut gesprochen, leise geflüstert oder nur in Gedanken wiederholt werden, können kinesiologisch verankert und eingeklopft werden.«

»Das beschreibt Hausers GOA-Methode[20].«

»Richtig. Dann gibt es auch noch die Möglichkeit, sich selbst für erwünschtes Verhalten zu belohnen.«

»Und wie kann man Verhalten verändern? Wie arbeiten Sie hier?«

»Einmal sehr traditionell. Ich empfehle eine Meditation, in der das Bewusstsein in den Unterbauch verlagert wird, wie Ihnen das aus dem ZEN bekannt ist. Die Wahrnehmung des Momentes wird geschult.«

»Und das hilft gegen Golfsucht?«

»Es hilft, Ihr Bewusstsein wieder zu zentrieren und den Atem zu beruhigen. Liegt ein Trauma vor, kann die Meditation nur bedingt helfen. Einerseits bewirkt die Meditation eine Fokussierung Ihrer Energie, führt dabei aber aus dem Tunnel einer selektiven Wahrnehmung. Ihre Bandbreite wird wieder größer. Es tritt eine Entspannung ein. Diesen Prozess durchlaufen Sie gerade. Oder werden Sie noch von Alpträumen und überdrehten Gedanken geplagt?«

»Na ja, solche Gedanken habe ich immer, aber Alpträume – stimmt, habe ich keine mehr. Auch sonst fühle ich mich wesentlich entspannter.«

»Prima. Die nächste Methode, mit der wir arbeiten, ist die Gruppenarbeit, die zu einer Art Selbstcoaching führen soll. Womit ich auch gerne arbeite, ist die geführte Meditation. Außerdem benutze ich feinstoffliche Blütenessenzen. Herrlich unwissenschaftlich, aber ausgesprochen erfolgreich. Diese Substanzen habe ich aus den USA mitgebracht. Der Chef sagt, solange niemand Pickel bekommt, soll ich mal machen, denn alles andere habe man ausprobiert und es mache Pickel.«

»Pickel?«

»Das ist bei uns so ein Ausdruck für die Nebenwirkungen, die Patien-

---

20 Manfred Hauser, »Befreit Golfen«, VAK Verlag

ten bei der Einnahme von Medikamenten in Kauf nehmen müssen. Wir haben zu oft beobachtet, dass die gewünschte Wirkung nicht eintrat, dafür aber massive Nebenwirkungen, weshalb wir uns bemühen, bessere Methoden zu finden. Akupunktur ist so eine Methode.«

»Gibt es Punkte, die bei Panik, Stress und Angst helfen, also den üblichen Situationen auf dem Golfplatz?«

»LG20, M36, H5, N1, PdM, KS6. Die Buchstaben stehen für die Meridiane *Lenkergefäß, Magenmeridian, Nierenmeridian, Herzmeridian* und *Kreislauf/Sexualitätsmeridian*, sowie den *Punkt der Mitte*. Aber das müssen Sie sich nicht merken, da Sie sich vermutlich nicht selbst nadeln wollen, wenn Sie ein Turnier spielen.«

»Warum nicht, wenn man das lernen kann.« Ich überlegte kurz, wie es wäre, wenn ich Sonntagmorgens am 1. Abschlag mit einem Set Nadeln auftauchen würde.

»Gut.« Sie griff nach ihrer Mappe. »Heute sprachen wir viel über Emotionen. Aber noch mal zurück zur Golfsucht: Was halten Sie davon, wenn Sie mir mal das vorstellen, was Sie bisher zur Golfsucht zusammengetragen haben?«

»Morgen Abend? Gerne.«

In dieser Nacht schlief ich tief und fest und hörte nicht mal mehr den Lift knurren.

Golfsucht

»Bin ich zu spät?« Während Ludmilla um die Ecke bog, suchte sie in ihrer großen Tragetasche nach dem Schlüsselbund.

»Nein, ich bin zu früh. Ich kann es nie erwarten, Sie zu sehen.«

»Ach ja? Ich dachte, Schwester Annika hätte ihr Herz erobert.«

»Ich möchte mich nicht darüber auslassen, was Schwester Annika heute wieder erobert hat, aber es war nicht mein Herz! Diese Frau mit ihrem nassen Lappen. Aber ich mag es, wenn sie mich schön fest in die Decke einpackt.«

»Ach ja? Mumienhaltung? Dann müssen Sie im alten Ägypten eine Einweihung erhalten haben. Da wurde man so eingepackt.«

»So etwas Irrationales aus Ihrem Mund. Woher wissen Sie das? Waren Sie damals auch in der Schule des Osiris?«

Sie lächelte wie eine Sphinx. »Setzen Sie sich. Wo waren wir stehengeblieben? «

»Wie wär's mit meiner zu fest gedrehten Schraube?«

Ludmilla blätterte in ihren Notizen.

»Was macht Ihr Drehschwindel?

»Weg.«

»Haben Sie das Gefühl, dass Sie wieder eine innere Balance erreicht haben?«

»Ich? Du liebe Zeit, nein. Manchmal denke ich, ich bin ein einziges unausgeglichenes Strahlenbündel. Selbst mein Taijiquan-Lehrer ist mal auf der Bademate ausgerutscht und hingeknallt, als ich den Raum betrat. Aber ich habe manchmal das Gefühl, dass sich irgendetwas entwickelt. Ich kenne Momente der Balance und weiß, dass sie möglich ist.«

»Viele Übungen, gerade die asiatischen Kampfkünste, erfordern ein großes Maß an innerer Balance«, begann Ludmilla. »Ob Sie Judo oder Aikido machen oder Bauchtanz – alle Kraft kommt aus jenem Zentrum der Mitte, das die Japaner als ›Hara‹ bezeichnen. Es ist im übertragenen Sinne der innere Schwerpunkt, um den herum sich das Leben gestaltet. Ihr physisches, als auch Ihr geistiges Sein. Wenn Sie in dieser Mitte verwurzelt sind, befinden Sie sich in einem inneren Gleichgewicht. Das kann auch bedeuten, dass Sie frei sind von Angst, sofern Sie Ihre Schatten angenommen haben. Wenn Sie beim Golfspiel oder einer anderen Kampfkunst des Geistes nur um Ansehen, Leistung und Erfolge bemüht sind, treten Sie aus Ihrer Mitte heraus. Sie verschieben Ihren Mittelpunkt nach oben in den Kopf und dann fängt die gesamte innere Statik zu wackeln an.«

»Das habe ich gemerkt.«

»Wie hat sich das bei Ihnen bemerkbar gemacht?«

»Meinen Sie die letzten Monate oder im gesamten Zeitraum?«

»Insgesamt.«

»Zuerst gab es die Phase, in der ich den Golfvirus in mir spürte, dann die Jahre der Golfsucht, dann die Zeit in der ich mich wie ein Golfjunkie fühlte, andererseits die Momente, in denen ich eine Art Golf-Satori erlebte, bis ich dann im letzten Sommer das Gefühl hatte, selbst GOLFGAGA zu werden.«

»Dann wäre es doch gut, wenn Sie mir jetzt mal die Begriffe definieren würden, die Sie als Stadien der Golfsucht beschreiben.«

»Nach meinem Verständnis stellen die aber keine lineare oder zwangsläufige Entwicklung dar.«

»Okay.« Sie sagte Okaaay, langgezogen amerikanisch und blickte mich dabei aufmerksam an.

»Es gibt natürlich genug gesunde, ausgeglichene Menschen, die ambitioniert golfen, und dabei trotzdem noch andere Interessen und Aktivitäten verfolgen. Denke ich mal. Hmmm.« Ich wurde mir plötzlich unsicher.

»Na gut, Typ 1 nenne ich **Golfinteressent**.
Irgendwann ist ihm Golf begegnet. Schnupperkurs, Urlaub, vielleicht hat er auf einem Kurzplatz rumgedaddelt. Es macht ihm Spaß, aber nicht viel mehr als andere Spiele auch. Golf lässt zuwenig Zeit, ist zu teuer, aber man behält das Thema im Auge. Vielleicht, wenn die Kinder größer sind. Golf im Fernsehen findet er langweilig. Kostenlose Golfbeilagen werden mal angeblättert. Im Internet stöbert er durchaus mal auf Golfseiten, aber das war's auch schon.

Typ 2 wäre der **Rabbit mit leichter Suchttendenz**.
Der hat sich bereits entschieden: Golf wird sein Sport. Ausrüstung wird gekauft, Stunden gebucht, Partner oder Partnerin macht mit oder ist schon leicht genervt. Golflektüre wird angeschafft. Reiseprospekte mit Golfangeboten betrachtet. Die Jagd nach dem Handicap beginnt und wenn das erspielt wurde, dann geht die Jagd nach dem tieferen Handicap los. Erste Turniersiege kommen oder werden verpasst, was zur Verzweiflung führt. Mehrfach schon hat er das Gefühl gehabt, dass Golf *ganz einfach* ist. Das jähe Erwachen folgt auf der nächsten Runde. Aber Golfen macht ihn noch schön müde und er schläft gut. Eine Golfzeitung wird wegen der Tipps bestellt. Im TV schaut er selten Golf, weil er lieber spielt. Noch hat Golf Erholungscharakter. In den Golfforen wird eifrig mitgelesen.

Typ 3 ist mittlerweile **golfsüchtig**.
Immer mehr Zeit wird mit oder ohne Partner im Club verbracht. Das Clubgeschehen wird zum Lebensmittelpunkt. Ehrenamtliche Tätigkei-

ten, ansonsten fleißiges Training, regelmäßige Golfstunden wegen Slice. Andere sportliche und gesellschaftliche Interessen verlieren ihre Bedeutung. Egal in welchem Handicap-Bereich: Es wird gelitten, gekämpft, gewonnen und verloren. Golf beginnt, die Gedanken zu bestimmen. Materialkunde, Schläger, Schäfte, Topangebote aus Internet-Shops, Gebrauchtschlägermärkte – alles wird ausgewertet. Es werden Markenschläger gekauft, der Driver muss einen bestimmten Schaft haben, die Sandeisenfrage bereitet schlaflose Nächte. Regelfragen beim Frühstück. Ein Pay-TV-Sender wird abonniert, um alle Golfübertragungen sehen zu können. Die Kinder müssen Golf lernen. Die Beziehung kriselt bereits, falls der Partner nicht auch golft. Der Job geht immer mehr auf die Nerven. Die Golfzeitung wird abbestellt, weil man bereits alles kennt. Häufig in Golfforen unterwegs. Erste Fragen und Kommentare zu anderen Fragen werden gepostet.

Typ 4 ist der **Golfjunkie.**
Endlich unter Handicap 18 angekommen, nimmt er/sie die Gruppe A ins Visier. Schläger müssen jetzt gefittet sein, Training fast täglich, Turniere mindestens wöchentlich, erster Yips. Für Singles spielt sich das gesamte soziale Leben im Club ab. Bei Partnern ist ständiger Stress angesagt, falls er/sie nicht mitmacht. Die Kinder müssen in der Mannschaft spielen. Golfeltern-Syndrom. Golfseminare, Mentalgolf, Fachliteratur, C-Trainerschein, Jugendarbeit, keine Zeit mehr für Golf im Fernsehen. Ärger im Job. In Golfforen fragt er nach den speziellen Dingen, auf die noch niemand gekommen ist. ›Steht der MOI-Effekt in irgendeinem Zusammenhang mit MOE Norman und wenn nein, warum nicht?‹

Typ 5, der **Golfmaniac**, ist schon die verschärfte Form.
Pro/Ams oder Golftrips nur noch mit einstelligen Handicaps. Zocker, Mannschaftsspieler mit verstärktem Alkoholkonsum. Nach plötzlichem Leistungseinbruch (Hook) Trainerwechsel (anderer Club), weshalb man dreimal die Woche 200 Kilometer fährt. Echter Stress in der Firma. Job im Golfbereich wird angedacht. Schläft schlecht. Träumt von Golf. Ist genervt. Echte Probleme mit dem Putter. Keine Lust auf Sex. Zumindest nicht mit dem eigenen Partner. Schnell wütend. Golfzeitungen: Steht doch nur Scheiß drin. Golfforen: alles Dummschwätzer.

Typ 6, der **Golfzombie**, ist eine Sonderform, die ich gottlob nur selten erlebt habe.
Asozialer Egomane und Kotzbrocken. Normalzustand: autistisch, mürrisch, manchmal extrem aggressiv. Nur am eigenen Spiel interessiert. Bessere Spieler werden hofiert, schlechtere Mitspieler werden als zu langsam, unangenehm oder als miese Hacker empfunden und entsprechend beschimpft. Etikette gilt nur für andere. Vollkommen rücksichtslos. Schießt wütend Bälle über den Platz. Schreit beim Turnier zitternde Damen an, die weinend davonlaufen. Korinthenkacker bei der Regelauslegung, äußerst unbeliebt, aber genug Kohle, so dass ihm alles egal sein kann. Unerwünschte Person in mehreren Clubs. Schläft gut. Braucht keinen Job, weil Chef. Sex wird gekauft. Kein Golf mehr im TV, denn zum Turnier hinfliegen ist cooler. Golfzeitungen? Foren? Verpiss dich!

Und schließlich der 7. Typ, der vollkommen **GOLFGAGA** jenseits von Eden lebt.
Training hat keinen Sinn mehr. Golf ist ein State of Mind. Illusionen, Visionen und eine Gratwanderung zwischen Trance, Trauma und grässlichen Träumen. Kein Job, kein Partner, kaum soziale Kontakte im Club. Auf arrogante Weise demütig. Auf der Suche nach dem Wunderbaren. Wohin führt der nächste Schritt? Gibt es einen nächsten Schritt? Spielt selten Turniere, wenn überhaupt. Golf wird zur Meditation. Und eines Tages taucht plötzlich die Frage auf: War da nicht sonst noch was? Das Leben?«

»Danke«, sagte Ludmilla, »das war sehr aufschlussreich. Der nächste Schritt. Das hat mir gefallen. Was meinen Sie, wird Ihr nächster Schritt sein?«

»Ich denke, ich bin im nächsten Schritt. Ich werde dadurch, dass ich Ihnen erzähle, was ich beobachte, wieder bewusster.«

»Also ziehen Sie sich wieder mal selbst aus dem Sumpf?« Sie lachte.

»Könnte man so sagen.«

»Noch mal zum Thema: Wenn ich Sie richtig verstanden habe, stellen diese sieben Typen keine unausweichliche, aufeinanderfolgende Entwicklung oder Hierarchie dar, sondern beschreiben verschieden ausgeprägte Formen der Golfsucht?«

»Richtig.«

»Dann wäre also zu klären, wann eine so starke Abweichung im Verhalten eintritt, dass eine Therapie geboten scheint.«

Ich hole tief Luft: »Es kommt häufig vor, dass sich jemand mit seinem Hobby derart intensiv befasst, dass er darüber Partner, Kind und Job vergisst. Das ist dann zwar für das soziale Umfeld sehr unangenehm, aber immer noch die Entscheidung des Einzelnen.«

»Und wo liegt Ihrer Ansicht nach die Grenze?«

»Eine Grenze ist zum Beispiel da, wo jemand, der sich dem *Spirit of Golf* eigentlich sehr verbunden fühlt, zu betrügen anfängt. Das habe ich bei sehr guten Spielern beobachtet. Jahrelang haben sie sich einem intensiven Training unterzogen. Mittlerweile spielen sie ein einstelliges Handicap, stehen in ihren Teams in der Verantwortung, sind vielleicht Leitfiguren für Jüngere geworden und plötzlich reicht all das Training nicht mehr aus, um die eigenen Erwartungen und die des Teams zu erfüllen. Es beginnt mit einem Verlust an Selbstvertrauen, dann kommen Schlafstörungen, Depressionen und Erschöpfungszustände. Bei Turnieren ist die Batterie leer. Am Abschlag herrscht nackte Angst. Vor den Kameraden will man es nicht zugeben, der Pro hat diesbezüglich normalerweise keinerlei Hilfsmittel oder Hinweise. Denn hätte er da Kompetenzen, die über Allgemeinplätze hinausgehen, hätte er seine eigene Karriere als Spieler erfolgreicher betrieben. Zuerst mögen nur Regeln *vorteilhaft ausgelegt* werden. Irgendwann wird ein falscher Ball gespielt. Man merkt es zu spät und sagt nichts, weil das Match auf der Kippe steht. Schuldgefühle mischen sich mit Versagensangst und dann kommt der Moment, an dem das erste Mal ein Ball fallen gelassen wird. Die innere Entschuldigung ist: Man tut es nicht für sich, sondern für sein Team. Dieser Typ Spieler, der aus missverstandener Liebe zum Spiel und zur Leistung betrügt, ist für mich die vielleicht tragischste Gestalt im Golf. Sein Verhalten ist nicht zu entschuldigen, aber es ist nicht mit jenen Spielern zu vergleichen, denen es entweder nicht bewusst oder egal ist, ob sie sich und andere beim Spiel betrügen. Wie mir ein Pro kürzlich bestätigte, sind Vorfälle, die noch vor wenigen Jahren eine starke gesellschaftliche Ächtung im Club nach sich gezogen hätten, mittlerweile eine Selbstverständlichkeit. Parallel zum allgemeinen Verfall der Sitten, ist auch die Golfethik bei vielen Spielern abhanden gekommen, sofern sie diese überhaupt jemals hatten. Aber das ist ein anderes Thema.«

»Also würde der Falschspieler oder jemand, der sich so verhält wie Ihr Typ 6, der Golfzombie, diese Grenzen überschreiten?«

»Ja, was aber nicht unbedingt zur Folge hätte, dass diese Personen eine Therapie bräuchten. Die gehören vor den Regelausschuss. Therapie ist meiner Ansicht nach da nötig, wo ein langjähriges Wandern durch den Golftunnel zur vollkommenen Erschöpfung geführt hat. Zu Angst, Streitsucht, starken emotionalen Schwankungen, bis hin zu erhöhtem Blutdruck und Verdauungsproblemen. Signifikant sind Erschöpfungszustände und die Unfähigkeit, die Batterie wieder aufzuladen. Dazu wird immer mehr getrunken. Golf wird nicht mehr als erholsam erlebt, sondern erzeugt Stress. Puren Stress. Da fast jeder, der noch nicht in Rente ist, zusätzlich den beruflichen Stress sowie einen Beziehungsstress hat, der sich durch die Golfproblematik vielleicht noch verstärkt, führt das bisweilen zum Zusammenbruch. Die Symptome sind aber auch bei erfolgreichen Tourspielern ausgeprägt, die einer hohen Erwartungshaltung gerecht werden müssen, die sie selbst und andere an sich stellen. Das kann zum totalen Kollaps führen.«

»Welche Auswege bieten sich in einer solchen Situation an? Womit haben Sie sich bisher befasst?«

»Mentalgolf-Literatur – aber da werden meist ähnliche Empfehlungen wiedergekäut. Zum Beispiel die ganze Glaubenswelt des ›positiven Denkens‹. Die einen wollen den Spaßfaktor wieder erhöhen, andere empfehlen verschiedene Entspannungstechniken, die bei mir meist das Gegenteil ausgelöst haben. Wieder andere arbeiten mit inneren Bildern, was bei visuell begabten Menschen gut klappen kann.«

»Und was ist Ihr persönlicher Lösungsansatz?«

Ich zuckte die Schultern. »Ich ziehe mich in eine Klinik zurück, halte mich von jeglichem Golf fern, treibe Sport, erhole mich, tanke die Batterie auf und unterhalte mich mit einer zauberhaften, klugen Frau, die Methoden kennt, die keine Pickel machen und mir zudem bewusst macht, dass mir etwas sehr Wichtiges in meinem Leben abhanden gekommen ist.«

»Schön zu sehen, wie Sie sich in wenigen Tagen soweit erholt haben, dass Sie schon wieder der Hafer sticht. Die Frage ist, wie Sie eine wirkliche Veränderung bewirken können, die Sie in Ihren Alltag mitnehmen können.«

»Indem ich Sie in meinen Alltag mitnehme«, sagte ich voreilig, was ich sofort bereute. Sie schaute einen Moment auf den Boden und mir war, als würde sie mit weißer Kreide einen Strich ziehen, der zwischen uns verlief.

»Es ist faszinierend zu erleben, wie Sie von einer bewussten, reflektierenden Ebene sofort wieder in Ihre pubertären Emotionen kippen, die mir nicht gerade den Eindruck von *Erwachsensein* vermitteln. So kann man mit Ihnen nicht mal im Spaß flirten!«

Ich legte die Ohren an. Jetzt kam es dicke.

»Was meinen Sie, was wir hier tun? Egal, ob Sie mein Patient oder mein Gast sind – wir haben eine Aufgabe zu erfüllen. Ich schätze Ihre Beiträge und Ihre phantasievolle Art, die ein Teil Ihres Wesen und Ihrer Kreativität sind. Aber Sie erwarten doch nicht ernsthaft, dass ich eine Schwärmerei erwidern würde, die auf so tönernen Füßen steht, mal abgesehen von der Situation, in der wir uns befinden. Ich würde vorschlagen, wir konzentrieren uns auf die Arbeit, die vor uns liegt. Könnten wir uns darauf einigen?«

Ich nickte. »Ja, klar, darauf können wir uns einigen.« Ich stand in einer Lache von kaltem Wasser, den Eimer über dem Kopf. Natürlich hatte sie Recht. Trotzdem. Ich seufzte. Ich würde sie heimlich anhimmeln und mich demütig in die Reihe Ihrer Verehrer stellen.

»Kommen Sie raus, Sie tropfen ja vor Scham, das gibt Flecken auf dem Teppich.« Sie kicherte, während sie mich aus ihrem Büro schob. Ich verstand, dass es damit gut für sie war. Sie schloss den Raum und wir gingen langsam nebeneinander durch die Flure. Ich spürte ihre Wärme und fühlte mich besser.

Coaching

Über die verschiedenen therapeutischen Ansätze, die mir bisher bekannt waren, dachte ich den ganzen Tag nach. Ich hatte schon vor Jahren »Inner Game Golf« von Gallwey gelesen, bei dem sich Legionen von Mentaltrainern meist ungefragt bedient hatten. Jos Vanstphout, selbsternannter Mental-Guru mancher Tourspieler, bezeichnet Gallwey immerhin als seinen Mentor. Frank Pyko, der Gallweys Buch in Deutschland herausgab, entwickelte ein

Inner-Game-Coaching, das dem Spieler sozusagen das Handwerkszeug vermittelt, sich selbst zu helfen. »Es geht deshalb nicht darum, mehr zu wissen, sondern mehr selbst zu können. Inner-Game-Coaching ist handlungsorientiert«, sagt Pyko.

Schlaflose Nächte vor den Turnieren und die Stunden voller Selbstzweifel und Angst während des Spiels – letztendlich besteht der innere Dialog vieler Golfer aus Glaubenssätzen wie »Das schaffe ich nie« und dem sicheren Wissen, dass sie versagen werden, wenn es drauf ankommt. Während der Turniere, oder wann immer Leistung gefragt ist, überschattet ein Berg negativer Erfahrungen alle vorhandenen Erfolgserlebnisse und begräbt alle positiven Erfahrungen unter sich. Im Zustand dieser Selbsthypnose kommt der Spieler zum Turnier. Am schlimmsten ist es, wenn man gegen einen Angstgegner spielen muss.

Diese Gedanken schilderte ich Ludmilla, als wir am Abend wieder zusammensaßen.

Ludmilla machte eine weitausladende Geste. »Das ist eine allgemeine Frage des alltäglichen Überlebens, das betrifft keineswegs nur den Golfsport. Diese Erfahrung kann jeder in seinem Job machen. Die Frage ist: Wie kann ich meine optimale Leistung bringen? Lassen Sie mich zuerst auf den Angstgegner eingehen. Wo steht der?«

»Wie meinen Sie das?«

»Wie nehmen Sie den visuell in Ihrem inneren Bildschirm wahr?«

Ich zuckte mit den Schultern. Darüber hatte ich noch nicht nachgedacht.

»Ich will es Ihnen sagen. Man sieht den Angstgegner meist oberhalb der Sehachse. Dabei ist der Angstgegner meist deutlich größer als in Wirklichkeit und sein Bild leuchtet in hellen, meist grellen Farben, entweder als Standbild oder als lebhafter Film mit und ohne Ton.

Sie haben eine angespannte Körperempfindung, wenn Sie Ihren Gegner so wahrnehmen.

Aber wenn Sie sich einen kleinen Schwarzweißfernseher in etwa vier bis sechs Metern Entfernung links unten am Boden vorstellen, in dem Ihr Angstgegner zu sehen ist, dann wird sich Ihre Körperempfindung entspannen. Ich will Ihnen das erläutern: Die Art und Weise, wie innere Bilder aufgebaut sind, übt einen weit größeren Einfluss auf unsere Gefühle aus, als das, was sie inhaltlich abbilden.«

»Hä? Ich glaube, ich kann nicht ganz folgen.«

»Mal anders: Ob diese Bilder farbig oder schwarzweiß, hell oder dunkel, nah oder fern, als Standfoto oder Film, groß oder klein, verschwommen oder scharf sind, verändert unser subjektives Erleben. Die Unterschiede in der Wahrnehmung kann man als Programmiersprache unseres subjektiven Erlebens bezeichnen. Sie wirken wie eine Codierung, die uns signalisiert, welche Bedeutung eine Vorstellung hat, was dann entsprechende Gefühlsreaktionen hervorruft.«

»Aha.« Ich bemühte mich um einen intelligenten Gesichtsausdruck auf meiner visuellen Oberfläche.

Sie fuhr fort: »Allgemein lässt sich sagen, nah und farbig bedeutet für unser Gehirn: wichtig! – egal ob angenehm oder unangenehm. Weit weg und grau oder schwarzweiß bedeutet: unwichtig! – darauf muss ich nicht groß reagieren. Das ist übrigens einer der Gründe, warum Affirmationen oft nicht wirken. Bleibt das innere Bild trotz Affirmation klein, grau und weit weg und das innere Bild der hinderlichen Überzeugung nah, scharf und farbig, ist unser Hirncomputer ob der widersprüchlichen Botschaften nur verwirrt. Meist siegt dann das innere Bild und die Affirmation wird zu einem sinnleeren Mantra. Was ich Ihnen hier erzähle, stammt aus dem NLP und bezieht sich darauf, wie Menschen ihr Erleben strukturieren und dabei zu Höchstleistungen aufsteigen oder sich in den Boden rammen.«

Ich dachte eine Weile nach. »Und was nennt man Schatten? Sie hatten erwähnt, dass die Übungen der inneren Balance nur sinnvoll sind, wenn man seinen Schatten angenommen hat. Ist das der Schatten, den einer hat, der einen Schatten hat, ich meine im Sinne von plemplem?«

»Plemplem?« Ludmilla lächelte. Sie stand auf und ging zum Fenster. Sie schaute in den Park. Wieder hatte ich das Gefühl, sie würde sich überlegen, wie sie eine komplexe Antwort so verhackstücken könnte, dass ich sie kapieren würde.

»Als Schattenseiten werden in der Psychoanalyse Eigenschaften oder Teile der Persönlichkeit bezeichnet, die abgespalten sind, weil sie zu schmerzlich oder unangenehm sind. Das Ziel einer therapeutischen Arbeit ist es, diesen unangenehmen Teil in seine eigene Person zu integrieren. Dazu muss man ihn zuerst einmal in der eigenen Person spüren oder wahrnehmen.«

»Was hat das alles mit Meditation zu tun? Ich las erst kürzlich bei

Wilber[21] in einem Artikel, dass Meditation ohne die Integration des eigenen Schattens wenig Sinn habe.«

Ludmilla hob die Braue. »Oh, Ken Wilber lesen Sie auch?«

»Nicht wirklich. Das ist mir zu hoch, aber manche Sachen bleiben beim Drüberfliegen hängen.« Ich wollte nicht zugeben, dass mich der Mentalcoach Manfred Hauser auf einige aktuelle Texte von Wilber hingewiesen hatte.

Ludmilla setzte sich wieder in ihren Sessel, hielt einen Moment inne und erklärte mir: »Er meint, dass Meditation auch dazu benutzt werden kann, um die unangenehmen Teile eines Menschen weiter zu verdrängen und zu ignorieren. Wilber bezeichnet mit *Schatten* die unterdrückten Aspekte unseres eigenen Selbst, die wir verleugnen. Er sagt, dass man lange Zeit Übungen machen könne, aber der Alltag davon unberührt bliebe, weil die Zustandserfahrung nur aus der Struktur interpretiert wird, die man hatte, als man mit der Übung angefangen hat. Die Meditationspraxis zementiert dann quasi den gegenwärtigen Zustand und es findet keine Entwicklung statt.«

»Und wie ist dann Heilung möglich?«, fragte ich.

Wir waren längst über die übliche Zeit, aber das schien ihr egal zu sein. Wir wussten beide: Wir näherten uns dem Kern des Themas.

»Heilung geschieht, wenn wir die verleugneten Teile, die Schatten, zu einem Teil unseres Ichs machen können. Dann können wir im nächsten Schritt bewusst loslassen. Erst dann geschieht eine wirkliche Entwicklung. Die Leistung der Therapie ist, Schatten zu *erkennen* und zu umarmen und die Leistung der Meditation ist das *Loslassen* des Schattens.

Ludmilla schaute auf die Uhr. »Sie dürfen heute das Tablett mit den Tassen und der Kanne mitnehmen und zur Küche bringen. Ich habe jetzt noch etwas vor.«

Wir standen auf. Ihre Befehle waren eindeutig und so packte ich das Geschirr aufs Tablett.

»Schlafen Sie gut«, rief sie mir nach.

»Sie auch!« Ich trollte mich davon und dachte darüber nach, was sie jetzt noch vorhaben könnte.

---

21 Wilber, K. (2001). Ganzheitlich handeln. Freiamt: Arbor Verlag.
   Habecker, M. (2006). Integrale Spiritualität – und die Folgen. Licht und Schatten. Artikelreihe von Michael Habecker in der »info3«. (www.Integrale-Bibliothek.info)

Grötschmann

»Was machst du denn hier?« Jemand legte die Hand auf meine Schulter. Eine schwere Hand. Ich drehte mich langsam um.

»Grötschmann!« Ich war so vollkommen überrascht und gleichzeitig erfreut, dass ich ihn umarmte, was wir im Club sicher nicht gemacht hätten, es sei denn wir hätten zusammen im Teamplay einen Pott gewonnen. »Heinz Grötschmann!«

Auch er schien sich zu freuen. Er legte mir noch mal seine Pranke auf die Schulter. Wir schauten uns an.

»Wann bist du denn angekommen?«

»Gestern Abend.«

»Teurer Laden hier. Bist du privat versichert?

»Nee, nee, Kasse, aber auf richterliche Anordnung.«

»Hm. Uschi?«

Er nickte. Uschi war seine Ex. Den Rest konnte ich mir denken.

Es folgte ein für Frauen vielleicht unbegreiflicher Dialog zweier zutiefst ergriffener Seelen, die sich in wenigen gestammelten Lauten endlose Informationsketten zukommen ließen. Verschüttete Gefühle, die persönliche Tragik, Ängste des Älterwerdens, unerfüllte Hoffnungen, die Einsamkeit, die Angst vor dem Tod, die Ungewissheit, ob das Sterben langsam und schmerzhaft ist, die Freude einen Menschen zu sehen, von dem man erst jetzt in diesem Moment wusste, dass man ihn schätzte – den ganzen emotionalen Rotz, den Männer nicht aussprechen können, versteckten wir in wenigen Worten.

»Und sonst?«

»Och, joo, geht so.«

»Ja?«

»Hajjooh. Na, muss ja.«

»Genau.«

»Und du?«

»Geht so.«

»Schon lang hier?«

»Über drei Wochen.«

»Und, wie isses?«

»Na ja, nicht schlecht.«

»Dann isses ja gut.«
Wir nickten beide.
»Und? Gespielt?«
»Hier nicht, Heinz, hier nicht.«
»Wie? Gar nicht?«
»Kein Golf in Bad Berzich.«
»Was issn das für'n Laden?«
»Mir geht's gut dabei.«
»Du alter Lügner!«
Ich seufzte und schaute ihn ergriffen an.
»Der Heinz, ich glaub's net!«
»Hajjooh.«
»Und sonst?«
»Als so[22] weider.«
»Muss ja.«
»Genau.«
»Bist du in der Golfgruppe bei Frau Dr. Zeisig?«
Heinz nickte. »Therapiesaal I, 11 Uhr, steht auf meinem Zettel. Kommst du da auch hin?«
»Yep!«
In einem Anfall von Erleichterung und Männerzärtlichkeit ließ er mir noch mal seine Hand auf die Schulter fallen.

Für die Gruppe war es noch zu früh und ich ging langsam zurück ins Haus. Ich kriegte mich gar nicht mehr ein. Jetzt erst merkte ich, wie sehr ich einen Freund vermisst hatte. Eigentlich waren wir keine engen Freunde gewesen, höchstens alte Weggefährten. Grötschmann war die letzten Jahre in einem hessischen Golfclub, wo er eine besondere Stellung innehatte. Er war der einzige offiziell bestallte Zuhörer in Deutschland. Was das ist? Es ist doch oft so, dass niemand mehr hören mag, wie man gespielt hat. Kommt jemand nach einem Turnier zu mir und fragt, wie ich gespielt habe, sage ich kein Wort, wende mich ab und gehe. Warum? Weil ich das Turnier vermasselt und keinen Bock habe, mir von diesem Burschen erzählen zu lassen, wie toll er gespielt hat, nachdem er mir eine Minute zugehört hat. Wer fragt, wie man spielt, wartet nur dar-

---

22 Hessischer Ausdruck für immer wiederkehrende Grüße vom Murmeltier.

auf, seine 18 Loch erzählen zu können. Hat jemand grottenschlecht gespielt und man hört da kurz rein, hebt das vielleicht noch die eigene Stimmung. Aber das endlose Gesülze – nein danke.

Richtig weh tut es, wenn man dummerweise am Tisch von so einem Siegertyp sitzt.

»Hätte besser laufen können«, deutet er vielsagend an und reibt sich die Hände, als er sieht, dass der Spielführer die Preise auf dem Tisch ausrichtet. Dann beginnt er von seiner Runde zu erzählen. Nach seinem Birdie an der zwölf (»und ich dachte erst, der Ball sei im Aus«) wird er aufgerufen, nimmt sein 1. Netto in Empfang und kehrt zurück. Die Kumpels klatschen, er bestellt eine Runde und kommt auf den ausgelippten Putt auf der 14 zu sprechen, weshalb der Eagle nur ein Birdie wurde. Er wird dann vom Spielführer unterbrochen, um sich den Longest Drive abzuholen (»den Ball hab ich eigentlich gar nicht richtig erwischt«). Auf der 16 war dann eine ganz üble Lage, so dass es nur ein Par wurde, aber dafür die 17, Par 3 – das war geil! Und schon wird er wieder aufgerufen, denn er hat auch das »Nearest to the Pin«.

Da sitzt er, das gierige Schwein, mit einem fetten Gutschein für den Proshop und drei Dutzend neuen Titleist-Bällen, für die ich Wochen in den Büschen rumkriechen müsste. Die 18, sagt er, ja die 18 und leckt sich seine fette Angeberlippe. Da habe er endlich mal Glück gehabt. Diesmal habe er nicht den Teich getroffen, sondern das Grün. Läge wohl an seinem neuen Baffler, den er in der Tombola gewann. Welche Tombola? Die Runde fragt pflichtschuldigst und hofft auf eine neue Lage Schoppen. Er habe doch beim Men's Day diesen Gutschein gewonnen, diese Reise, Mallorca, hey Leute …! Ach ja – alle greifen sich an den Kopf. Davon hatte man gehört. Und in seiner Lieblingsdisco in der Champagnersuite, da seien doch diese Girls gekommen … ja richtig … die mit den … genau! Jetzt glühen die Ohren … und da sei er doch mit diesem Ferrariwochenende-Gutschein rausgegangen. Genau, das wusste man noch. Und als er dann das Turnier mitspielte, da war doch diese Tombola, wo er den Baffler gewann, was aber nicht der Preis war, denn das war ein Gutschein von einem Wellness-Wochenende in der Toskana und der lag in dem Karton, in dem auch der Baffler war. Doppelt gemoppelt hält besser! Brüller! Er hechelt vor Lust und seine Schweinsäuglein blitzen. Er dachte, das habe er schon erzählt, geckert er. Nein, das noch nicht. Besorgte Gesichter schauen in die Gläser, das Bier wird knapp.

Mit einer herrischen Bewegung, und um sich selbst nicht zu unterbrechen, fächelt er Etbin herbei, hebt die rechte Hand, womit fünf Hefeweizen gemeint sind, und ruft dann, sich eines Besseren besinnend, hinterher: »Und mach noch mal fünf Klare!« Dann holt er Atem, trinkt sein Glas aus und fährt fort. Mit diesem Baffler habe er nie gespielt. Nur mal heute vor dem Turnier ein paar Schläge gemacht, aber auf der 18 habe er den zweiten damit tot gelegt. Geiles Teil. Die Meute summt in Bewunderung. Verbitterte Looser von den Nachbartischen schauen neidisch zu uns herüber.

Wer solches Geschwätz einmal, zweimal, hundertmal vor Neid triefend mitgemacht hat, der weiß, was es bedeutet, weiß, was Heinz Grötschmann in seiner Zeit als aktiver Zuhörer geleistet hat. Der Club hatte ihn jedoch mehr für jene armen, entwurzelten Seelen eingeplant, die niemanden kannten, der bereit gewesen wäre, ihren Tragödien und Triumphen zu lauschen. Zum Ausgleich für diese unsägliche Geduld erhielt Heinz, der es nach seiner Scheidung nicht mehr so dicke hatte, die Möglichkeit, seinem geliebten Golfsport nachzugehen.

Für den herzensguten Grötschmann war Golf eine kultische Handlung und er selbst sah sich als Diener einer launischen Göttin, die ohne Unterschied auf Rang und Ansehen belohnte und strafte, was seinem Verständnis von Gerechtigkeit entsprach.

Gruppensitzung

Kurz vor 11 Uhr ging ich zum Raum Therapie I, wo unsere erste Gruppensitzung stattfinden sollte.

Nachdem mich Ludmilla am Tag zuvor aus ihrem Büro geschoben hatte, fragte sie mich, ob ich an der ersten Gruppe teilnehmen wolle. Ich hatte sie wohl sehr verwundert angeschaut, jedenfalls fuhr sie fort: »Ich frage das, weil Sie ja nicht mehr so lange hier sind und aus meiner Sicht kein Grund besteht, dass Sie noch einen Gruppenprozess durchlaufen.«

»Wie – nicht mehr lange hier? Ich bin doch gerade erst angekommen.«

»Sie sind fast vier Wochen hier, eine Verlängerung bekommen wir nicht durch. Aber ein paar Tage, an denen Sie Gast des Hauses sind, habe ich schon eingeplant, damit wir uns auch noch mal außerhalb des therapeutischen Rahmens kennenlernen können.«

Außerhalb des therapeutischen Rahmens? Was meinte sie denn damit? Sollten meine kühnsten Träume wahr werden? Sie schien zu ahnen, was in mir vorging.

»Ich sehe schon. Sie kommen mit in die Gruppe, damit ich vor Ihnen sicher bin. Ich wollte mit meiner Bemerkung keine zweideutigen Signale senden, sondern Ihnen vermitteln, dass mir nach ihrem offiziellen Aufenthalt hier noch etwas an Ihrer Gesellschaft gelegen wäre. Ach, was soll's. Das erkläre ich Ihnen später. Wollen Sie in die Gruppe kommen?« Mein dümmliches Glotzen interpretierte sie als Zustimmung.

Ich stand mit zwei Männern und zwei Frauen vor dem Therapieraum, als Grötschmann angebummelt kam. Wir nickten uns zu. Alle schienen verunsichert. »Könnten zwei Dreier-Flights machen«, sagte ich. Doch bevor jemand antworten konnte, kam Ludmilla angerauscht. »Tag, die Herrschaften, kommen Sie rein.«

Therapie I kannte ich noch nicht. Ein heller, freundlicher Raum mit terrakottafarbenen Vorhängen. Bequeme, gepolsterte Stühle standen im Kreis. In einer Vase auf einem Beistelltisch stand ein kleines Blumengesteck mit Zweigen und Frühlingsblumen. An einer Seite des großen Raumes befanden sich mehrere Djembes, Kongas und eine indianische Basstrommel. Die gesamte Fensterfront ermöglichte einen Blick in die Berge. Wir nahmen Platz und schauten scheu herum. Das ist der Moment, in dem die ersten Sympathien und Antipathien gebildet werden. Ich kenne das aus Gruppen und blickte deshalb auf den Boden. Heute wollte ich mir nicht meine erste Sitzung durch Vorurteile und Projektionen vermasseln, bevor irgendwer auch nur ein Wort gesagt hatte.

»Tja.« Ludmilla schaute in die Runde. »Ich bin Ihnen bereits in Einzelgesprächen begegnet, weshalb ich mich nicht mehr vorstellen muss. Bis auf eine Ausnahme sind Sie alle erst in diesen Tagen angekommen und ich hoffe, Sie haben sich bereits etwas eingelebt und fühlen sich wohl.« Es folgte allgemeines Nicken und eine Lockerung der Sitzhaltung. »Was Sie alle hier verbindet, soviel darf ich vorweg sagen, ist die Erfahrung, dass Ihr geliebtes Hobby eine solche Dominanz in Ihrem

Leben entwickelt hat, dass Sie nicht mehr in der Lage sind, Ihren alltäglichen Verpflichtungen nachzukommen. Kurz gesagt: Sie sind in einem Zustand zu uns gekommen, der als golfsüchtig bezeichnet wird. Ich freue mich, dass jeder von Ihnen die Bereitschaft und das Interesse gezeigt hat, hier intensiv zu arbeiten, damit Sie wieder in der Lage sind, eine innere Balance in Ihrem Leben herzustellen.«

Allgemeine Zustimmung. Nur die »richterliche Überweisung« Grötschmann starrte auf den Boden. Ludmilla fuhr fort: »Ich würde vorschlagen, dass Sie sich kurz gegenseitig vorstellen, wobei Sie selbstverständlich nur das erzählen müssen, wozu Sie hier in der Gruppe bereit sind. Ich möchte Sie jedoch darauf hinweisen, dass eine gewisse Offenheit hilfreich ist, denn Sie sitzen alle in einem Boot und sollen sich gegenseitig helfen. Die Dinge, die Ihnen zu persönlich sind, können Sie mir selbstverständlich weiterhin in den Einzelsitzungen anvertrauen. Ich schlage vor, dass wir einfach mal im Uhrzeigersinn loslegen.«

Unsere Sessel standen jeweils einen Meter voneinander entfernt, so dass jeder genug Platz für sich hatte. Ich hasse es, im Kino oder bei Veranstaltungen dicht gedrängt mit anderen Menschen zusammenzusitzen. Das Gefühl, dass die Aura von wildfremden Leuten zu mir herüberschwappt und ich mich davor nicht schützen kann, mal abgesehen von den Viren – nein danke. Hier fand ich den Abstand genau richtig, nur saß ich auf dem ersten Sessel links von Ludmilla und jetzt schaute sie mich erwartungsvoll an. Na gut, die kurze Vorstellung. Eine meiner leichtesten Übungen. Ich nannte meinen Namen, mein Alter, erzählte, dass ich geschieden war und seit über drei Wochen als erstes Versuchskaninchen dieser Abteilung täglich meine Möhre bekäme. Dieser Scherz brachte mir Schmunzler, Punkte auf der Sympathie-Skala und sorgte für eine weitere Entspannung der Teilnehmer.

»Ich weiß, dass ich nur kurze Zeit an dieser Gruppe teilnehmen kann, aber ich möchte Ihnen sagen, das sich die Arbeit lohnt und ich wünsche Ihnen viel Erfolg dabei.« Das war schon fast eine Abschiedsrede, dachte ich. Beinahe hätte ich erzählt, dass sich die Therapie hier insofern besonders gelohnt hatte, als ich nach dem Frühstück im Turmraum in knapp einer Stunde die ersten neun Loch eines kniffligen Küstenplatzes (Portnoo, Nordirland) Level Par gespielt hatte, was bei dem Wind, der an diesem Morgen herrschte, ein verdammt gutes Ergebnis war. Ich hatte sehr gute Eisen in die Grüns und viel Glück beim Putten gehabt. Aber das war letztendlich egal. Level Par auf diesen neun Loch! Mein alter Freund Lord Timbo, der mich begleitet hatte, musste einen Fünfer in den Hut von Willis legen. Morgen würden wir die Backnine spielen.

»Fertig?«, fragte mich Ludmilla, während ich noch meinen Gedanken nachhing. »Oh ja, pardon.«

»Ich möchte zu dem, was Sie sagten, noch ergänzen«, und damit sprach mich Ludmilla direkt an, »dass Sie sich als Autor einerseits dem Thema Golfsucht widmen und andererseits als Betroffener in den letzten Wochen bereit waren, Ihre Erfahrungen in unsere Abteilung einzubringen. Anlässlich der Eröffnung des neuen Saales wird es am Wochenende einen kleinen Vortrag zum Thema geben, wozu ich Sie alle herzlich einladen darf. Gut, dann weiter.« Der Blick der Therapeutin suchte die Frau, die links von mir saß. Ich drehte mich ebenfalls zu ihr. Sie war, was man eine gestandene Frau nennt. Nicht üppig, aber stabil gebaut. Dunkle Haare in einem modischen Kurzhaarschnitt. Elegante Kleidung, dezenter Schmuck. Sie begann:

»Ich heiße Ilona Pocher, bin 49 Jahre alt und lebe in Köln, geschieden, keine Kinder. Ich habe eine verantwortungsvolle Tätigkeit in einem Versicherungsunternehmen. In unseren Geschäftsstellen weltweit bin ich für die Prüfung der Bücher verantwortlich, was sehr anstrengend ist, weil ich mich immer in verschiedenen Zeitzonen befinde. Vor fünf Jahren begann ich mit dem Golfen. Kollegen in den USA hatten mich eingeladen. Zuerst entdeckte ich, dass mich Golf entspannte und mir half, den Jetlag besser zu ertragen. Ich kaufte mir ein halbes Set, mit dem ich bequem reisen konnte und nahm es überall mit hin. Anfangs war es schön, wenn ich mit den ausländischen Kollegen am Wochenende etwas unternehmen konnte. Private Anknüpfungspunkte waren von Unternehmensseite her durchaus gewünscht und in den anglistischen Ländern spielen die meisten Kollegen, mit denen ich zu tun habe. Als sich meine neue Leidenschaft herumsprach, wurden – wo immer ich hinkam – Mitarbeiter gefunden, die mir am Wochenende Zutritt zu den Clubs verschafften. Irgendwann merkte ich, wie kompliziert es war, in Deutschland einfach mal spielen zu können. Eine Mitgliedschaft war für mich nicht sinnvoll, weil ich so viel unterwegs bin. Zufällig sprach ich das bei einem Kollegen in Südafrika an und am nächsten Wochenende hatte ich einen Clubausweis mit einem Vorgabeeintrag von 36.

Einfach so. Es war ein kleiner Countryclub bei Kapstadt, wie es dort etliche gibt. Ich sah das als nette Geste an und bedankte mich. Aber danach brachen alle Dämme. Bei der Arbeit dachte ich nur daran, wann ich endlich auf den Platz könnte. Ich wurde nachlässig und erledigte meine Aufgaben nicht mehr so konzentriert und neutral, wie das früher der Fall war. In einem asiatischen Land stieß ich auf erhebliche Unregelmäßigkeiten und Luftbuchungen unserer englischen Tochtergesellschaft. Unter dem Vorwand, diese Vorgänge besonders beobachten zu wollen, flog ich mehrfach dorthin beziehungsweise hielt mich länger in Malaysia auf. Das Leben wurde mir zum Paradies gemacht und eines Tages flogen wir zu einem Asian-Tour-Event, wo ich bei einem Pro/Am als Gast der Sponsoren mit einem Weltstar zusammen spielen konnte. Etwa zu der Zeit wurde mir bewusst, dass ich Vorteile angenommen hatte und meine Arbeit durch meine Golfleidenschaft beeinflusst wurde. Ich traf mich zu einem Gespräch mit meinem Vorgesetzten und bat um Beurlaubung, um meine Angelegenheiten zu regeln und eine Therapie zu beginnen. Deshalb bin ich hier.«

»Danke, Frau Pocher. Ihre Offenheit ist beeindruckend. Nur wenn die Dinge auf den Tisch kommen, können wir uns gegenseitig helfen. Möchten Sie weitermachen?« Sie wandte sich einem älteren Herren links von Frau Pocher zu.

»Jawohl. Ich bin der Bastian Färgi. Ich wohne in Luzern in der Schweiz. Ich bin zweiundsechzig Jahre alt und spiele seit zwei Jahren Golf. Ich bin im Vorruhestand oder besser gesagt, muss ich nicht mehr arbeiten. Es wäre also kein Problem, den lieben langen Tag mit dem Golfen zu verbringen, wenn da nicht mein liebes Weib wäre, die meinte, ich wäre vollkommen am Verblöden.« Er sprach das in einem dezenten Schweizer Dialekt, der uns gut verständlich war. Beim letzten Satz gab es Gelächter. Er fuhr fort: »Ich liebe meine Frau und will nicht, dass sie ihre Drohung, mich zu verlassen, wahr macht. Andererseits würde ich auch gerne Golf spielen. Das Problem ist nur, dass ich den Ball nicht so treffe, wie ich das möchte und mir der sportliche Erfolg verwehrt bleibt. Deshalb reise ich umher, besuche Golflehrer und denke Tag und Nacht darüber nach, ob es nicht einen Zauberschläger gibt, der mir helfen könnte. Das alles macht meine Frau ärgerlich und sie meint, ich wäre verrückt. So. Und jetzt hat sie mir ein Ultimatum gestellt und gesagt, ich soll hierherkommen und Heilung finden, oder sie geht.«

»Vielen Dank, Herr Färgi.« Sie nickte dem jungen Man auf dem nächsten Sessel zu.

»Ja, hallo, also ich bin der Friedhelm. Ich bin 35 Jahre alt und habe ein ähnliches Problem wie die Dame von der Versicherung ...«

»Frau Pocher«, sagte Ludmilla.

»Genau, Frau Pocher. Ich arbeite als Anzeigendisponent in einer Werbeagentur, die bei großen Zeitschriften Anzeigen für ihre Kunden schaltet. Als ich vor ein paar Jahren mit dem Golfen begann, war das in unserem Haus gern gesehen, da man meinte, ich könne dann mit den Kunden auf dem Golfplatz bessere Geschäfte machen. Als der Anzeigen- und Werbemarkt zusammenbrach, war es tatsächlich so, dass unsere Agentur noch Aufträge erhielt, die zum Teil Gefälligkeiten meiner Golfseilschaften waren. Irgendwann merkten wir, dass wir bei golfenden Marketingleitern die Bereitschaft, mit uns zu arbeiten, durch gewisse Gefälligkeiten im Golfumfeld nachhaltig beeinflussen konnten. Da ist nie Geld geflossen, aber eine Einladung zu einem Pro/Am oder ein Golfwochenende halfen spürbar, die Tür zum Etat zu öffnen. Da sich bei vielen Unternehmen die gesamte langfristige Marketingplanung, wie man sie früher kannte, zugunsten kurzfristiger Entscheidungen verschoben hatte, versuchten wir, die Entscheider mit kleinen Gesten zu beeinflussen. Ich hatte mich richtig darauf spezialisiert herauszufinden, in welchen Unternehmen die Entscheider an der Golfnadel hingen und entsprechend wurden die bearbeitet. Auf der anderen Seite konnte ich mit beeinflussen, in welchen Medien wir die Mittel unserer Kunden verwenden würden. Deshalb war ich wiederum der begehrte Golfpartner von Anzeigenleitern, die mich nach allen Regeln der Kunst stopften. Ich kam an einem Punkt an, an dem mir moralisch fast alles egal war, weil ich nur noch eins im Kopf hatte: tolle Golfplätze spielen, geile Events abfeiern und die netten, kleinen Gesten einsammeln, die mit den Einladungen verbunden waren. Im Rückblick würde ich sagen: Deutschland ist zu einer korrupten Bananenrepublik verkommen, in der ich einer der Gorillas war, die davon erheblich profitierten. Dann kam für mich das Aus. Strafrechtlich und gesundheitlich. Das möchte ich hier nicht ausführen. Jedenfalls bin ich jetzt hier und möchte lernen, mit meiner Golfsucht umzugehen.«

Wir schwiegen betroffen. Das war ein noch beindruckenderes Geständnis als das von Frau Pocher.

Ludmilla schaute die Dame an, die jetzt auf dem nächsten »heißen Stuhl« saß. Kurze blonde Haare, Brille, kräftig, in eine weite Überbluse gekleidet, die lästige Pfunde verbergen sollte, schien sie in Gedanken versunken. »Möchten Sie sich auch vorstellen«, fragte Ludmilla vorsichtig. Die Frau nickte. »Ich heiße Doris Schrämp und bin 52 Jahre alt. Meine zwei Kinder sind erwachsen. Ich bin Witwe. Mein Mann starb vor zwölf Jahren bei einem Unfall. Ich war gut abgesichert, zumal ich Speditionskauffrau bin und meinem Beruf im eigenen Unternehmen nachging. Trotzdem fiel mir die Decke auf den Kopf und Freunde rieten mir, es mit dem Golfen zu versuchen. Mein Job ist hart, die Konkurrenz groß und mir fehlte eine Möglichkeit auszuspannen. Ich machte meine Platzreife im ersten Jahr, erspielte in der nächste Saison mein Handicap und eines Tages gewann ich das erste Damennetto in der Gruppe C. Ich war in meinem Leben nie sportlich gewesen, hatte da nie Erfolgserlebnisse gehabt, und als ich das erste Mal vor allen Leuten aufstehen musste und vom Spielführer einen Teller bekam, war ich so glücklich, dass die Tränen liefen. Ich wurde ehrgeizig. Ich nahm Stunden, übte so oft ich konnte und engagierte mich auch bei den Damen im Club. Ich merkte, wie meine Konzentration auf das Geschäft nachließ, aber dann geschah es, dass ich durch einen glücklichen Zufall bei einem Einladungsturnier in Norddeutschland einen Herrn kennenlernte, der ebenfalls Spediteur war. Einer der Großen in der Branche, der in unserer Gegend im Regionaltransport schlecht aufgestellt war. Es zog sich eine Weile hin, aber schließlich verkaufte ich ihm meine Firma zu korrekten Konditionen, was mich unabhängig machte. Danach gab es kein Halten mehr. Golfreisen, Golfturniere, ehrenamtliche Arbeit im Club. Der Club wurde meine zweite Heimat und ich begann eine Beziehung zu einem Mitglied. Ich war froh, wieder einen Partner zu haben und ganz besonders, dass ich einen Golfer gefunden hatte. Ihm war Golf nicht so wichtig und mehr eine gesellschaftliche Perspektive, neue Kontakte zu knüpfen. Bei einem Vierer-Matchplay mit Auswahldrive spielten wir zusammen. Ich war mittlerweile auf Handicap 23, er spielte 36. Ich wusste, dass es ihn störte, dass ich einiges besser war, aber er wollte das nicht zugeben. Mir selbst war das vollkommen egal. Jedenfalls lagen wir in dem Match gegen das andere Paar zwei down und hatten noch drei Löcher zu gehen, als ich meinen Drive in ein Wäldchen schlug. Ich wollte einen neuen Ball spielen, aber er meinte, er würde meinen Ball schon finden. Wir suchten gemeinsam in den Büschen, als er plötzlich rief, er habe meinen Ball gefunden. Er lag auf einer kleinen Lichtung, die eine breite, offene Schneise zum Grün bot. Ich war erleichtert, ging zu meinem Bag zurück und holte auch sein Bag, während er den schwierigen Schlag versuchte. Tatsächlich gelang es ihm, den Ball mit einem Eisen 7 aufs Grün zu schlagen, weil er das Dogleg durch die Schneise erheblich abkürzen konnte. Als ich aufs Grün kam, stellte ich jedoch fest, dass das nicht der Ball war, den ich gespielt hatte. Das teilte ich unseren Mitspielern mit, wodurch wir das Loch und damit das Match verloren hatten. Wir verabschiedeten uns und schon auf dem Weg durch den Wald zurück zum Clubhaus merkte ich, dass mein Partner kochte. Als wir dann im Wagen saßen und heimfahren wollten, beschimpfte er mich aufs Übelste. Ich sei eine golfhysterische Zicke. Ich hätte das Match vermasselt. Was sollten denn die anderen von ihm denken? Dass er betrügen würde? Jeder spiele den Ball, den er gerade findet. Das sei nun mal so in diesem Club. Ich solle mich nicht so anstellen, aber jetzt sei es ja eh zu spät. Das sei so eine moralinsaure Pseudoehrlichkeit von mir. Ich sei sowieso krank, weil ich nur Golf im Kopf hätte. Ob ich nicht merken würde, wie die anderen über mich lachen würden. Ich sei die Betriebsnudel im Club, das sei schon peinlich. Und so weiter. Seine Worte trafen mich wie Schläge. Ich stieg aus und am nächsten Tag beendete ich die Beziehung. Dann wurde mir nach und nach bewusst, was er mir gesagt hatte. Trotz meiner Verletzung spürte ich, dass er in manchen Dingen Recht hatte. Ich war nicht bei mir, war dem Leben gegenüber gleichgültig geworden. Mein Sinnen und Trachten galt nur noch dem nächsten Turnier, meinem späten Erfolg als Golferin und der Anerkennung im Club. Als mir das bewusst wurde, habe ich nach Hilfe Ausschau gehalten und jetzt bin ich hier. Uff.«

Sie schien erleichtert zu sein, als sie mit ihrer Geschichte fertig war.

Aus unseren Blicken spürte sie unseren Respekt. Sie war offensichtlich mit sich zufrieden. Ludmilla bedankte sich und wandte sich Heinz Grötschmann zu. Der sagte nichts.

»Herr Grötschmann, möchten Sie sich auch vorstellen?«

Heinz sagte nichts, aber ich spürte, wie es in ihm ratterte.

Heinz blickte auf den Boden. Er war in Gedanken bei Uschi. Eine Tortur gemischter Gefühle und Erinnerungen überschwemmte ihn. Damals, als sie noch bei ihm war, wollte seine Uschi jeden Samstagabend Sex. Nach dem Essen und dem ersten Hauptfilm, wenn Uschi Grötschmann eine halbe Flasche Weißwein intus hatte und sie gemeinsam auf dem Sofa saßen, wurde sie rollig. Dann versuchte sie mit ihm zu »kuscheln«, wie sie das nannte, obwohl Grötschmann gerade in seine Golfzeitung vertieft war. Ein Golfer will nicht kuscheln. Zärtlich wird er nur, wenn er heimlich seinen Putter streichelt. Romantische Gefühle erlebte Grötschmann, wenn das sanfte Licht der Abendsonne die grünen Hügel und Bahnen eines Golfplatzes in goldenes Licht tauchte. Dann war seine Welt rein und gut. Aber wenn Uschi, während seiner Lektüre über die OPEN, ein Küsschen haben wollte und anfing, unter der Sofadecke rumzufummeln, war die Welt nicht rein und gut. Gewöhnlich kam dann der Satz, der ihn erschaudern ließ: »Wie geht es denn dem kleinen Grötschmann?«

Uschi giggelte beschwipst und versuchte dann, ihre ansehnlichen, diätgestärkten Körperformen auf ihn zu wälzen, um den kleinen Grötschmann nach einem kurzen Ringkampf als Beutestück hervorzuziehen. Er hasste die Frage nach dem kleinen Grötschmann, den folgenden Ringkampf und noch mehr den nächsten Satz, der unabänderlich folgte, seit das samstägliche Abendritual bestand:

»Na? Wie liiiieb haben wir die Uschi heute?«

Zu Beginn ihrer Ehe vor über 15 Jahren konnte er noch Daumen und Zeigefinger soweit spreizen, wie es die Finger hergaben und sie war zufrieden. Mit der Zeit wurde der Raum zwischen seinen Fingern immer kleiner und eines Tages brachte er Daumen und Zeigefinger überhaupt nicht mehr auseinander. Grötschmann dachte an Golf. Seine Frau wollte Sex. Sie lebten in zwei Welten. Grötschmann legte die Zeitung weg und schaute seine Frau unwillig an. »Liebling«, begann er, »Ich muss meine Kräfte für morgen schonen, das Match, du weißt.« »Ja, ich weiß, das Match.« Ihr Gesicht wurde dann steinhart. Sie schnappte sich die Flasche und verschwand, um sich ein Bad einlaufen zu lassen.

Irgendwann ließ Uschi in ihren Mühen nach und eines Tages verließ sie Grötschmann. Sie zog zu einem strammen Burschen, der beide Hände brauchte, um Uschis Lieblingsfrage zu beantworten.

Grötschmann war es recht. Die Scheidung verlief problemlos. Sie bekam fast alles und er musste zahlen. Der Scheidungsrichter sah in Uschi Grötschmann eine reizende, unverstandene Frau (mit den richtigen Proportionen) und er bedauerte zutiefst, dass es keine Schuldfrage mehr zu verhandeln gab. Da er selbst unbeweibt lebte, erfüllte ihn kalte Wut bei dem Gedanken, dass Grötschmann mehr Lust hatte, einem kleinen, weißen Ball nachzulaufen, als diesem üppigen Vollweib den ehelichen Genuss zu bereiten, der ihr zustand.

Golfspiel als Scheidungsgrund wurde immer häufiger. Der Richter sah in diesem »Sport« eine gefährliche Sucht und eine Gefahr für die Allgemeinheit. Nachdem er Grötschmann fast alles genommen hatte, überlegte er, ob er auch den Schlägersatz aufteilen sollte, aber Uschi winkte ab. Grötschmann durfte seine Golfschläger behalten. Aus kunstvoll aufgebrachten Schichten von Kosmetika lächelte sie den Richter an, der Grötschmann dazu verdonnerte, eine Therapie zu machen. Grötschmann nickte. Er hatte selbst bisweilen die Vermutung, dass mit ihm etwas nicht mehr stimmte. Er konnte nur noch an Golf denken. Da, wo früher die üppige, in schwarze Spitze verpackte Oberweite seiner Uschi den gesamten inneren Horizont seiner Phantasie ausfüllte, erblickte er, wenn er die Augen schloss, nur noch die voluminöse, schwarze Tropfenform eines glänzenden 460-Kubik-Drivers.

»Herr Grötschmann?«, sprach ihn Ludmilla noch einmal an. Heinz hob den Kopf. »Möchten Sie uns auch etwas erzählen?«

Schwerfällig begann er, von Uschi, seiner Frau, zu erzählen. Jedes Wort schien ihm eine Qual. Mit Uschi hatte er auch seinen Job als Handelsvertreter verloren, der ihm in den letzten Jahren ein mäßiges Einkommen, aber eine Menge Uschi-freier Abende in kleinen Pensionen erlaubte, in denen er genüsslich seine Golfzeitschriften las, seine Schläger polierte und seine Puttübungen machte. Er besuchte nur Pensionen bis maximal 40 Euro Übernachtungspreis inklusive Frühstück, die einen Nadelfilzteppichboden hatten, auf dem seine Bälle ähnlich schnell rollten, wie auf einem Grün der European Tour. Vom Stimpmeter[23]: 11 bis 13 Fuß! Uschi, die schon zu Beginn ihrer Ehe erkannt hatte, dass Grötschmann nicht das erträumte Alpha-Männchen werden würde, hatte früh begonnen, eine Kosmetiklinie im Freundeskreis zu verkaufen. Multilevelmarketing. Für eine fröhliche Nudel wie Uschi waren Hauspartys

---

23 Mit dem Stimpmeter kann die Rollgeschwindigkeit des Balles auf dem Grün gemessen werden. Ab 12 Fuß spricht man von sehr schnellen Grüns. Wer wissen möchte, wie es sich anfühlt auf den Grüns in Augusta zu putten (um die 14 Fuß), sollte einfach mal auf dem Marmorboden einer Hotelhalle Putten üben.

ein Traumjob und sie verhökerte ihre Flaschen und Tuben mit großem Erfolg. Das verschaffte ihr den finanziellen Freiraum, ihre Wäscheträume zu verwirklichen, während Grötschmann vom Golfplatz seiner Träume nur träumen konnte. Er wusste, dass er in ihren Augen ein Versager war und sie wusste, dass er es wusste. Erst nach der Scheidung wurde ihm bewusst, dass Uschi ihre eigenen finanziellen Angelegenheiten vor dem Scheidungsrichter ausgesprochen geschickt zu verbergen gewusst hatte. Grötschmann, der diesen ganzen Scheidungskram nur hinter sich bringen wollte, erkannte zu spät, dass seine Uschi ihn bis aufs Hemd ausgezogen hatte. Immerhin: Die Schläger durfte er behalten. Er schaute auf die Bäume im Park. Gäbe einen schönen Pitch & Putt, dachte er.

»Wann haben Sie mit dem Golfspiel begonnen?«, fragte Ludmilla.

Heinz zuckte die Schultern: »Schon eine Weile her, ich schätze, so vor 30 Jahren?«

Ich spürte, wie schlecht es dem Heinz ging. Er hatte nie viel gehabt und das Wenige verloren. Er war ein großer, starker Mann mit einem lieben, sanften Gemüt. Sein Herz hing am Golfsport: Das war alles, was er hatte und mehr wollte er nicht. Wie einst der alte Tom Morris würde auch Heinz sagen können: »Ich hatte meinen Gott und mein Golf.«

Dann schien ein Ruck durch ihn zu gehen. Er setzte sich aus seiner trüben, hängenden Haltung auf, worauf ihn alle anschauten.

»Ich bin Golfer«, sagte er. »Ich mache das hier auf richterliche Anweisung mit und bin gerne bereit, etwas zu lernen. Aber ich möchte gleich ehrlich mit euch sein. Ich liebe mein Golf. Es ist alles, was mir geblieben ist und ich werde das nicht aufgeben.«

Der Mittagsgong ertönte. Ludmilla bedankte sich auch bei Heinz. Dann standen wir alle auf und gingen durch die Flure Richtung Speisesaal.

Ich ging neben Heinz her: »Klare Worte.«

»Was glaubst du denn. Die sollen wissen, woran sie mit mir sind.«

»Heinz«, begann ich, »du weißt, ich bin nur noch ein paar Tage hier. Wenn ich was für dich tun kann ...«

»Schon klar.« Rumms. Er schien wieder gefasst, denn seine dicke Pfote knallte auf meine Schulter. »Alder«, sagte er, »glaub nicht, dass die mich hier klein kriegen, nicht den Heinz Grötschmann!«

Er schien sich selbst Mut zureden zu wollen.

»Niemand will dich hier kleinkriegen«, erwiderte ich, »und zuallerletzt die Zeisig. Ich mag diese Frau.«

»Ho, ho«, sagte Heinz und grinste vielsagend. »Ach so ist das.«
»Quatsch. Ich meine nur: Sie will dir nix Böses ...«
Wir kamen im Speisesaal an und gingen an unsere Tische.

Am nächsten Morgen im Turm besiegte ich Lord Timbo zwei auf und kassierte 15 Euro. Nach dem Frühstück verkrümelte ich mich auf eine Bank vor der Klinik, um meinem Vortragstext noch einen letzten Schliff zu geben. Während ich an meinen Notizen arbeitete, schweifte mein Blick immer wieder über den Park mit dem schottischen Koloss in der Mitte. Wirklich ein imposantes altes Haus, diese Klinik. Der Bau hatte etwas Würdiges. Hatten hier im 19. Jahrhundert Geheimgesellschaften ihre Versammlungen abgehalten? Vielleicht sogar die Illuminaten? Vielleicht gab es noch Zeichen von geheimen Symbolen und mystischen Ritualen. Oder ein SM-Studio? Wer konnte das wissen. Hinter der Bühne des Kurhauses befand sich vielleicht eine doppelte Tür zu einem Geheimgang, der direkt unter dem Park hindurch in den Keller unserer Burg führte. Eingeweihte Tänzerinnen, Priesterinnen eines mystischen Isis-Kultes, schlichen sich nach der Vorstellung maskiert zum alten Kasten, wo sie dann von einer Schar dionysischer Adepten verwöhnt wurden.

Im 19. Jahrhundert gab sich in diesem Ort die weltliche und okkulte Prominenz die Klinke in die Hand. Wer weiß, ob nicht der Graf St. Germain einst in meinem Zimmer nächtigte? War das Haus vielleicht jene geheimnisvolle Ausbildungsstätte, an der Aleister Crowley seine magischen Versuche an willenlosen Opfern unternahm, als er aus England flüchten musste? Überliefert war nur, dass Gurdjeff hier auf dem Weg nach Paris ein paar Tage verbrachte. Damals war das Haus noch im Familienbesitz der Erbauerfamilie. Passt alles, dachte ich mir. Hier versammelten sich seit 100 Jahren die Durchgeknallten des Landes.

Ist die Golfsucht nur ein weiteres Phänomen der Selbstsuche, die bisweilen auf Schotterwege gerät? Jede Form geistiger Entwicklung hat ihre Fallen. Ob ich einen spirituellen Pfad gehe oder den der Fairways – überall lächelt der Wahnsinn und lauert der Abgrund.

Wie viele Geschichten könnten diese alten Bäume erzählen?
Die Sonne wurde wärmer. Ich legte mich auf die Bank, meine Jacke unter dem Kopf, und döste vor mich hin.

Meine Erinnerungen trugen mich zu den vielen Driving Ranges, die ich schon besucht hatte. Überall das Gleiche: Wenn ich mich hinter die Reihe der Spieler stellte und nach links schaute, sah ich die verbissenen, schwitzenden Gesichter. Manchmal, für einen kurzen Moment, war in einem der Gesichter ein Strahlen zu sehen, aber schon beim nächsten Schlag ging die Lampe wieder aus. Schlagen, schuften und schimpfen. Wenn ich nach rechts schaute, sah ich zehn Ärsche. Dünne, dicke, meist dicke. Eine Allianz von Fast-Food, Frauenzeitschriften und Ernährungswissenschaftlern hat den monströsen Durchschnittsdeutschen geschaffen. Besteht ein Zusammenhang zwischen Fresssucht und Golfsucht? Sollte ich meinen Vortrag dem Phänomen des unstillbaren Verlangens widmen? Diese Ebene des Bewusstseins nannten die Tibeter »Pretas« oder »hungrige Geister«, die als »nimmersatte Elendsgestalten« ein verzweifeltes Leben in einer selbstgeschaffenen Hölle des Verlangens führen. Das große Fressen. Alles in uns reinfressen. Irgendwann, beim Golfsport gelandet, frisst man Bälle beziehungsweise schlägt sie in erschöpfender Hast auf die Wiese. Das ist Golf. Golf füttert an, verspricht ein Lustgefühl, gibt ein Lustgefühl, bestraft sofort, stößt zurück, demütigt, um im nächsten Moment den Himmel zu offenbaren. Kein Wunder, dass auch starke Kerle schwach werden und sanfte Frauen zu Furien.

Verglichen mit den Spielern, die körbeweise Bälle wegdreschen, komme ich mir wie ein alter Junkie vor. Man ist nicht mehr so aufgeregt. Man hat sich entschieden zu überleben und teilt sich die Tagesdosis ein. Möglichst wenige Schuss, je sparsamer, umso besser.

Trommelsession

Es war kurz vor 11 Uhr, als Heinz näher kam.

»Na, Alder, was kritzelst du da?«

»Mein Vortrag über die Golfsucht. Ich werde predigen wie ein Evangelist. Vor dem Übel warnen, mit der ewigen Verdammnis drohen und danach insgeheim der Sünde huldigen. Was soll ich machen. Sie bat mich darum. Außerdem haben wir ja wohl alle gemerkt, dass man den Bogen überspannen kann, oder?«

Heinz zuckte mit den Schultern. »Beim Golf überspanne ich keinen Bogen. Ich könnte noch öfter spielen, das täte mir nur gut. Nur die ganze Welt ist überspannt. Es gibt keine Regeln mehr, keine Ehrfurcht, nichts ist mehr heilig. Mit der moralischen Neuerung des Landes ging es los. Der ganze Dreck schwappte damals massiv auf uns herein. Jede Abzocke wird Reform genannt, jeder Straßenräuber heißt jetzt Unternehmer und wo du hinschaust: überall Raffkes. Das Land wird von Hühnerdieben regiert, das Volk verblödet vor der Glotze und wird mit diesem Drecksfraß und schierer Angst bei der Stange gehalten. Manchmal habe ich eine so verdammte Wut. Wenn ich nicht meine Ruhe auf dem Platz fände, wüsste ich nicht, wozu ich fähig wäre.«

So viel hatte ich den Heinz noch nie reden hören. Wir kamen in den Flur, der zu Therapie I führte. »Vielleicht ist das hier doch ein guter Ort für dich, Heinz, damit du diese Wut mal rauslassen kannst. Das macht dich sonst kaputt.«

Er sagte nichts mehr. Wir trafen auf die anderen Teilnehmer unserer Gruppe, die schon vor dem Raum standen. Ludmilla kam und schloss den Raum auf.

»Sie brauchen sich gar nicht zu setzen«, sagte sie. »Glauben Sie nicht, dass das hier eine Labergruppe wird. Jeder von Ihnen nimmt sich eine der Trommeln, die dort liegen. Wenn es Ihnen fehlen sollte, Bälle zu schlagen, dann habe ich heute einen kleinen Ersatz für Sie. Beginnen Sie, Ihren eigenen Rhythmus zu finden. Lassen Sie raus, was raus will ...«

Genial diese Frau, dachte ich.

Jeder nahm sich eine Trommel und es ging los. Heinz griff sich die große, indianische Basstrommel. Anfangs tappste er vorsichtig darauf herum, wie ein Bär auf dünnem Eis. Aber dann fand er einen guten

Beat, der von anderen aufgegriffen wurde und schließlich waren wir alle in einem Rhythmus und die Damen schlugen mit den Kongas kurze Intervalle dazwischen.

Heinz hörte nicht auf, als wir in der Ferne den Gong hörten. Nach und nach ließen die anderen ihre Trommeln stehen, aber Heinz trommelte weiter, vertieft in eine andere Welt. Ludmilla nickte jedem zu, der durch die Tür verschwand. Sie würde bei ihm bleiben. Als letzter trat ich aus der Tür und blieb noch einen Moment davor stehen. Erst ganz leise, dann immer lauter hörte ich Heinz singen »Heya, hey, heyahahey ...«, er sang sein Indianerlied und Ludmilla war bei ihm. Plötzlich hatte ich keinen Hunger mehr. Therapie I war jetzt unsere Schwitzhütte und Heinz war dabei, seinen Bärenclan zu besuchen. Ich war der *Doorman*, der den Eingang bewachte. Ich dachte an Phillip Deere und Brave Buffalo, meine Schwitzhüttenlehrer. Drinnen sang Grötschmann sein wütendes Lied, das lauter wurde, dann wieder leiser, trauriger und schließlich verebbte. Als ich den guten, alten Heinz schluchzen hörte, wusste ich, dass Ludmilla der beste Mensch auf Erden war, der jetzt bei ihm sein könnte. Danach wurde es eine Weile still und ich spürte, dass irgendetwas in Heinz Ruhe fand. Plötzlich hörte ich ein Lachen. Tiefes Lachen und helles Lachen. Nach einer Weile kamen sie gemeinsam aus dem Raum. Heinz sah mich und wir umarmten uns. Ludmilla schien sich zu freuen, dass ich gewartet hatte. Sie warf mir einen warmen Blick zu, den ich ausnahmsweise mal nicht falsch interpretieren konnte.

Geführte Meditation

Von der Sitzung mit der geführten Meditation sollte ich doch etwas ausführlicher erzählen. Am Freitagmorgen, dem letzten offiziellen Tag meiner Kur, saßen wir wieder in der Gruppe zusammen. Es war viel passiert: Lachen, Tränen, Trauer und Freuden und zu meiner großen Überraschung war Heinz unser gemütlicher Fels in der Brandung der Emotionen geworden. Ich hatte in dieser Woche keine Abendsitzung mit Ludmilla verbracht, weil sie meinte, dass mir der Prozess in der Gruppe genug Stoff zur Verarbeitung gäbe.

Ludmilla wollte uns durch eine Meditation führen, so hatte sie es am Tag zuvor angekündigt. Ich konnte mir aber nicht viel darunter vorstellen.

Sie zeigte uns, wie man entspannt in der Kutscherhaltung sitzt und dann begann sie mit sanfter Stimme:

»Wir stellen uns jetzt einen schönen Ort vor, irgendwo in der Natur, an dem wir einen weiten Blick haben und uns wohl fühlen. Vielleicht an einem Berg auf einer Wiese. Dort setzen wir uns auf eine Bank ...«

»Verzeihung, Frau Doktor, ich hätte da einen Vorschlag«, unterbrach unser Schweizer. »Wir haben da einen herrlichen Golfplatz bei Zürich, wo man am 9. Abschlag eine großartige Aussicht auf den Zürichsee hat und gleichzeitig das ganze Bergpanorama ...«

»Das ist sehr nett, danke für den Vorschlag, aber es sollte sich jeder seinen eigenen Berg ausdenken.«

»Jawohl, ich dachte ja nur, weil mir an diesem Par 3 mal ein Birdie gelungen ist und ...«

»Dann nehmen Sie diesen Aussichtspunkt, aber jeder andere nimmt sich ein Bild, das seiner Erinnerung entstammt ... und jetzt gleiten wir wieder zurück zu unserem schönen Ort, an dem wir uns wohl und geborgen fühlen ...«

»Tut mir Leid, dass ich noch mal unterbrechen muss, aber muss es ein Golfplatz sein?« Frau Pocher schien irritiert. »Kaum habe ich mal keinen Golfplatz im Kopf, soll ich schon wieder an ein Par 3 denken?«

»Niemand hat etwas von einem Golfplatz gesagt. Ich sagte, eine Bank auf einer Wiese, wo Sie sich wohl fühlen, vielleicht an einem Berg oder wo immer Sie eine schöne Aussicht haben.«

Es war das erste Mal, das allerallerallererste Mal in der ganzen Zeit, in der ich sie kannte, dass ich eine klitzekleine Unmut, einen Hauch von Ungeduld in Ludmillas Stimme verspürte. Den anderen schien es auch aufgefallen zu sein, denn sie wurde nicht mehr unterbrochen.

»Sie sitzen jetzt auf dieser Bank und schauen in ein Tal. Es ist ein schöner, warmer Tag. Sie ziehen die Schuhe aus und die Sonne scheint Ihnen auf die Füße. Sie räkeln und strecken sich und kommen dann mit ihrer Energie in ihrem Unterbauch zusammen. Hier sammeln Sie Ihre Gedanken, indem Sie ganz langsam atmen und dabei fühlen, wie sich Ihr Atem an einer Stelle unter Ihrem Nabel sammelt.«

Wir atmeten eine Weile und sie fuhr fort.

»Jetzt spüren wir den gesammelten Atem in unserem Unterbauch. Wir legen beide Hände übereinander und kreisen mit beiden Händen über den Unterbauch.«

Ludmilla ließ uns erst in die eine, dann in die andere Richtung kreisen. »Nachdem wir unsere Kraft gesammelt haben und uns für unsere Reise fertig gemacht haben, stehen wir langsam auf und gehen Schritt für Schritt über die Bergwiese. Wir sind sehr bewusst und sehr aufmerksam. Nach einer Weile gelangen wir an einen Bergfluss und wir gehen den Fluss aufwärts Richtung Quelle. Es ist ein langer Weg und die Sonne scheint. Es ist heiß, aber wir spüren unsere gesammelte Kraft. Mit jedem Atemzug fügen wir der Kraft in unserem Bauch noch etwas hinzu. Jeder Schritt macht uns stärker. Noch eine Biegung, eine Serpentine und wir stehen vor einem Wasserfall. Hier ist eine Stelle, wo das Wasser aus dem Felsen kommt.«

Ich hätte gern Halt gerufen. An meiner Bank hatte ich meine Schuhe ausgezogen und als es plötzlich weiter ging, hatte ich den einen Schnürsenkel nicht aufbekommen. Ich sah die anderen loslaufen und hinkte dann mit einem Schuh hinterher, während ich versuchte, den Knoten aufzupulen.

»Wir suchen die Felswand ab und entdecken eine kleine Öffnung hinter dem Wasserfall, einen Eingang in den Berg. Sehen Sie diesen Eingang?«

Ludmilla musste eine Zustimmung gespürt haben, denn sie fuhr fort: »Wir gelangen jetzt in eine große Höhle. Am Eingang finden wir eine Fackel, die wir anzünden. Im Inneren der Höhle ist auf der linken Seite ein Wasserbecken, auf der rechten Seite ist es flach. Über uns leuchten Kristalle wie Tausend Sterne. Richten Sie sich die Höhle ein, wie immer Sie wollen.«

Während die anderen offensichtlich schon im Wohnrausch waren, suchte ich noch nach meiner Fackel. Endlich fand ich sie. Meine Höhle war staubig und leer. An einer Stelle fand ich eine abgebrannte Feuerstelle. Daneben lag ein Fell auf nacktem Fels. Selbst ein Höhlen-Sadhu hätte es gemütlicher gehabt. Ein Feuer konnte ich nicht machen, denn ich fand kein Holz. Zu allem Übel war meine Fackel fast runtergebrannt. Gerade als ich an das Wasserbecken kam, erlosch die Fackel. Spärliches Licht drang durch den Spalt am Wasserfall in die Höhle. Mit meinem nackten Fuß trat ich auf einen spitzen Stein.

»Richten Sie es sich gemütlich ein – Ihre Phantasie gestaltet Ihren Innenraum. Schaffen Sie sich einen Ort, an dem Sie sich vollkommen wohl und geborgen fühlen. Dann gehen Sie zum Becken und nehmen ein schönes, erholsames Bad.«

Plötzlich verstand ich, woran es mir fehlte: Phantasie! Mit Mühe gelang es mir, ein zweites Fell neben der kalten Feuerstelle zu imaginieren. Das war aber mottenzerfressen und hatte kaum noch Haare. Ich tappte in der Dunkelheit herum und fand das Wasserbecken. Von wegen schönes erholsames Bad. Das Wasser war eiskalt. Das Becken war tief. Wer weiß, was in dieser Eisbrühe lauerte. Ich steckte meinen nackten Fuß hinein und zog ihn sofort zurück. Vielleicht könnte ich mir einen Whirlpool vorstellen? Ich schaffte es, einen kleinen, weißen Billigwhirlpool zusammenzuträumen, der eher an ein Kinderplanschbecken erinnerte. Aber das Ding wollte nicht blubbern. Ich hatte keinen Strom. Wenn ich an dem Wasserfall einen Generator installieren könnte ...

»Glücklich und ausgeruht von dem herrlichen, duftenden Bad der Sinne«, war Ludmilla schon wieder unterwegs, »vollkommen erholt und entspannt nehmen wir unsere Fackel und gehen zum Ende der Höhle. Dort beginnt eine Treppe, die wir langsam hinaufsteigen, Schritt für Schritt, bewusst mit jedem Atemzug ...«

Während sich die anderen offensichtlich auf den Weg machten, rätselte ich immer noch, wie ich den Whirlpool heizen könnte, denn mittlerweile war mir saukalt geworden. Als ich sah, dass eine Truppe von sanft leuchtenden Schatten bereits im hinteren Teil der Höhle verschwand, lief ich hinterher. Ich stolperte und knallte mit einem Zeh an eine Stufe. Ich musste mich erst mal setzen, um meine kalten, schmerzenden Zehen zu halten.

»Oben, am Ende der Treppe, sehen wir ein wunderbares, goldenes Licht. Darauf halten wir zu. Schritt für Schritt und mit jedem Atemzug sammeln wir mehr Kraft in unserem Bauch ...«

Ich stand auf und versuchte, den anderen nachzuhetzen. Ich stolperte wieder, tastete mich an der Wand entlang und sah gerade noch, wie oben in der Ferne die letzte Fackel um eine Biegung verschwand. Jetzt war es voll finster und ich bekam Panik. Ich hielt mich an der Wand und versuchte so schnell wie möglich die Treppe hochzugehen. Hechelnd und um Atem ringend, erreichte ich die Tür, die aus dem Berg führte.

»Wir lassen unsere Fackeln jetzt zurück. Wir sind nun auf einem Plateau, so schön und weit wie das Dach der Welt. Um uns herum ist eine herrliche, weite Landschaft. Wir laufen über duftende Wiesen und sehen einen kleinen Wald. Unter wunderschönen, alten Bäumen finden wir einen kleinen Tempel, den Tempel unseres Herzens. Wir spüren, dass dort das Zentrum unserer Energie ist. Dort ist der Juwel unseres

Seins verborgen. Wenn wir uns mit unserem Juwel verbinden, der unser höheres Selbst ist, werden wir eins mit uns und finden tiefe Ruhe und Frieden.«

Ich rannte den anderen hinterher, aber plötzlich waren alle verschwunden. Jeder hatte offensichtlich seinen eigenen Tempel gefunden. Mittlerweile hatte ich den Schnürsenkel auf. Ich zog den anderen Schuh an und rannte durch die Wiesen. Nach einer Weile sah ich ein kleines Wäldchen. Unter alten Bäumen stand ein Sommerhaus, wie es früher in großen Gärten angelegt wurde. Eine Art Teehaus, in dem man die Sommernachmittage verbringen konnte. Die Wände bestanden aus einer Art Holzgeflecht. Das kam mir doch bekannt vor!

Leise ging ich näher heran, stellte mich am Fenster auf die Zehenspitzen und versuchte, durch einen Spalt der Vorhänge zu lugen. Ich sah einen fast leeren Raum. Auf einem Steinsockel stand eine Kerze. Daneben saß eine Gestalt: Ho Lin Wan!

»Wir verabschieden uns jetzt von unserem Juwel und kommen langsam auf die Ebene zurück. In westlicher Richtung führt ein schöner Fußweg ins Tal. Überall herrliche Blumen, über uns ein Adler ...«

»Was machst du denn hier?« Ich war baff. Ho Lin Wan! Er war mir vertraut wie eh und je und trotzdem sah er anders aus, als ich ihn in Erinnerung hatte. Bei unserer letzten Begegnung war er ein rundliches Moppelchen, ein Mondgesicht in einer roten Mönchsrobe.

Jetzt schien er mir größer und schlanker zu sein. Das verwitterte Gesicht eines Asiaten mit tiefen Furchen, freundlichen Lachfalten, einem feinen, silbernen Bart und Haarstreifen, die von den Schläfen herabhingen. »Ich dachte, du wärst ein Tibeter? Jetzt siehst du aus wie ein Chinese.« Ich setzte mich vor den Burschen, der mir schon eine Menge Scherereien eingebrockt hatte.

»Wo zum Teufel bist du gewesen? Erst fangen wir zusammen das Buch an, dann verschwindest du und jeder hält mich für bekloppt, weil ich mit einem tibetischen Geist rumspinne.«

Ho Lin Wan schwieg und betrachtete mich geduldig. Dieser Ausdruck war mir an ihm vollkommen fremd. Als er noch der fette, kleine Tibeter war, hatte ich mit ihm stets rumgezankt. Jetzt saß er da, wie der Weise vom Berg.

»Tibeter, Chinese – du mit deinen Bildern. Wann blickst du endlich hinter die tausend Formen?«

Er sagte das weder vorwurfsvoll noch ärgerlich, eher so, wie man mit einem Kind redet. Ich spürte Unruhe in mir. Ob die anderen schon wieder zurückgelaufen waren?

»Es gibt keine Zeit«, sagte Ho Lin, »nicht hier, wo wir sind. Wir könnten tausend Jahre sitzen und es wäre keine Sekunde vergangen. Also entspann dich.« Er sah mir in die Augen. Der Raum wurde weit und ich begann zu zittern. Tanzende Staubkörnchen glitzerten im Sonnenlicht, das durch einen Spalt des Vorhangs drang. Die Glitzerpunkte wurden zu Millionen Sternen und verliefen sich zur Milchstraße. Dann blickte ich in Ho Lin Wans Gesicht und sah das ganze Universum, erfüllt von strahlenden, verwobenen Bändern unendlicher Energie. Ich spürte tiefen Frieden in mir. Auch meine Füße wurden endlich warm.

Als Ludmilla in die Hände klatschte, öffnete ich die Augen. Lange Zeit herrschte Ruhe, bis alle gelandet waren. Dann begannen wir, uns langsam zu strecken. Offensichtlich hatte jeder eine tiefgehende Erfahrung gemacht.

Die restliche Stunde verbrachten wir mit dem Austausch der Erlebnisse. Jeder wollte seine Geschichte erzählen und so fiel es nicht auf,

dass ich nichts sagte. Meine Wanderung erschien mir total vermasselt, aber das war vollkommen unbedeutend im Vergleich zu dem, was ich mit Ho Lin Wan gesehen und gespürt hatte. Und wieder überkam mich ein Gefühl von Frieden und tiefer Ruhe.

Frieden ist ein Zustand des Geistes. Äußerer Friede kann nur durch inneren Frieden gefunden werden. Ich hatte das schon öfter gehört, aber nie so intensiv als unmittelbare Wahrheit erlebt.

Kurz bevor der Essensgong ertönte, schaute mich Ludmilla an. Also sagte ich, dass ich mich jetzt aus der Gruppe verabschieden müsse. Ich bedankte mich und wünschte allen, dass sie ihre Ziele erreichen würden.

Am Nachmittag ging ich in den Park und schaute mir noch mal das Gartenhaus an, in dem ich Ludmilla an jenem Abend bei der Meditation traf. Es war exakt so, wie ich es am Morgen gesehen hatte, nur dass Ho Lin Wan verschwunden war. Die ganze Sache kam mir äußerst merkwürdig vor. Ich setzte mich eine Weile hin und versuchte, mich an das Gefühl von innerem Frieden zu erinnern, aber die drohenden Gedanken an den bevorstehenden Vortrag überwogen und so ging ich zurück ins Haus und verkroch mich in meinem Zimmer.

Der Vortrag

An diesem Abend sollte der neu renovierte Vortragssaal offiziell eröffnet werden, weshalb es einen kleinen (alkoholfreien) Umtrunk gab. Der Abend war offen für alle und Therapeuten und Patienten aus verschiedenen Abteilungen waren der Einladung gefolgt. Im Saal waren wesentlich mehr Besucher, als mir lieb war.

»Irgendein Problem mit vielen Leuten?«, fragte Ludmilla.

»Oh nein, ich doch nicht.« Mir war mulmig. Ich setzte mich neben Heinz Grötschmann, der meine Unruhe zu spüren schien und mir die Pranke auf die Schulter legte, was mich sofort erdete.

Der leitende Direktor des Hauses, Prof. Dr. Biedermann, sagte ein paar angenehm knappe Worte über den Verlauf der Renovierung und die Besonderheit des Saales, in dem sich zu Beginn des Jahrhunderts vielfältige intellektuelle und gesellschaftliche Strömungen getroffen hätten, um über Kultur, Geist und Politik zu diskutieren. Aber das wolle er jetzt nicht ausführen, denn wie schon Wittgenstein sagte, der mehrfach Gast des Hauses war: »Wovon man nicht sprechen kann, darüber muss man schweigen.«

Man klatschte amüsiert, der Kurdirektor sprach eine Grußadresse und dann referierte ein Dr. Hajo Winkelmann über einen neuen Therapieansatz, der darauf basierte, dass gestörte Kommunikation beim gemeinsamen Kocherlebnis wieder ins Fließen kommen kann. Sein Vortrag hieß: »Reich mir mal das Salz.« Er war kurzweilig, tiefgründig, humorvoll und interessant. Mir wurde schlecht. Da half auch kein Grötschmann mehr.

Dann war Ludmilla dran. Sie war sehr elegant. Es war das erste Mal, dass ich sie in einem Kleid sah. Sie trug eine dezente Perlenkette, die kleine goldene Uhr und – wie mir schien – mehr Ringe als sonst. Die Konzentration auf ihren Schmuck lenkte mich etwas ab, aber ich merkte, wie mein Herz raste.

Sie führte in das Thema Golfsucht ein, nannte Zahlen, Fakten und die Zielsetzung ihrer Forschungsarbeit in der neu geschaffenen Abteilung. Dann rief sie mich auf, stellte mich als Golf-Autor vor, der selbst am eigenen Leib erfahren musste ... aber mehr wolle sie jetzt nicht sagen und ich dürfe jetzt beginnen. Ludmilla schaute mich erwartungsvoll an und nahm dann in der ersten Reihe Platz.

Mir war schlecht. Mein Kopf war kalt und heiß. Durch die von Angstschweiß verschmierte Brille erkannte ich die hungrige Meute, die darauf wartete, dass ich endlich meinen Ball abschlug. Ich konnte den Text nicht erkennen. Meine Augen tränten. Als Profi musste ich jetzt improvisieren.

»Äh, ja, hmmmpff, hhhmmmm, also, guten Abend, wie Sie schon hörten, äääh: Ich möchte mich erst mal bei allen bedanken, die diesen Abend möglich gemacht haben.« – *Klatschen.* – »Vor allem bei den Greenkeepern, die schon am frühen Morgen rausmussten, sowie den Service-Mitarbeitern, die ihren Job, wie ich finde, großartig gemacht haben. Das Wetter ist ja auch noch gut ganz gut geworden und die Spielergebnisse zeigen ...«

Es war still im Saal. Schemenhaft erkannte ich die Gesichter meiner Freunde aus der Gruppe, die irritiert heraufblickten. Irgendetwas hatte ich durcheinander gebracht. Die Gärtner kamen vom Stadtbauamt, es gab an diesem Abend keinen Service und das Wetter war den ganzen Tag grauenhaft gewesen. Okay. Mulligan. Ich schwitzte und versuchte einen neuen Schlag.

»Golfspielen macht süchtig. Wer das Problem verniedlicht, belügt sich selbst.«

Diesen Satz hatte mir Ludmilla nicht zugetraut. Ich übrigens auch nicht. Aber er kam gut. Soweit ich erkennen konnte, schauten die Zuhörer interessiert.

»Mittlerweile leben fast eine halbe Million Golfer in Deutschland, von denen sich 34 Prozent als gelegentliche Golfer, 28 Prozent als häufige Spieler und 13 Prozent als Golfsüchtige bezeichnen, die in den meisten Fällen männlich sind. 9 Prozent dieser Männer würden ihre Frau jederzeit gegen einen neuen Driver eintauschen, wobei das umgekehrt nur 6 Prozent der golfsüchtigen Frauen machen würden. Die anderen Frauen meinen, dass ihr Mann noch im Haushalt gebraucht wird.«

Die Zuhörer reagierten mit allgemeinem Schmunzeln.

»86 Prozent der Befragten haben beim Golfen das Gefühl zu versagen, sich lächerlich zu machen oder sie fühlen sich gedemütigt. Aber 92 Prozent dieser Gruppe meinen, dass ihnen das egal wäre, wenn sie den Ball nur einmal wieder so gut treffen würden, wie damals, bevor sie Golfstunden nahmen. 2 Prozent der Männer sehen diese Form der Demütigung als preiswerte Alternative zu einem Domina-Besuch an. 13 Prozent aller Golfer sind noch sexuell aktiv, 44 Prozent halten das im eheüblichen Rahmen, 8 Prozent würden sich wünschen, einmal Sex zu haben und der Rest spielt Golf, damit man sich damit nicht mehr befassen muss. So viel zu der üblichen Spott-Frage: ›Haben Sie noch Sex, oder spielen Sie schon Golf?‹

Als Golfmaniac würden sich selbst nur 12 Prozent aller Golfer bezeichnen. Wenn andere das beurteilen dürften (Freunde, Ehepartner), läge die Zahl bei 42 Prozent. Nur 4 Prozent halten sich selbst für GOLF-GAGA, obwohl es tatsächlich über 12 Prozent sind.

Warum haben die alle mit dem Golfspiel angefangen, werden Sie fragen? Vielleicht mit der harmlosen Begründung, dass etwas Bewegung bei frischer Luft nicht schaden könnte, besonders nach fettem Essen. Oder sie wurden von Freunden, Feinden oder Geschäftspartnern eingeladen, an einem Schnupperkurs teilzunehmen. Viele Anfänger tappten im Urlaub in die Falle. Von da an stehen sie auf einer Wiese und die Sonne brennt, bis das Hirn aussetzt. Stundenlang schlagen sie steinharte, uralte Driving-Range-Bälle. Dabei wird meist nur Luft bewegt und der Boden aufgewühlt. Aber plötzlich, in größter Frustration und Verzweiflung, wenn man den Schläger gerade wegwerfen will, scheint das Gesetz der Schwerkraft zumindest für ein paar Sekunden überwunden, und der Ball fliegt in einem herrlichen, wunderschönen Bogen mehr als 50 Meter weit durch die Luft. In dem Moment denkt man, etwas Einzigartiges und Wunderbares sei passiert. Man fühlt sich wie Gott nach der Erschaffung der Erde: Ein kurzer Glücksmoment – und in Wirklichkeit hat man keine Ahnung, was man eigentlich angerichtet hat.«

Ich hob die Stimme: »Erfahrene Golfjunkies wissen: So wird es ewig weitergehen. Immer, wenn man gerade die Schläger in den Teich werfen will, kommt dieser eine unbeschreibliche, wunderbare Zauberschlag, dieser Golf-Flash, und alles Leid ist vergessen. Zuhause geht es dann auf irgendeiner Driving Range weiter.«

Mir lief das Wasser im Mund zusammen. Ich hätte eine Regentonne voller Bälle schlagen können. Seit Wochen kein Ball.

»Zuhause buchen wir Stunden. Der Golflehrer steht hinter uns und wartet geduldig, bis ein Ball fliegt. Dann wird er unseren Schlag mit »what a great talent« kommentieren. Er lächelt sehr nett. Auch er ist glücklich, denn er lässt im Kopfkino gerade sein neues Cabrio vorfahren. Wenn wir den Ball erstmals treffen, spürt er sofort, dass die Nadel jetzt tief in unserem Fleisch sitzt. Die Droge beginnt zu wirken. Mit einem kurzen Blick auf unsere unsportlichen, verweichlichten, schlaffen Bürokörper taxiert er, wie viele Stunden wir im Monat nehmen müssen (genug für die Leasingrate) und wie viel Equipment wir in den nächsten Jahren kaufen werden (genug für den Restkaufwert).

Verstaubt und verschwitzt strauchteln wir dann zurück nach Hause. In den nächsten Wochen haben wir den unbedingten Drang, jedem, der sich nicht rechtzeitig aus dem Staub macht, von diesem Schlag zu erzählen, der so unglaublich war, dass der erste Kuss dagegen vollkommen verblasst. Sofern der Partner diese Erfahrung nicht geteilt hat, fangen die häuslichen Probleme bereits jetzt an.

Wir haben mehrere Optionen: Entweder, wir teilen das gemeinsame Glück des Golfspiels, was dazu führt, dass wir die gesamte Freizeit zusammen verbringen, was keine Beziehung lange aushält, besonders, wenn SIE Hacker und ER Slicer ist. Oder es spielt jeder mit seinen Freunden, was dazu führt, dass man sich nicht so oft sieht und auf angenehme Weise entfremdet, was eine Ehe auf den ersten Blick retten könnte, dann aber nicht klappt, weil der Mann sich manchmal etwas mehr entfremdet, indem er mit einer Dame fremdgeht, die bereits ein Handicap hat.«

Ich schaute mich um. Die Zuhörer waren aufmerksam. Ludmilla erschien mir angespannt. So fuhr ich fort:

»Sollte der Anfänger auch den Partner begeistern können und der will mitspielen, kann sich der Pro sein Cabrio gleich mit roten Lederbezügen bestellen. Wie Tausend andere Neugolfer wird das Paar für ein paar Monate, vielleicht für Jahre, in dem Glauben leben, alles im Griff zu haben. Doch selbst wenn es in der Beziehung noch gut geht, werden sich bald im sozialen Umfeld, im Beruf, in der Zeitplanung, in der gesamten kulturellen und intellektuellen Peripherie massive Veränderungen ankündigen, die meist darauf hinauslaufen, dass alles, was man früher gerne machte, keine Bedeutung mehr hat. Sie kennen nur noch eins: die Stunden im Job durchstehen und dann raus auf den Platz. Wenn Sie durch eine Villengegend fahren, können Sie sofort die Golfer-Hütten erkennen: Verwilderte Gärten, die als Biotope verklärt werden. Manche Golfer sind (zumindest noch eine Weile) wohlhabend genug, dass sie sich einen Gärtner leisten können. Diese Gärten sehen aber auch bald schlampig aus, weil die Gärtner ebenfalls mit dem Golfen anfangen. Langer Rede kurzer Sinn: Weil wir einerseits verblöden, können wir andererseits nicht mehr wahrnehmen, dass wir hochgradig süchtig sind.

Jede Drogenbroschüre, die aufzählt, auf welche Veränderungen wir zu achten haben, um zu erkennen, ob unser Kind Drogen nimmt, beschreibt auch die bekannten Symptome der Golfsucht: Glasiger Blick, vollkommen abgeschaltet, nicht mehr ansprechbar, jähe Wutausbrüche wechseln sich mit seligdümmlichem Grinsen ab. Frühere Hobbies, Freunde, Gesprächsthemen und Sport (Tennis!) haben keine Bedeutung mehr. Ständiger Geldmangel und hohe Kreditkartenabrechnungen. Dann kommt das Stadium, in dem der Beruf sowie die familiären und sozialen Pflichten vernachlässigt werden. Dass man im Büro lügt, um zum Herrenmittwoch zu verschwinden, ist nicht erwähnenswert. Aber wenn jemand seiner Frau gesteht, eine Affäre zu haben, um einen Streit zu provozieren, der dazu führt, dass sie drei Tage zu ihrer Mutter fährt, damit er mit den Kumpels ein Wochenende auf Mallorca zocken kann, dann ist das doch gestört, oder?

Nach 20 Jahren Golfspiel empfehle ich niemandem, sofort damit aufzuhören. Wer aber nur noch Ängste, Druck, Zweifel, Ärger, Zorn und Anspannung erlebt, sollte sich wieder um eine gesunde Balance in seinem Leben bemühen. Mehr Zeit haben, einen ›echten‹ Sport zu treiben.«

Grötschmann zuckte.

»Die Familie und Ihre Freunde öfter zu sehen, sind die wunderbaren Alternativen zum Stress auf dem Golfplatz.«

Familie und Freunde öfter sehen. Wirklich? Das klang albern. Irgendwie ging mir jetzt die Luft aus. War auch nicht so ganz stimmig. Eigentlich muss man doch nicht jeden Tag spielen und sein Leben vermasseln. Es gibt doch Tausende von Beispielen, wo glückliche und erfolgreiche Menschen Golf spielen. Zumindest zwei oder drei müsste ich kennen, aber auf Anhieb fiel mir niemand ein. So eine richtig knackige Kampfesrede war das nicht mehr. Ludmilla blickte mich fragend an.

»Ja, äh, vielen Dank fürs Zuhören. Zum Schluss möchte ich noch sagen, dass ich es wunderbar finde, hier so eine schöne Ärztin zu finden, äh ... ich meine natürlich ... schöne ärztliche Betreuung zu finden, und die Möglichkeit, von meiner Leidenschaft zu lassen ... äh ... loslassen, um wieder ein funktionierendes Glied, äh ... Mitglied in dieser Gesellschaft zu werden.

Schwester Annika, die etwas weiter hinten saß, nickte.

Ich war innerlich zerrissen vor Leidenschaft. Durch die Woche in der Gruppe war mir Ludmilla nur noch begehrenswerter erschienen. Ich wusste nicht, ob ich lieber Ludmilla küssen wollte oder einen Korb Bälle schlagen. Ludmilla küssen *und* einen Korb Bälle schlagen. Das wär's! Nach jedem Treffer im Sweetspot einen Kuss. Das wäre ein optimales Training.

Ludmilla sah, dass ich am Rudern war. Sie kam auf mich zu, und bedankte sich. Die Rede war offensichtlich gut angekommen.

Ob noch Fragen wären oder ob eine Diskussion gewünscht sei?

Da war erst mal Schweigen. Dann ging eine Hand hoch.

Ludmilla sagt freundlich: »Ja bitte?«

Es war unser Schweizer: »Was war das denn für ein Eisen, mit dem Ihr Beispielkandidat auf der Driving Range seinen ersten wunderbaren Schlag gemacht hat? Können Sie mir da vielleicht die Marke nennen?«

Ludmilla als Moderatorin nickte mir zu.

Ich sagte, ich hätte keine Ahnung, es sei ja nur ein Beispiel gewesen.

Der Herr insistierte. »Können Sie sich nicht erinnern, was das für eine Marke war? Ich meine, über 50 Meter mit einem Schlag!«

Handmeldungen gingen hoch. Ludmilla: »Bitte.«

Eine energische Dame stand auf: »Das hätte mich auch interessiert, was das für ein Eisen war. Was ich aber unmöglich finde und typisch für Männer, dass der seine Frau mit einer betrügt, die ein Handicap hat. Eine Jüngere, damit muss man rechnen. Aber jetzt kommen auch noch Frauen mit Handicap und nehmen einem den Mann weg.«

Der alte Röschner (fummelte an seinem Hörgerät): »Wer ist weg?«

Herr Dr. Hajo Winkelmann (offensichtlich Nichtgolfer): »Ich verstehe jetzt nicht ganz, worin die Faszination besteht, die eigene Frau mit einer Behinderten zu betrügen.«

Die Schwäbin mit den künstlichen Kniegelenken, fiel ihm aggressiv ins Wort: »Ja schämen Sie sich denn nicht, Herr Doggdrr, eine behinderte Frau auszugrenzen? Vielleicht ischt sie des Opfr eines Kunschtfäählers?« Sie bemühte sich, hochdeutsch zu sprechen.

»Darf so eine Frau keine Liebe mehr haben im Lääbn?«

Dr. Hajo Winkelmann: »Das wollte ich um Himmels willen so nicht gesagt haben, da haben wir ein Kommunikationsproblem ...«

Schwäbin: »Deschhalb werd ich mit Ihnen aber net glei koche gehe, Herr Doggdrr, mit Ihnen net ...«

Schweizer: »Es könnte ein besonderer Schaft gewesen sein, der diesen Wahnsinnschlag ermöglichte. Was halten Sie denn von einem Fitting?«

Ich: »Äääh ... ich denke wir sollten erst das mit dem Handicap klären. Eine Spielerin mit Handicap meint keine Behinderte, Herr Dr. Winkelmann, sondern eine Golferin, die ein Vorgabe hat, die ...«

Die energische Dame: »Typisch. Die Frau braucht immer eine Vorgabe. Meinen Sie, eine Frau weiß nicht, was sie zu tun hat? Aber nein, ihr müsst der Frau immer vorgeben, was sie zu sein und wie sie auszusehen hat, dass sie den Mund zu halten hat, dass sie blöd ist und zu fett und wenn man dann abgenommen hat, dann lauft ihr doch mit einer anderen davon.«

Der alte Röschner: »Wer läuft davon?«

Herr Dr. Hajo Winkelmann: »Wenn wir diese Situation als praktisches Beispiel für misslungene Kommunikation ansehen, dann könnte man, wie ich vorhin darzustellen versuchte ...«

Schwäbin: »Mit ihne koch i net amol Wassr!«

Schweizer: »Also, was halten Sie vom Fitting?«

Schließlich griff Ludmilla ein und meinte, dass das unwesentlich sei, da ich doch nur beschreiben wollte, wie sich der Golflehrer seine Opfer sucht.

Ja, das wollte ich sagen, stimmte ich zu, aber der Schweizer ließ nicht locker und meinte, dass so ein Golflehrer bestimmt ein besonderes Eisen dafür in petto hätte. Welche Marke, welcher Loft und welcher Schaft. Das wäre doch eine wichtige Frage!

Da erhob sich Prof. Dr. Biedermann, bedankte sich bei allen Anwesenden für das Interesse, die Beiträge und die rege Diskussion, aber es sei jetzt fast 22 Uhr. Man könne die Gespräche gerne noch in der Bibliothek und im Kaminzimmer fortführen. Er beschließe hiermit den Abend und wünsche allseits ein schönes Wochenende. Die Versammlung löste sich auf.

Am Kamin

Ich wollte mich aus dem Staub machen und war schon fast durch die Tür, als mir Ludmilla im Gedränge begegnete.

»Wo wollen Sie denn so schnell hin? Ich dachte, wir sitzen noch etwas zusammen?«

»Sie sind mir heute Abend zu schön. Ich halte mich an unsere Abmachung. Deshalb verschwinde ich ins Bett.«

»Ach, kommen Sie, was ist denn los?«

Wieder dieser irritierende, besorgte und gleichzeitig so erotisierende Silberblick.

»Ich hab's vermasselt. Ich meine, mein Gestammel, die Versprecher und zum Schluss noch diese grässliche Diskussion. Einfach peinlich. Wie ein Dreiputt aus einem halben Meter.«

»Reden Sie nicht so einen Unsinn. Kommen Sie, wir setzen uns noch einen Moment zusammen.«

Sie öffnete eine Doppeltür, die in das Kaminzimmer führte. Auch dieser Raum war frisch renoviert und erst heute für die Gäste freigegeben. In einem großen, alten Steinkamin kokelten ein paar dicke Holzscheite. Im Raum befanden sich mehrere Sitzgruppen, die sehr englisch aussahen: alte, bequeme Sessel. Die Wand war zum Teil holzgetäfelt. Über dem Kamin aus rötlichem Buntsandstein war ein Symbol oder Wappen eingemeißelt. An der Seite hingen dunkle, alte Ölschinken. Wir setzten uns seitlich in eine Zweiergruppe mit den Füßen zum Feuer. Durch die Tür hörten wir Stimmen aus dem Nebenraum, wo die Bibliothek war.

»Ihr Vortrag hat mir Spaß gemacht«, begann sie. »Wo haben Sie denn die ganzen Zahlen und Statistiken her. Das müssen ganz neue Umfragen sein. Ich habe davon noch nie gelesen. Wer hat denn eine solche Umfrage über das Sexualverhalten von Golfern gemacht?«

»Ich«, sagte ich. »Sie müssen nur zwei Grillabende mit der Clubmannschaft saufen, zwei Nachmittage beim Herrenmittwoch durchstehen und ein Tiger/Rabbit-Turnier bis zur Siegerehrung aushalten, dann haben Sie die Zahlen zusammen. Der Rest ist etwas Hochrechnung und gesunder Menschenverstand.«

Sie lachte. Dann zog sie die Pumps aus und bewegte die Zehen, während sie ihre Füße zum Feuer streckte. Irgendwer kam herein, sah uns und schloss die Tür. Mir war es recht. Gemeinsam schauten wir in die kleinen Flammen.

»Jetzt einen Single Malt. Der würde gut tun«, träumte ich vor mich hin.

Wir schwiegen eine ganze Weile, während ich sie von der Seite betrachtete. Im Licht des Kamins fielen mir ihre langen Wimpern auf. Mein Blick glitt an ihr herab. Ludmilla hielt ihre Füße immer noch zum Feuer, das kaum brannte. Ich erhob mich, nahm ein paar Scheite aus einem Behälter und legte neu auf.

»Eine Sache wollte ich Sie noch zu Ihrem Vortrag fragen. Ihr Versuch, die Golfsucht als schwere Krankheit darzustellen, die ausgerottet gehört wie die Pocken – haben Sie diese Ansicht mittlerweile als innere Überzeugung gewonnen oder haben Sie das ... wie soll ich sagen ... mir zuliebe referiert?«

Das kam mir jetzt etwas ungelegen. Ich stotterte rum.

»Ich finde es bewundernswert, wie Sie arbeiten. Deshalb wollte ich Sie mit einem klaren Statement dahingehend unterstützen, dass der Golfsport seltsame Blüten treiben kann, die Haus und Hof kosten können. Schließlich ist es mir selbst so ergangen.«

»Das ist mir klar. Aber meinen Sie, dass der Golfsport an sich das Problem ist, weshalb man vollkommen darauf verzichten sollte? Was ich sagen will: Sind Sie der Ansicht, ich wollte Sie dazu bringen, für immer mit dem Golfen aufhören?«

Ich dachte nach. Was sollte ich jetzt sagen. So, wie ich mich bei ihr fühlte, würde ich vielleicht ohne Golf leben können, wenn ich sie dafür bekäme. Aber – mal abgesehen davon, dass sie überhaupt nicht zur Diskussion stand: Wäre das wirklich so? Auch noch in drei oder fünf Jahren?

»Ob Sie mich vom Golfen wegbringen wollen? Ich weiß es nicht. Sie wollen mir helfen. Aber ich glaube, dass Sie – sein Sie mir nicht böse – einfach zuwenig darüber wissen, was Golf ist. Golf hat noch andere Dimensionen. Golfer sind wie Gralssucher und manche werden von ihrem inneren Drachen getötet.«

Sie blickte hoch. »Die Übung einer Kunst dient einem höheren Ziel, meinetwegen einer Gralssuche. Die Frage ist, wie man den Weg geht, ohne vom Drachen erwischt zu werden. Um es noch einmal deutlich zu sagen: Die Golfsucht in ihren vielfältigen Auswüchsen ist ein Mangel an innerer Balance. Ein Reifungsprozess, der ins Stocken geraten ist: Das Ziel ist aus den Augen. Al Huang sagte einmal, dass der Körper als Vermittler zwischen dem Selbst und dem Universum funktioniere. Das Universum äußert sich in einem Fließen. Indem sich der Körper in einem Fließen mit dem Universum vereinigt, ermöglicht er dem Selbst, sich durch den Körper zu äußern. Al Huang bezog das auf seine Form des Taijiquan, die sehr mit dem Tanzen verbunden ist. Aber ich bin sicher, dass man diese Erfahrung auch im Golf machen kann.«

»Wie kommen Sie denn auf Al Huang?«

»Ich habe mit ihm in Esalen gearbeitet.«

»Sie haben was?« Sie ignorierte meine Frage.

»Erfolgreich spielen Sie Golf, wenn Sie eine Haltung einnehmen, die sich im Alltag bewährt. Im Golf geht es, wie in allen anderen großen Künsten, nie um Sieg oder Niederlage. Es geht um eine Haltung in der

Ihr Ich zurücktritt und Sie Kontakt zu Ihrem höheren Selbst herstellen.«

»Und wie erreiche ich das?«

»Indem Sie innehalten, loslassen und zulassen.«

»Heitere Gelassenheit. Kommt mir irgendwie bekannt vor.«

»Ach ja?

»Wie finde ich zurück in die heitere Gelassenheit?«

»Atmung! Mit dem Atem lassen Sie die tausend Dinge gehen. Lassen Sie alles herabsinken. Ihr Bewusstsein sammelt sich unter Ihrem Nabel. Dort ist Ihr Zentrum. Von dort heraus handeln Sie. Aber das ist kein *Machen* mehr, sondern ein Zulassen Ihres Seins.«

»Und wenn ich hier zentriert bin, wäre ich dann erwacht im Sinne von erwachsen?«

»Was meinen Sie denn damit?« Sie schaute misstrauisch.

»Sie sagten mal, ich stünde auf tönernen Füßen und sei nicht erwachsen. Mit so jemandem könnten Sie nicht mal flirten, geschweige denn ...«

»Oh nein, das glaub ich einfach nicht. Kaum denke ich, Sie kommen wieder bei sich selbst an, ereilt Sie der nächste Hormonschub und Sie werden lästig. Das ist doch einfach nicht zu glauben.« Sie schüttelte den Kopf, aber ich wusste, dass sie nicht wirklich sauer war.

»Ich denke, ich sollte Ihnen mal etwas von mir zu erzählen. Aber das wird eine längere Geschichte. Dazu brauche ich Zeit.«

»Es ist doch nicht zu spät. Ich bitte Sie. Bis Montag halte ich das nicht aus.«

»Wie kommen Sie auf Montag. Nein, wir werden uns morgen treffen. Es sei denn, Sie wollen kein Date mit mir?« Sie schmunzelte.

Ich war baff. »Ja ... nein ... auf keinen Fall. Ich meine ja! Gerne! Wirklich morgen? Ein Date mit Ihnen?«

»Oh ja, ich werde Ihnen eine Überraschung bereiten. Erst haben Sie bei Ihrem Vortrag gelogen und betrogen. Dann Ihre penetranten Avancen während meiner hochgeistigen Ausführungen – so was muss belohnt werden. Sie werden sich wundern!«

Sie lachte, als sie mein verdutztes Gesicht sah.

»Aber jetzt kommen Sie. Lassen Sie uns noch eine Weile zu den anderen gehen, sonst macht mir Schwester Annika morgen eine Szene.« Ich wusste, dass Wiederrede zwecklos war. Wie standen auf.

»Ja«, sagte ich.

»Was, ja?«

»Ja, ich wollte mich mit meinem Vortrag bei Ihnen einschleimen. Ich liebe das Golfspiel. Ich möchte gerne wieder spielen und ich möchte dabei – egal wie ich spiele – wieder Freude empfinden können.«

»Das ist doch mal ein klares Ziel. Machen Sie sich keine Sorgen, das werden Sie.«

Sie hakte sich ein, wie sie es gerne machte, und wir gingen in die Bibliothek. Als ich Schwester Annika am anderen Ende das Raums sah, ließ ich ihren Arm los und fragte: »Soll ich ihnen etwas zu Trinken holen?«

»Haben Sie Angst vor Annikas Waschlappen?«

»Genau!«

»Ja, bitte, eine Schorle.«

Ich fühlte mich müde. Ludmilla hatte sich mit ihren Kollegen in eine Diskussion vertieft. Die Freunde von der Gruppe standen beisammen und der Schweizer war immer noch auf der Suche nach dem magischen Eisen. Weil ich mich von allen verabschieden wollte, konnte ich ihm nicht ausweichen.

»Es war ein 4er-Eisen-Powerbuild-Muscle-Blade mit einem X-stiffen Stahlschaft Baujahr '79«, flüsterte ich ihm verschwörerisch zu. Er hob den Kopf: »Ah, verstehe ...«, und griff nach einem kleinen Block in seinem Jackett, um sich das Eisen zu notieren.

Ich hatte mal so ein Eisen. Damit konnte man Holz hacken. Wir verwendeten es dann beim Grillen als Schürhaken. Stabiles Teil. Leider nicht mehr zu bekommen. Ich verabschiedete mich fürs Erste von meinen Freunden, da ich keine Ahnung hatte, wie es mit mir weitergehen würde.

»Heinz«, sagte ich, »ich warte auf dich!« Er nickte. Bei ihm hatte ich das Gefühl, dass ihm seine erste Woche bereits sehr gut getan hatte. Ich schlenderte zwischen den verbliebenen Gästen umher. Überall Smalltalk. Ich lehnte an einer Säule und beobachtete Ludmilla, die sich angeregt unterhielt. Was würde Ludmilla morgen mit mir vorhaben? Ich winkte ihr noch mal kurz zu, dann verkrümelte ich mich auf mein Zimmer. Als ich im Bett lag, ließ ich den Tag an mir vorbeiziehen. Schließlich dehnte ich mich in jeder Richtung aus und fiel in einen tiefen Schlaf.

Coming-Out

 Ludmilla schaute mich prüfend an und schien sofort zu spüren, dass etwas geschehen war. Sie schien amüsiert.

»Hey!«, sagte sie. »Was ist denn mit Ihnen los? Haben Sie eine Erscheinung gehabt?«

»Nichts!«, sagte ich, was mir einfacher schien, als die Millionen Worte herauszuprasseln, die mir auf den Lippen lagen.

»Nichts!«, wiederholte ich.

»Da ist doch etwas faul«, sagte Ludmilla misstrauisch. Sie stand vor mir, nahm meine Hände, hob sie auf Brusthöhe und schloss die Augen.

»Schauen wir mal«, murmelte sie. »Der massive Energiestrom, mit dem Sie mich seit Wochen in Beschlag nahmen, hat sich auf wundersame Weise stark reduziert.« Sie spielte jetzt die Seherin. »Ist es ... nein ... Schwester Annika ist es nicht...es ist eine große Freude in Ihnen ... ALEX?«

Immer noch die Augen geschlossen, die Stirn gerunzelt, schüttelte sie den Kopf. »Nein, Sie waren nicht im Keller. Das würden Sie nicht wagen, und Arno auch nicht. Hm ... ich komme nicht drauf.« Sie öffnete die Augen, ließ meine Hände los und bot mir einen Platz an.

»Also, bevor Sie platzen, schießen Sie los. Was ist passiert? Ich habe Sie die ganzen Wochen nicht einmal so fröhlich erlebt. Gut gelaunt ja, aber niemals so erregt.«

»Die ganze Meditation war für mich eine einzige Rennerei. Eine dunkle, kalte Höhle und nur Stress. Dann traf ich Ho Lin Wan in dem Teehaus auf dem Plateau. Er war ganz anders, als ich ihn in Erinnerung hatte. Er vermittelte mir einen tiefen Frieden und dann sah ich wieder das Universum, wie damals, als ich jung war.«

»Das klingt wunderbar«, sagte sie.

»Aber ich frage mich jetzt«, fuhr ich fort, »habe ich mein ganzes Leben vermasselt? Sitzt meine Seele in der Einsamkeit einer dunklen Höhle, anstatt zu den Sternen zu fliegen? Nicht mal meinen Whirlpool konnte ich heizen!«

Plötzlich standen mir die Tränen in den Augen. Ich hatte einen Kloß im Hals. Ich wollte mich abwenden, aber sie nahm mich sanft an den Schultern und drehte mich zu ihr.

»Lassen Sie es raus«, sagte sie.

Da gab es kein Halten mehr. Ich musste weinen, nahm das angebotene Tempo, musste wieder schluchzen, gleichzeitig war mir alles so peinlich. Ich konnte nichts mehr sehen, weil die Brille verschmiert war, und in dem Moment, als mich Ludmilla an der Schulter nahm und mich zu meinem Sessel führte, brach es richtig aus mir hervor. Das große Erdbeben. Ich heulte Rotz und Wasser, tief aus dem Bauch und sie umarmte mich.

»Ja, lassen Sie alles raus.«

Ich spürte nur ihre Fürsorge und konnte nicht aufhören. Zwischendurch musste ich lachen und erzählte irgendeinen Blödsinn. Dann mussten wir beide lachen und ich begann schließlich wieder zu weinen, bis ich mich langsam beruhigte, mich besser fühlte und sich die ganze innere Spannung aufgelöst hatte. Mir schien, als wären Stunden vergangen. Ich hatte mich beruhigt und lag auf meinem Sessel. Ludmilla saß neben mir und hielt meine Hand. Sie schaute mich aufmerksam an, wie es ihre Art war, aber in ihren Augen lag noch etwas anderes. Ich spürte ihre große Zuneigung.

»Ich habe dich sehr gern«, sagte sie.

»Aber wir werden kein Paar sein?« Ich konnte nicht anders. Ich musste sie endlich fragen.

»Nein«, sagte sie, »aber wir werden gute Freunde sein.«

»Liebst du einen anderen Mann?«

»Nein, ich liebe eine Frau.«

»Oh«, sagte ich.

»Tja«, sagte sie.

Eine kurze Sekunde läuteten silberne Glocken in mir. Ich war immer noch verklebt und verheult. Im Bauch spürte ich ein Ziehen wie Muskelkater, vermutlich vom Weinen und Lachen.

Ich schaute sie an. Plötzlich überkam mich eine Ahnung.

Sie blickte mir tief in die Augen, dann nickte sie.

»Nein, das glaub ich nicht!«

»Doch!«, sagte sie.

»Schwester Annika?«

Wieder nickte sie. Dabei hatte sie einen spitzbübischen Ausdruck um den Mund, den ich nie zuvor bei ihr gesehen hatte.

»Ja, Annika.«

»Aber Sie ...«

»Du kannst jetzt Du sagen zu mir. Deine Kur ist vorbei. Ich habe gestern deine Entlassungsbescheinigung ausgestellt. Ab jetzt bist du mein Gast, sofern du noch ein paar Tage hierbleiben möchtest. Und privat darfst du wissen, dass Annika und ich gemeinsam hierher kamen und schon seit fast zwei Jahren zusammenleben.«

»Und Klaus?«

»War ein Versuch.«

Ich stand auf, ging hin und her und schimpfte: »Nein, das ist doch nicht wahr. Dddaas ist sündhaft, das ist wider die Natur!« Ludmilla schüttelte sich vor Lachen. Sie war nicht der Typ, der auf dem Boden rumrollte, sonst hätte sie es getan. »Sündhaft ... wider die Natur ...« wiederholte sie und lachte Tränen.

Ich schnaubte: »Du bist das Weib, von dem ich ein Leben lang träumte.« Sie sah mich frech an.

»Ich weiß. Nicht nur du!«

Das waren ganz neue Töne. So hatte ich sie noch nie gehört.

»Komm her.« Ich ging zu ihr und sie nahm mich in den Arm. Ich legte meinen Kopf auf ihre Schulter und fühlte die warme Energie ihres Körpers. Sie schien zu merken, wie intensiv ich sie spürte.

»Gut«, sagte sie mit einem Hauch von Spott. »Schwester Annika wäre stolz auf dich. Ich bin es auch, weil du nicht aufgibst.«

Dann wurde sie ernst. Sie legte ihren linken Arm um meine Schulter, zog mich an sich heran und drückte ihren rechten Handrücken auf meinen Unterbauch.

»Fühlst du das hier?« Ich bejahte.

Mit ihrem Mittelfingerknöchel drückte sie an eine Stelle unter meinem Nabel.

»Hier ist der Punkt. Hier sammelst du alle Gedanken und Energien, egal, ob sie über dem Bauch oder unterhalb entstehen.«

Sie drehte mich herum, so dass sie hinter mir stand. Wieder zog sie mich an der Schulter heran. Sie öffnete mein Hemd und legte ihre Hand auf meinen Unterbauch und begann, langsam um meinen Nabel zu kreisen. »Du kennst das, die Energie kreisen lassen?«

»Ja, so und so viel Mal rechtsrum und dann linksrum. Wie oft, weiß ich nicht mehr.«

»Wie oft, ist egal, solange du das immer mal wieder machst.«

Sie fuhr fort, mit ihrer Hand über meinem Bauch zu kreisen. Ich entspannte mich. Ich beruhigte mich. Annika. Okay. Bisher war Ludmilla eine Schwärmerei, eine Kurliebe. Und sie wäre eine schöne Erinnerung geblieben. Aber jetzt begann eine Begegnung auf einer neuen Ebene. Wir wurden vertraut. Wir könnten Freunde werden.

»Geht es dir besser?«
»Ohhhjaaa.« Das kam tief aus dem Bauch.
»Ohhhjaaa.« Auch sie ließ die Luft heraus.
»Ohhjaaaaa!«, sagten wir beide laut in einem Klang und ließen, das Aaaah aushallen, so dass wir das kurze Klopfen überhörten und plötzlich stand Annika in der Tür

Einen Moment schien sie fassungslos. Ludmilla hatte ihren Arm um meinen Oberkörper geschlungen. Ihre rechte Hand lag auf meinem Unterbauch. Mein Hemd hing über der Hose, die leicht geöffnet war. Am Boden lagen Tempos verstreut, da standen wir und stöhnten »Ohjaaaa.«

Annika klappte kurz den Mund auf und zu, schnappte nach Luft und sagte dann: »Ich wollte nur sagen, dass ich fertig bin, ähem … äh … tut mir leid, das ich gestört habe … ich …«

Sie schaute an mir vorbei zu Ludmilla, die immer noch hinter mir stand. In ihren Augen war keine Eifersucht, keine Sekunde des Zweifels, nur das Gefühl, im falschen Moment in einen Prozess hineingeplatzt zu sein.«

»Komm rein, Annika«, sagte Ludmilla sanft.

Sie ließ mich los. Ich stand da, Hemd und Hose offen, und vielleicht nahm Ludmilla erst in dem Moment wahr, wie wir auf Annika gewirkt haben mussten.

»Meine Güte, wie läufst du denn rum«, sagte sie zu mir. »Was soll Annika von uns denken?« Sie lachten beide, aber es war mir nicht peinlich.

Annika schaute Ludmilla fragend an. Ein Lächeln huschte ihr über das Gesicht. Ich betrachtete die beiden Frauen. Zwei schöne Frauen. Was für ein Verlust.

»Eigentlich finde ich euch beide toll, könnte man sich nicht vorstellen …«

»Ich bin sicher, dass du dir das vorstellen kannst, was immer du jetzt sagen wolltest«, unterbrach mich Ludmilla. »Aber Annika und ich, wir wollen uns das jetzt nicht vorstellen. Nicht wahr?« Annika nickte. Sie gab Ludmilla einen sanften Kuss und lächelte mich mit einem Siegerblick an.

»Oh, Annika! Das ist nicht mehr meine Schwester Annika«, stöhnte ich. »Ich glaube, ich muss zur Kur.« Annika ging zum Waschbecken und nahm einen Waschlappen.

»Sie sehen fürchterlich aus, kommen Sie, ich helfe Ihnen.«

Plötzlich war Hoffnung in mir. »Ja, ANNIKA!«, brüllte ich.

»Was ist los mit Ihnen? Ja, Annika? Das sind ja ganz neue Töne. Sonst brüllen Sie doch immer Nein, wenn ich Sie wecke.«

Schwester Annika schaute mich erstaunt an, als ich die Augen öffnete.

»Ich wollte Ihnen zum Abschied noch mal eine Freude machen. Schließlich hat der alte Kneipp Ihnen gut getan, oder?«

»Ach, Schwester Annika, jetzt haben Sie mir wirklich eine Freude gemacht. Ich habe alles geträumt! Sie können sich nicht vorstellen, wie froh ich darüber bin. Sie haben mich wirklich aus einem Alptraum geweckt. Danke, DANKE!«

Ich versuchte, sie zu umarmen, aber sie wich aus.

»Bleiben Sie mir vom Leib. Ich möchte nicht das Opfer meiner Revitalisierung werden. Aber ich freue mich, dass Sie am Ende Ihrer Zeit hier doch zu schätzen wissen, wozu ein guter Waschlappen nützlich sein kann.« Sie schmunzelte.

»Wie spät ist es«, fragte ich.

»Später als sonst. Ich hätte gar nicht geglaubt, Sie noch schlafend zu erwischen. Und dann höre ich auch noch: »Oh, Annika, ja, Annika ...«

Sie schmunzelte.

»Ich fürchte, das muss ich doch Ihrer behandelnden Ärztin melden.« Sie zwinkerte mir zu. »Wir sehen uns noch. Sie bleiben ja noch ein paar Tage als Gast, wie ich hörte, oder?«

»Ja, aber ich möchte mich trotzdem schon mal bei Ihnen für alles bedanken. Ihr nasser Lappen war der Balsam meines Leibes.«

»Och, das haben Sie jetzt aber schön gesagt, vielen Dank. Ich wünsche Ihnen alles Gute. Und vergessen Sie nicht meinen Wahlspruch: Bist du zu müde für das Weib, nimm ein Bad nach Pfarrer Kneipp!«

Sie winkte mir kurz zu und schloss die Tür. Ich blickte aus dem Fenster. Es war ein Traum! Alles war ein Traum! Vielleicht ist *alles* ein Traum, dachte ich, vielleicht aber auch *nicht*! Was wollte mir Ludmilla heute sagen? Vielleicht doch ein Coming-Out?

Mit Heinz im Turm

Als ich an meinen Frühstückstisch kam, fand ich einen Zettel von Ludmilla. Sie bat mich, um 11 Uhr bei ihr vorbeizuschauen. Es war gerade mal halb neun. Ich frühstückte nach Herzenslust und schmierte mir eine Stulle für unterwegs, reckte mich und ging durch den Wintergarten hinaus, um mir die frische Morgenluft um die Nase wehen zu lassen. Es war neblig feucht, aber der Wetterbericht verhieß Gutes. Zu Hause hätte ich schon die Eisen gewetzt und die Spikes geschliffen. Hier, im Zustand von frisch gesättigter Harmonie mit mir und dem Universum, blieb mir nur, davon zu träumen, was Ludmilla mit mir vorhaben könnte.

Ich wollte ein letztes Mal zum Turm gehen, als ich Grötschmann traf.
»Na, du Verräter.«
»Heinz ...«
»Sag nichts ... *mehr Zeit haben, einen ›echten‹ Sport zu treiben* ... dich sollte man ...« Als er meine Verunsicherung sah, begann er zu lachen. Seine mächtige Pranke schlug zu.
»*Einen echten Sport zu treiben.* Mann, was hast du es denen gegeben. Also wirklich. Ich dachte, so dick aufgetragen und niemand hat es gemerkt.«
»Die Zeisig, die hat es gemerkt.«
»Das hab ich gemerkt, dass die Ärztin alles merkt. Klasse Frau. Hat sie auch schon gemerkt, wie sehr du verknallt bist?«
»Hast du das gemerkt? Ich meine, merkt man das?«
»Wenn man nicht vollkommen bescheuert ist, klar merkt man das.«
»Oje.«
»Was, oje?«
»Ich muss um 11 Uhr zu ihr. Sie hat irgendwas mit mir vor.«
»Na dann.« Er grinste vielsagend.

»Heinz, bis dahin ist noch Zeit. Ich zeig dir ein kleines Geheimnis. Sozusagen als meinem Erben, wenn ich weg bin.«

»Da bin ich aber gespannt.«

Wir gingen in den Flur zum Seitentrakt, der zum Turm führte. In der kleinen Ikebana-Nische standen eine Osterglocke, eine Tulpe und ein blühender Zweig. Wer machte das? Und warum? In so einer entlegenen Ecke. Wir kamen zum Turmzimmer.

»Hinter dieser Tür, Heinz, ist ein Geheimnis. Das Paradies!«

»Bitte keine tausend nackten Weiber. Sag mir, dass da ein ordentliches Puttinggrün drin ist.« Heinz Augen glänzten.

»Nein, Heinz, kein Puttinggrün. Hier sind alle Golfplätze drin, die du jemals gespielt hast und jeder Golfplatz, von dem du je geträumt hast!«

Ich öffnete die alte Tür und er sah sich in dem großen, leeren Raum um. »Damit es funktioniert, musst du Himmel und Mensch zusammenbringen.«

Ich zeigte ihm die Übung. Dann holte ich meinen Gymnastikstock und stellte mich vor die Wand. Heinz begriff sofort. Wir spielten neun Loch. Er hatte gute Drives, aber sein kurzes Spiel war nicht in Form. Dafür waren meine Eisen heute zu kurz. Wir spielten um nichts und endeten all-square. Ein gutes Match unter Freunden. Ich zeigte Heinz, wo ich den Stock auf dem Sims versteckt hielt. »Danke«, sagte er. »Das und die geführte Meditation waren es allein schon wert, dass ich herkam.«

Ich schaute ihn erwartungsvoll an. »Was Besonderes passiert?«

»Hm, wie soll ich sagen. Ich glaube, ich hab verstanden, wer der Heinz Grötschmann ist. Ich meine: dass es mich gibt! Dass ich sein darf! Ich konnte mich annehmen. Ich hatte mit meinem Leben gehadert. Dachte, ich hätte es versaut.«

»Willkommen im Club«, sagte ich. Er war so rührend, ich hätte flennen können. Vermutlich ging es ihm nicht anders.

»Hör mal, Alder«, sagte ich. »Ich muss jetzt los. Das ist jetzt dein Platz. Halt die Bälle flach.«

Wir umarmten uns. »Mach's gut«, sagte er, und *Rums* knallte seine Pranke auf meine Schulter. Das konnte er sich nicht verkneifen.

Wochenendfahrt

Ludmilla sah anders aus als sonst. Sie hatte die Haare zusammengesteckt und trug ein Polohemd zur Jeans. Mit den hochgesteckten Haaren wirkte sie älter, obwohl sie so sportlich gekleidet war. Ich überlegte, wie alt sie sein könnte. 40? 45? Keine Ahnung. In ihren Augen blitzte der Schalk.

»Na? Sie sehen so, wie soll ich sagen, erfrischt aus. Waren Sie schon draußen unterwegs?«

»Oh ja, ich habe gerade mit Grötschmann neun Loch gespielt. Wir lagen all-square, als ich weg musste.« Ich lachte sie an und ging in die Offensive: »Und jetzt wollen Sie mir sagen, woran ich mit Ihnen bin, stimmt's? Ich bin gefasst und werde Ihr Coming-Out verkraften. Glauben Sie mir, ich bin gewappnet!«

»Wie bitte?«

»Ich denke, wir können uns jetzt duzen. Ich war vier Wochen hier, meine Kur ist vorbei. Du hast gestern meine Entlassungsbescheinigung ausgestellt. Ab jetzt bin ich sozusagen privat hier. Deshalb darf ich auch wissen, dass du mit Annika hierher kamst und ihr schon seit fast zwei Jahren zusammen lebt. Das wolltest du mir doch sagen, oder?«

»Wie bitte? Wir können uns gerne duzen, das wird den Tag einfacher machen, aber was soll das denn mit Annika?«

»Ihr seid doch Lesben. Hab ich doch alles genau geträumt. Du, ich finde das total okay. Verschwendung, aber bitte. Wirklich. Ich werd's überleben.«

Das erste Mal, seit ich sie kannte, nach allem, was ich Ludmilla in den letzten Wochen erzählt hatte, schaute sie mich wirklich fassungslos an. Wirklich fassungslos.

»*Was habe ich mit Schwester Annika? My goodness!*«

Dann begann sie zu lachen. Sie lachte so sehr, dass sie sich verschluckte. Sie konnte nicht aufhören. Sie prustete. Mit Tränen in den Augen sank sie in ihren Sessel. Dann bekam sie wieder einen Lachanfall.

»*My goodness.*« Bisher hatte sie, im Gegensatz zu vielen Deutschen, nie Anglizismen in ihrer Sprache verwendet. »*My goodness.*«

Sie japste. »Weißt du, warum es toll ist, dass du nicht mehr mein Patient bist und wir uns privat unterhalten können?«

Ich verneinte.

»Weil ich dir dann sagen darf«, sie fing wieder an zu japsen, »DASS DU EINEN TOTALEN VOGEL HAST!«

Wieder schüttelte sie sich vor Lachen.

»Du, das find ich jetzt aber nicht so nett«, parodierte ich Betroffenheit.

Langsam verebbte ihr Lachen. Dann schaute sie mich an, Augen wie Sterne, Tränen auf den Wangen.

»Ich habe dich sehr gern«, sagte sie.

»Aber wir werden kein Paar sein?« Ich konnte nicht anders. Ich musste sie endlich fragen. Es war die Szene aus dem Traum.

Sie ging nicht darauf ein.

»Ich habe heute noch viel mit dir vor.«

»Wie bitte?«

»Ja, ich sagte doch gestern, heute will ich *dir* mal etwas erzählen und es gibt eine Überraschung. Komm, stell dich hin. Wir sollten unbedingt erst mal Himmel und Mensch zusammenkommen lassen. Ich muss mich erden.«

Wie stellten uns auf, aber wieder begann sie zu kichern.

»Annika ... na gut, warum nicht. Faszinierend, wie du den Waschlappen verarbeitest.« Bevor sie wieder loslachen musste, straffte sie sich und wurde ernst.

Sie nahm eine Qigong-Haltung ein und ließ ihre Arme herab.

»Wir trennen Yin und Yang, indem wir mit den Füßen nebeneinander aufrecht und entspannt stehen. Dabei atmen wir ruhig und gleichmäßig.« Ich folgte ihren Bewegungen.

»Wie geht es jetzt?«, fragte Ludmilla, nachdem wir eine Weile zusammen geübt hatten.

»Danke. Gut.«

»Das mit Annika, wie kommst du da drauf?«

»Ich muss oft an dich denken. Deine Haarfarbe erinnert mich so an mein Persimmon-Holz. Vielleicht war es das oder die Einsamkeit und natürlich auch, weil du so eine tolle Frau bist.«

Ich zögerte. »Von deiner Beziehung zu Annika habe ich heute Nacht geträumt. Ich hatte so eine Art emotionalen Zusammenbruch und gestand dir meine Gefühle. Da hast du mich über euch aufgeklärt.«

»Dass sich jemand in mich verknallt, weil er ihn an seinen Driver erinnere, hat mir auch noch keiner gesagt.« Sie tat empört.

»Nicht an meinen Driver«, sagte ich. »An Alex! Könnte ein Zauberer aus Alex eine Frau machen, wäre sie wie du: Hart unter dem Wind und gerecht im Ergebnis.«

»Das nenne ich ein Kompliment, sehr charmant! Auf deine Alex bin ich wirklich gespannt. Weißt du, was ich heute noch mit dir vorhabe? Wir fahren zusammen spazieren.«

»Wir beide? Kaffeefahrt ins Blaue? Keine Mittagsruhe?«

Der Essensgong tönte. »Nein, nicht mal Mittagessen. Hol Deine Sachen, wir gehen raus. Wir treffen uns in einer Viertelstunde hinten im Hof. Da, wo ein dunkelgrüner Van steht.«

Ich aß meine Stulle, holte meine Jacke und als ich im Hof eintraf, war sie bereits zur Stelle. Arno war gerade dabei, die Heckklappe zu schließen. Ich winkte Arno zu, der aufgeregt kicherte und schnüffelte und ganz aus dem Häuschen schien. Er trat mit kleinen Milchschrittchen hin und her, so wie Raymond Floyd, wenn er sich zum Putten aufstellte.

»Was ist los, Arno? Alles klar?«

»Joohängde ...«

»Bist du ruhig, Arno«, unterbrach ihn Ludmilla. »Du musst nicht alles verraten. Das wird eine Überraschung!«

Ich verstand weder ihn noch sie. Als ich die Beifahrertür öffnete, sah ich zwei Tüten mit Sandwiches. Ich setze mich und Ludmilla fuhr los. In seinem grauen Hausmeisterkittel stand Arno im Hof und winkte.

»Ich mag Arno«, sagte ich zu Ludmilla. »Er tut mir leid mit seiner Hasenscharte und ganz helle scheint er auch nicht zu sein.«

»Arno ist Physiker«, sagte Ludmilla. »Er hat promoviert und früher wichtige Dinge erfunden. Aber seine Erfindungen wurden derart missbraucht, dass er daran schier verzweifelte. Vor einigen Jahren kam er als Patient ins Haus. In der Beschäftigungstherapie begann er einen Ikebana-Kurs. Darin entwickelte er eine wirkliche Meisterschaft.«

»Arno ist der Ikebana-Meister? Und ich habe mich gefragt, wer die Zeit und die Liebe für diese herrlichen Arrangements hat.«

»Arno! Er ist unser *Han Shan*[24]. Weil er handwerklich sehr geschickt ist, half er immer wieder aus, wenn etwas nicht funktionierte. Irgendwann fragte er, ob er nicht bleiben könne.«

---

24 Vagabundierender Poet der T'ang-Zeit, der zum Synonym für Weg und Suche nach Selbstverwirklichung wurde.

»So hatte ich das auch vor.«
»Bist du handwerklich geschickt?«
»Überhaupt nicht.«
»Und was würdest du hier machen wollen?«

Ich dachte nach. Ludmilla war mittlerweile die Serpentinen hinab Richtung Hauptstraße gefahren und schaute nach links in den Rückspiegel, um zu sehen, ob sie abbiegen könnte.

»Hmm? Vielleicht würde ich die Lücken in der Zeit zudichten.«
»Wie bitte?« Sie schaute kurz rüber.

»Ich habe mich hier mit einigen Leuten unterhalten. Die meisten klagen darüber, dass sie nicht wissen, wo die Zeit geblieben ist. Du meine Güte, sagen alle, wo ist nur die Zeit geblieben. Sie sitzen hier und haben die Ruhe, um nachzudenken. Dabei merken sie, dass ihnen komplette Jahre fehlen. Manchmal Jahrzehnte an Erinnerungen. Sie haben immer nur im Vorher oder Nachher gelebt. Nie im Jetzt. Das ständige Leben in der Vergangenheit oder Zukunft, dieses Nachsinnen oder Erwarten führt dazu, dass der Moment vollkommen vergessen wird. Der Moment ist aber die einzig wirklich erinnerungsfähige Zeit.«

»Interessante Theorie«, sagte Ludmilla und schaltete zurück, da wir eine Steigung hochfuhren. »Und was würdest du daran ändern?«

»Ich würde nichts daran ändern. Ich würde mir erzählen lassen, was die Leute wissen und wenn sie an ihre Lücken kommen, dann würde ich sie fragen, was sie gerne erlebt hätten. Ich brauche nur ein paar Hinweise, der Rest fällt mir selbst ein. Dann fange ich an, die Lücke in der Zeit zuzudichten. Das wäre dann ein so intensiver Prozess, dass die Erinnerung festkleben würde.«

»Deine Erinnerungen!«

»Nein, seine, ihre. Mein Dichten ist ja ein gemeinsamer kreativer Prozess, der darauf beruht, dass ich mit meiner Phantasie Optionen und Träume entwerfe, aus denen man dann auswählen kann. Sind nicht alle Erinnerungen letztendlich die Entscheidung, sich an gewisse Dinge erinnern zu wollen? Wer sich nicht erinnert, hat guten Grund dazu. Warum sollte man die graue Tapete in einem vergessenen Zimmer nicht schön anmalen, nachdem man es entdeckt hat?«

»Wirklich ein interessanter Aspekt. Aber du würdest hier nicht bleiben wollen.« – »Und warum nicht?«

»Weil der nächste Golfplatz über eine Stunde Fahrtzeit entfernt ist.«

»Oh. Daran hatte ich nicht gedacht. Woher weißt du, wo der nächste Golfplatz ist?«

»Weil ich mich erkundigt habe und wir da jetzt hinfahren werden!«

»Wie bitte?« – »Du hast mich gehört. Du kannst versuchen zu fliehen, aber ich rate dir im Auto zu bleiben. Außerdem will ich dir jetzt eine Geschichte erzählen, sofern du ein paar Minuten die Luft anhalten kannst.«

»Ich kann dich so richtig gut leiden«, sagte ich. Ludmilla kicherte.

Nachdem wir einen kleinen Ort durchfahren hatten, sahen wir die Schilder zur Autobahn. Sie fuhr Richtung Süden. Auf der Autobahn war mäßiger Verkehr. Sie blieb in der rechten Spur, nahm das Tempo etwas zurück und begann zu erzählen.

»Meine Geschichte spielt in Florida, wo ich aufgewachsen bin. Meine Großeltern waren Deutsche, die in Polen lebten und noch vor dem Krieg in die USA auswanderten. Sie hatten einen Handel mit Landwirtschaftsprodukten, den mein Vater übernahm. Nach dem Krieg wurde sein Geschäft sehr erfolgreich. Er kaufte etwas Land, das er in seiner Freizeit bewirtschaftete. 1955 traf er meine Mutter. Ich wurde 1962 geboren. Mit meinen Vater sprach ich von klein auf Deutsch, weshalb ich die Sprache ganz gut kann. Die Geschichte, die ich dir jetzt erzähle, ist eine Golfgeschichte. Sie spielt Mitte der 70er Jahre. Sie schaltete in den fünften Gang, lehnte sich entspannt zurück und begann:

Hogans Geheimnis

»Roddy McLennan und ›Jerry the Dancer‹ waren gute Freunde. Sie betrieben eine kleine Driving Range ›Two Oaks‹ in Florida. Ein tristes Stück vertrockneter Boden nahe der Auffahrt zum Highway nach Orlando. Wie es schien, das einzige Stück Wüste weit und breit. Rechts und links die schönsten Golfplätze der Welt. Roddy war der Pro. Jerry sammelte die Bälle ein, indem er sie mit einem Wedge aufpickte, hochhüpfen und vom Schlägerblatt in den Eimer springen ließ. Den Trick hatte ihm Roddy gezeigt. Abends saßen sie in dem kleinen Trailer, tranken ein paar Bier und erzählten sich aus den alten Tagen. Roddy hatte seinerzeit auf der Tour gespielt. Nur Jerry kannte seine Geschichte:

Als Hogan noch regelmäßig trainierte, saß Roddy für Wochen in den Büschen nahe der Driving Range und beobachtete ihn. Hogan ließ sich nichts anmerken. Tag für Tag. Hogan schlug ein paar hohe Fades, dann flache Fades, dann hohe Draws, dann flache Draws. Dann schlug er ein paar kerzengerade Bälle, hoch und flach. Roddy saß in den Büschen. Er beobachtete jeden Muskel von Hogans Armen. Er beobachtete, wie er den Kopf hielt, wie er den Schwung einleitete, wie er die Hände abwinkelte, wie der Schläger im Rückschwung stand und wie weit Hogan im Schlag aufdrehte. Eines Tages kam Roddy aus den Büschen heraus und stellte sich in respektvollem Abstand zum Meister, aber er stand jetzt auf der Driving Range. Hogan zog sein Programm durch. Er sagte kein Wort, aber er ließ den Jungen dort stehen. Am nächsten Tag stand Roddy wieder in respektvollem Abstand da, als Hogan mit seinem Training begann.

Ein Steward wurde vom Clubhaus herübergeschickt, um dem Jungen Beine zu machen, aber Hogan sagte nur: ›Ist schon gut, Brandis, der Junge kann bleiben.‹

Und so stand Roddy weitere Wochen Tag für Tag in respektvollem Abstand an der Driving Range und beobachtete jeden Ball, den Hogan schlug. Niemals sprachen sie ein Wort.

In all den Wochen war nicht ein Ball dabei, der nicht die Flugbahn gehabt hätte, die ihm der Meister zugedacht hatte: hoher Fade, flacher Fade, hoher Draw, flacher Draw und kerzengerade in die Mitte, hoch und flach.

Dann kam der Tag, als Roddy zu Hogan trat und sagte: ›Mr. Hogan, ich kenne jetzt Ihr Geheimnis.‹

Hogan nickte: ›Hab mich schon gefragt, wann du drauf kommst. Hast an der richtigen Stelle gestanden. Da kann man es entdecken.‹

›Vielen Dank für Ihre Zeit, Mr. Hogan‹, sagte Roddy und wollte gehen.

Da sagte Hogan: ›Junge, was hast du jetzt vor, wo du mein Geheimnis kennst?‹

›Ich werde es bewahren, Mr. Hogan.‹

»All right, kid«, sagte Hogan und wandte sich wieder seinen Bällen zu.

Roddy übte, was er bei Hogan gelernt hatte. Er spielte zuerst lokale Meisterschaften, dann die Offenen im Südwesten und dann die größeren Turniere in Kalifornien. Er galt als Talent. Die Leute sagten, er hätte etwas von Hogans Geheimnis. Roddy sagte nichts. Er spielte und irgendwann gewann er eines der größeren Turniere. Danach wurde er zur Canadian Open eingeladen. Dort traf er Moe Norman und begriff, dass es neben Hogans Geheimnis noch einen Schuss Wahnsinn brauchte. Bei einem

großen Turnier an der Westküste passierte es dann. Er spielte eine 59 und wusste nicht mehr weiter. Er packte seine Sachen und fuhr heim.

Er fing an zu trinken. Gerade zu der Zeit begann die Tour aufzublühen. Er hätte es schaffen können. Er hätte Nicklaus und Palmer die Hölle heißmachen können. Er hätte mit Trevino jede Menge Spaß haben können. Aber er war am Ende und wusste nicht warum. Er jobbte als Fahrer. Er hatte Frauen. Er hatte Schulden. Dann traf er Jerry. Jerry war ein Rock-'n'-Roll-Musiker. Mit seiner Band hatte er einen Nummer-1-Hit gehabt. Aber Jerry hatte das Lied nicht geschrieben und gesungen hatte es auch jemand anders. Er hatte nur diese gefühlvolle Gitarre gespielt, die jeder heute noch kennt. Eine Zeit lang war er eine Berühmtheit. Er sah gut aus. Er konnte alle Mädchen haben und so tanzte er zwischen seinen Frauen, bis er *Jerry the dancer* genannt wurde. Irgendwann war alles vorbei. Die Band hatte ihn gefeuert, das Geld war weg, die Frauen sowieso und wenn er auf der Straße erkannt wurde, war es ihm meist nur noch peinlich. Es war gelaufen. Er hatte längst zu trinken begonnen, als er Roddy traf. Die beiden betranken sich in Louis' Bar am Westwood Boulevard und beschlossen im Rausch, gemeinsam irgendetwas aufzuziehen.

›Lass uns nach Florida gehen und eine Driving Range aufmachen‹, sagte Jerry, nachdem er Roddys Geschichte kannte. ›Da liegt das Gold auf der Wiese.‹

Roddy, der seit Jahren keinen Schläger mehr in der Hand gehabt hatte, sagte: ›Lass uns eine Band gründen, da liegt das Gold auf der Straße.‹

Die beiden zogen Streichhölzer und Roddy verlor. Sie fanden ein trockenes Stück Land an dem Highway, auf dem ihre Karre verreckte, schoben den Camper auf eine ebene Stelle unter zwei alten Eichen und fragten einen Mann, der in seinem Pick-up saß, wem das Land gehöre.

›Mir‹, sagte der. Sie stellten sich vor und erzählten ihm von dem Plan, eine Driving Range aufzumachen. Das Land lag da, öde, unwirtlich und trocken. Das einzige Stück Wüste in Florida. Der Mann kratze sich am Kopf, schob den Hut zurück und sagte:

›Meinetwegen. Ich mähe euch das Gestrüpp weg und besorge Pinsel, Farbe und ein Schild. Aber ich will ein paar Scheine sehen, wenn es soweit ist.‹ Sie setzten ein Stück Papier auf und verschrieben ihrem Landlord 40 Prozent der Einnahmen. Der mähte alles um und brachte ein Schild. Jerry malte mit großer Schrift: *Two Oaks Driving Range, Golf Professional: Roddy McLennan.*

›Sieht gut aus‹, meinte Roddy, als Jerry fertig war.

Sie hängten das Schild an die Abfahrt des Highway, setzten sich an ihren Wohnwagen und machten sich ein Bier auf.

›Zwei Männer, ein Plan – hier sind wir‹, sagte Jerry.

›Cheers.‹ – ›Cheers!‹

Die Flaschen klackten zusammen. Irgendwann sagte Roddy: ›Ich denke, ich sollte mal meine Schläger rausholen und ein bisschen in Form kommen.‹

Daraufhin sagte Jerry: ›Ich werde mal meine Gitarre rausholen und auch ein bisschen in Form kommen.‹

Die beiden meinten es ernst. Sie wollten in Form kommen. Last Exit. Sie mochten sich. Gemeinsam konnten sie es schaffen.

›Weißt du was?‹, fragte Roddy.

›Na?‹, fragte Lenny.

›Wir haben auf unserer Driving Range keine verdammten Bälle. Ich habe gerade noch zwei Dutzend im Bag.‹

›Ist das ein Problem?‹

›Nur wenn jemand kommt, der Bälle schlagen will.‹

›Wir fangen einfach mit den zwei Dutzend an und arbeiten uns hoch.‹

›Ich gebe erst mal nur Unterricht, dann kommen wir mit den zwei Dutzend aus.‹

›Right. Wir dürfen keinen Ball verlieren.‹

Nachdem sie ihr Bier getrunken hatten, ging Jerry auf die Brache und Roddy begann sich warmzuschlagen. Sie arbeiteten zwei Tage, dann war Roddy wieder in Form. Er schlug vier flache Fades, vier hohe Fades, vier flache Draws, vier hohe Draws, dann gerade Bälle, hoch und flach. Lenny konnte die Bälle mit dem Handtuch auffangen.

Roddy begann seine Eisen und seine zwei Hölzer durchzuspielen. Jeweils vier Schläge auf die bewährte Art. Nach getaner Arbeit stellten sie den Gitarrenkoffer ein Stück weg und Roddy begann, in den Koffer zu pitchen. Die Bälle sprangen in den Koffer, knallten an den offenen Deckel und fielen in den Koffer zurück.

›Gute Übung‹, meinte Lenny, der dazu auf seiner Gitarre gefühlvolle Riffs und schnelle Slicks spielte. Als die Sonne unterging, machten sie ein Feuer und brieten ein Stück Fleisch, das ihnen der Landlord gebracht hatte.

Nach einer Woche Vorbereitung waren sie soweit. Beide hatten wieder warme Finger an ihren Instrumenten. Dann hielt ein Wagen, der Roddy beim Trainieren beobachtete. Am nächsten Abend standen drei Wagen am Highway. Am dritten Abend (fünf Wagen) stieg ein Zuschauer aus und dann der nächste und sie schauten sprachlos zu, wie Roddy seine Bälle schlug.

›Sieht aus wie Hogan‹, sagte jemand.

›Sieht aus wie Hogan mit einem Schuss Wahnsinn‹, sagte ein anderer.

Die Geschichte ging durch die regionale Golfszene und die Leute fingen an, Golfstunden zu buchen. Das macht man nicht gern in einer Gegend, die nur aus Golfplätzen besteht. Dort wird gespielt. Aber die Leute versprachen sich etwas davon und sie bekamen etwas für ihr Geld. Nach der Stunde konnten sie Jerry zuhören, der auf seiner Gitarre spielte. Er sah immer noch gut aus. Irgendwann begannen auch einige Ladys Golfstunden zu buchen. So kam Geld rein. Es wurden Bälle gekauft, der Landlord bekam ein paar Scheine zu sehen und die Sache entwickelte sich. Sie brachten das Auto zum Laufen, beschafften noch einen zweiten Trailer und irgendwann merkten sie, dass es ihnen gut ging. Sie waren zufrieden mit ihrem Leben. Abends schauten sie zu, wie die Sonne unterging. Der Highway brummte den Rhythmus und die Gitarre spielte Soli dazu. Die beiden hatten wirklich eine gute Zeit.«

Wir schwiegen eine Weile. »Hmm«, sagte ich irgendwann. »Der Schluss. Irgendwie ist da kein Schluss. Fehlt die Pointe, oder habe ich die verpasst?«

Ludmilla setzte den Blinker, überholte einen LKW und sagte dann: »Zwei Männer. Sie haben etwas aufgezogen. Sie sind zufrieden. Es geht ihnen gut. Soweit wollte ich das erst mal erzählt haben. Danke, dass du mich nicht unterbrochen hast. Du hast natürlich recht. Die Geschichte ist noch nicht zu Ende.

Das Mädchen

»Der Farmer, dem das Land gehörte, hatte eine Tochter, die damals 14 Jahre alt war. Jeden Tag beobachtete sie Roddy, wie er trainierte. Nachdem sie den beiden Männern immer öfter zugesehen hatte, kam sie näher. Jerry fragte sie eines Abends, ob sie helfen wolle, die Bälle einzusammeln. Sie mochte das, denn danach konnte sie zuhören, wie Jerry seine Songs spielte.

Tag für Tag, jeden Abend sah sie zu, wie Roddy Bälle schlug, nachdem der letzte Schüler gegangen war: ein paar hohe Fades, dann flache Fades, dann hohe Draws, dann flache Draws und dann ein paar kerzengerade Bälle, hoch und flach.

›Möchtest du es mal probieren, Kleines‹, sagte er eines Tages. Sie nickte. Roddy zeigte ihr, wie man den Schläger hielt. Von diesem Tag an sammelte sie nur noch ihre eigenen Bälle auf. Jeden Abend schlug sie Bälle und langsam wurden es hohe Fades, flache Fades, hohe Draws, flache Draws und kerzengerade in die Mitte, hoch und flach. Nach einem Jahr, an ihrem Geburtstag, fuhren Roddy und Jerry mit ihr nach Orlando, um ihr ein eigenes Schlägerset zu kaufen. In einem Proshop fanden sie einen gebrauchten Satz *Muirfield Blade* von MacGregor, der mit Damenschäften ausgerüstet war. ›Wenn schon, denn schon‹, sagte Roddy. Sie kauften auch einen MacGregor-Keyhole-Driver mit 12 Grad Loft und einen gebrauchten Stan Thompson Ginty als Fairwayholz.

›Jetzt brauchst du nur noch einen Putter, Kleines‹, meinte Roddy.

Sie probierte einige und entschied sich dann für einen Acushnet Bulleye, der ein sehr weiches Gefühl vermittelte.

›Das wär's‹, sagte Roddy zu dem Verkäufer. ›Legen Sie noch eine Tasche drauf, die Kleine hat heute Geburtstag.‹

Der Verkäufer lächelte und holte ein rotes Köcherbag aus dem Regal. ›Ich denke, das wird der jungen Dame gefallen. Und hier sind noch ein Dutzend Bälle.‹

Jerry verstaute die Sachen. Roddy setzte sich ans Steuer und sie fuhren zum National Golf Club, wo Roddies alter Kumpel Jake arbeitete. Dort stand das Mädchen das erste Mal in ihrem Leben auf einem richtigen Puttinggrün. Nachdem sie eine Weile geübt hatte, ging sie mit Roddy auf die Runde. Jerry trug ihre Tasche. Roddy spielte eine 70, das Mädchen spielte eine 90er-Runde.

›Nicht schlecht, Kleines‹, sagte Roddy.

Aber das Mädchen war sauer. ›Zwanzig Schläge mehr als du alter Mann‹, schimpfte sie. Sie war wütend. Als sie zu Hause waren, begann sie *richtig* zu trainieren. Ihr Vater musste ihr ein Puttinggrün bauen. Täglich hing sie bei Roddy und Jerry rum, aber immer öfter ließ sie sich von ihrem Vater zu den umliegenden Plätzen fahren. Sie spielte ihre ersten Girls-Turniere. Als sie sechzehn war, meldete sie sich zu der State Amateur Championship an. Sie belegte den dritten Platz. Ihr Vater begriff, dass sie Talent hatte. Er fragte Roddy, wie er sie unterstützen könnte. Der sagte, am besten wäre, wenn Hogan mal nach ihr schauen könne, aber der gäbe keine Stunden. Sie sollten zu Harvey Pennick fahren, der in Austin, Texas arbeitete. ›Du schlägst den Ball wie Hogan‹, sagte Harvey, als er sie das erste Mal sah. ›Wie ich sehe, hast du auch seinen Ehrgeiz.‹

Das Mädchen blieb den ganzen Sommer. Harvey schaute nach ihr und brachte sie in die Spur. Aber er konnte nicht verhindern, dass das Mädchen sehr wütend wurde, wenn etwas nicht klappte.«

Ludmilla war mittlerweile von der Autobahn abgebogen und fuhr eine ruhige Landstraße entlang. Rechts und links lagen Wälder und Wiesen. »Wir sind bald da«, sagte sie, »aber es reicht noch für den Schluss der Geschichte. Das Mädchen gewann ein Amateur-Turnier in Texas. Dann, in Florida, qualifizierte sie sich für die amerikanischen Meisterschaften der Mädchen. Sie gewann das Turnier und war amerikanische Jugendmeisterin.«

Ich hatte Ludmilla die ganze Zeit aufmerksam zugehört. Ihre Präsenz war außerordentlich. Auch ich befand mich in einem Zustand kristallklarer Konzentration. Keine Träumereien störten den Fluss.

»Wer ist die Spielerin, was ist aus ihr geworden?«

An einem Waldstück bog Ludmilla in einen geteerten Weg ein und wir fuhren noch eine Strecke durch hohen Baumbestand, bis ich plötzlich hinter den Büschen den Golfplatz sah. Ludmilla fuhr den Wagen auf den Parkplatz und fand eine leere Stelle an der Seite, von der aus man ein Fairway sehen konnte. Sie schaltete den Wagen ab und lehnte sich zurück.

»Das Mädchen hieß Lu Siskin.«

»Lu Siskin«, wiederholte ich. »Den Namen habe ich gehört. Stimmt!

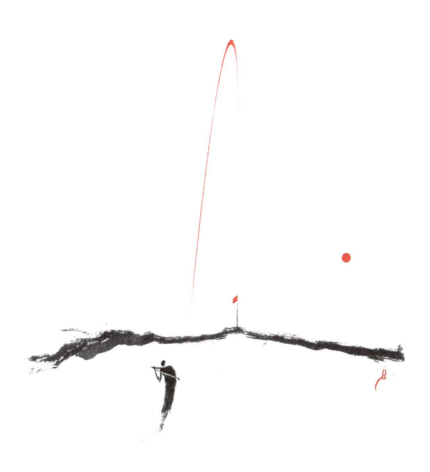

Von der habe ich einen Artikel gelesen. Sie galt als die große Hoffnung der US-Damen. Sie sollte auf der Tour spielen und war dann plötzlich verschwunden. Wenn du die Geschichte bisher so gut kennst, wirst du auch wissen, was auch ihr geworden ist.«

»Ja, das weiß ich«, sagte Ludmilla. »Nachdem sie die United States Women´s Amateur Golf Championship gewonnen hatte, fuhr sie zurück nach Hause. Sie bat Roddy, mit ihr nach Orlando zu fahren. Wieder spielten sie den National.

›So, alter Mann‹, sagte sie. ›Jetzt wollen wir doch mal sehen.‹

Sie spielte eine 69, aber Roddy spielte eine 65.

›Mist‹, sagte sie. ›Ich dachte, diesmal krieg ich dich.‹

›Lu‹, sagte Roddy, ›du hast einen perfekten Schwung, aber das ist nicht alles.‹

Das Mädchen fragte nicht nach, was es sonst noch geben könnte und trainierte wie besessen weiter. Sie vergaß zu essen, wurde nervös, der Druck den sie sich machte, wurde immer größer. Sie galt als *die* große Hoffnung. Die Presse, der Verband, die Tour, jeder wollte etwas von ihr. Sie spielte noch als Amateur, aber es war nur eine Frage der Zeit, bis sie bekannt geben würde, dass sie ins Profigeschäft einsteigen würde. Sie bekam immer mehr Probleme, das Essen bei sich zu halten. Sie wurde immer dünner und dünnhäutiger. Ihre Nerven lagen blank. Sie bat Roddy, für sie als Caddie zu arbeiten, aber er lehnte das ab. ›Das ist nichts für mich, Kleines, aber komm zu uns, wenn du nicht glücklich bist‹, sagte er.

Lu spielte verschiedene Einladungsturniere, darunter die Women's Kemper Open, die Kraft Nabisco, die Evian Masters und die Coca-Cola Classic. Es war die Zeit von Beth Daniel, Cathy Sherk und Nancy Lopez. Bei der Atlantic City LPGA Classic brach Lu zusammen. Als eine Freundin am Abend im Hotel vorbeischauen wollte, war Lu Siskin bereits verschwunden.«

»Genau«, sagte ich. Davon hatte ich gelesen. Plötzlich war sie weg. Die Presse spekulierte noch eine Weile und dann kehrte Ruhe ein. »Woher weißt du das eigentlich alles so genau«, fragte ich.

Wir stiegen aus und gingen um den Wagen herum. Langsam hob sie die Heckklappe des Van. Ich sah mein großes, dunkelgrünes Tourbag. Daneben lag ein altmodisches, rotes Bag, das Ludmilla herauszog. Sie stellte es zwischen uns, musterte die Blades, die darin matt schimmerten und sagte: »Ich bin Lu Siskin.«

Jetzt musste ich mich doch mal setzen. Ich hockte mich auf den Rand des Kofferraumes und betrachtete Ludmilla, wie sie im Gegenlicht dastand: groß, schlank, muskulös, aber ausgesprochen weiblich.

»Wie ging es weiter?« Ich hatte nicht den geringsten Drang, mein Bag auszuladen, geschweige denn, mit Ludmilla auf den Platz zu gehen. Ich hatte davon geträumt, dass ich ihr die ersten Erfahrungen mit dem Golfschläger vermitteln würde, hatte mir ausgemalt, wie es wäre, wenn sie meinen Schwung bewunderte. Wie angenehm wäre es gewesen, wenn sie nicht gewusst hätte, was ich eigentlich für ein grottenschlechter Golfer bin. Und jetzt saß ich schwungtechnisch sozusagen neben Hogans Enkelin. Nein, ich habe keine Angst vor starken Frauen, aber das war dann doch ein paar Nummern zu groß. Ich ließ die Luft raus und sank in mich zusammen.

Ludmilla schien meine Gedanken zu ahnen.

»Was ist? Ist dir meine Geschichte auf den Magen geschlagen?

»Puh, also echt. Und ich wollte dir Golf beibringen. Mein Gott, wie ist mir das alles peinlich.«

»Was soll da peinlich sein? Ich habe seit über 20 Jahren keinen Schläger mehr in der Hand gehabt. Ich habe seit jenen Tagen nie wieder gespielt.«

»Nie wieder. Das ist unglaublich. Es muss dir wirklich schlecht gegangen sein.«

»Ja, es ging mir wirklich schlecht. Ich wurde sehr krank und wäre fast gestorben.« Sie setzte sich neben mich auf die Ladefläche des Van: »Jeden Tag besuchte mich mein Vater in Orlando, oft auch Roddy oder Jerry. Ich wurde komplett abgeschirmt, aber dann sickerte bei der Presse durch, wo ich war und die Sache wurde stressig. Deshalb sagte Jerry zu meinem Vater, dass sie mich wegbringen sollten, an einen Ort, wo ich wirklich Ruhe haben würde. Er habe mal mit seiner alten Band in einem Heilungszentrum an der Westküste gespielt. Dort gäbe es heiße Quellen und sehr gute Therapeuten. Mein Vater willigte ein. Jerry rief Michael an, einer der Gründer des Zentrums und der stimmte zu. Unter meinem ursprünglichen deutschen Namen Ludmilla Zeisig flog ich mit Jerry nach L.A.

Er nahm einen Leihwagen und fuhr mich dann die A 1 nach Süden. Am Abend kamen wir zum Esalen-Institute in Big Sur, Kalifornien. Außer Michael Murphy wusste niemand, wer ich war. Jerry blieb ein paar Tage, bevor er zurückflog.

Es war Ende der 70er Jahre, als viele Suchende aus Ost und West in Esalen zusammen trafen. Esalen war berühmt für Therapeuten wie Fritz Perls und Ida Rolf oder Meister wie Alan Watts und Al Huang. Ich bekam ein Zimmer. Langsam erholte ich mich und begann damit, an Gruppen teilzunehmen. Dank Al Huang erlebte ich erstmals eine wirkliche innere Balance, die ich in einem Taijiquan-Tanz auszudrücken lernte. Das führte zu einer tiefgreifenden Veränderung in mir. Shunryu Suzukis Tassajara-Zentrum war damals in aller Munde und ich verbrachte dort einen Sommer in einer Meditationsgruppe. Es war eine intensive Zeit der inneren Betrachtung und Erfahrung, in der ich merkwürdigerweise meinen eigenen Schatten – Golf – nie angeschaut habe. Golf war für mich kein Thema mehr, es war eher ein Tabu.

Zurück in Esalen besuchte ich mehrere Workshops mit Tony Lilly. Zehn Jahre zuvor hatte sie dort ihren späteren Mann John Lilly kennengelernt, woraufhin die beiden eine sehr intensive Beziehung begannen. Tony und John waren unglaublich inspirierend. Du hast sie ja mal kurz kennengelernt, sagtest du. Nicht nur ich hielt John für einen der klügsten Menschen auf diesem Planeten. Als sie später in ihrem Haus in Decker Canyon lebten, besuchte ich die beiden häufig und machte Erfahrungen im Isolationstank. John unterstützte mein Interesse an Neurologie und Bewusstseinsforschung. Ich begann ein Medizinstudium und folgte Johns Rat, eine Ausbildung in Psychoanalyse zu absolvieren. Ich habe seitdem viele Jahre mit der Erforschung des Gehirns verbracht. Dann lernte ich Klaus kennen. Er war Deutscher, einige Jahre älter als ich und ich war beeindruckt von seinem Intellekt. Ich hätte vielleicht mehr auf seine Gefühlswelt achten sollen, aber ich suchte Geborgenheit und wollte endlich ein eigenes Nest haben. Wir heirateten und gingen nach Deutschland, wo er einen Lehrauftrag an einer Universität bekam. Unsere Ehe war eine Katastrophe. Sie hielt kaum drei Jahre. Ich ging zurück in die USA und arbeitete in verschiedenen Instituten und begann dann Workshops zu veranstalten.

Eines Tages fand ich im Internet eine Ausschreibung für diese Forschungsstelle. Als Vorraussetzung wurden bestimmte Qualifikationen gefordert, die ich nur an deutschen Kliniken erwerben konnte. Deshalb kam ich vor zwei Jahren nach Deutschland rüber und hospitierte in verschiedenen Bereichen, zuletzt in der Klinik, in der ich dich traf.«

»Esalen, John Lilly, Suzuki, Al Huang – auf einer Tagung in Bad Soden traf ich Al Huang, als er das innere Lächeln praktizierte. Ich machte ein Foto von ihm. Das entspannteste Bild in meiner Sammlung. Auf dieser Tagung traf ich auch erstmals Baker Roshi, den Dharma-Nachfolger von Shunryu Suzuki. Gia Fu Feng, den ich in Colorado besuchte, war der erste Taijiquan-Meister in Esalen. Wir haben so viele Anknüpfungspunkte. Erzähle mir nicht, dass das alles Zufall ist.«

Ludmilla legte ihren Arm um mich, als wollte sie mich beruhigen und sagte. »Weißt du, das sind alles alte Geschichten. Sentimentale, alte

Geschichten. Ich wollte dir etwas von mir erzählen, weil du mir so viele von deinen Geschichten geschenkt hast, aber ehrlich gesagt, finde ich das alles nicht wichtig. Wichtig ist, was jetzt ist.« Sie schaute mich an. »Wir sind auf einem Golfplatz! Schon gemerkt?«

»Ja, aber eins muss ich noch wissen: Was ist aus Roddy und Jerry geworden?«

»Die beiden haben vor über zehn Jahren einen Platz im Norden von Florida übernommen, den sie den *Rock 'n' Golf Club* nennen. Jerry ist Manager, Roddy gibt immer noch Stunden. Ich traf sie zuletzt vor zwei Jahren, bevor ich nach Deutschland fuhr.«

Sie wollte aufstehen, aber ich hielt sie am Arm zurück: »Das ist das, was ich am wenigsten verstehe. Wenn du all die Jahre nicht mehr gespielt hast, warum willst du gerade heute mit mir wieder anfangen?«

»Du hast mich zum Nachdenken gebracht. Ich hatte ohnehin vor, mit dir hierher zu fahren, um dich auf deiner ersten Runde zu begleiten. In den letzten Tagen wurde mir jedoch klar, dass auch ich mich endlich mit meinem Schatten versöhnen sollte. Vielleicht ist es Zweck des Golfweges, die Annahme unserer Unvollkommenheit zu üben. Wenn uns das gelingt, können wir Frieden schließen – mit uns und mit unserem Golfspiel.«

Sie zog einen Schläger aus ihrem Bag, nahm die Haube ab und betrachtete ihren alten Persimmon-Driver, der eine seltsame, rote Einlegearbeit in der Schlagfläche hatte.

»Der Schläger dürfte heute ziemlich veraltet sein?«

Ich nickte.

»Aber eine Runde wird er noch überstehen!«, sagte Ludmilla lachend und sprang auf. »Also was jetzt, musst du erst deine Alex fragen oder spielen wir endlich Golf?«

Danksagung

Marc Amort, Hanna Bär, Monika Dähn, Angelika Fleer, Sabine Hargarter-Kornder, Manfred Hauser, Barbara Helbig, Dr. Uli Hentschel, Oliver Heuler, Marlies Holitzka, Gabriele Kansy, Theo Köppen, Julia Kraushaar, Karin Mai, Yürgen Oster, Ludwig Pletsch, Frank Pyko, Richard Schönherz, Marco Schmuck, Barbara Schnalke, Dawie Stander, Christian Steinbach, Gabriele Stübinger, Peter Vogt und Konrad Volz haben mich direkt oder indirekt bei der Entstehung dieses Buches unterstützt, wofür ich ihnen herzlich danken möchte. Mein besonderer Dank gilt Petra Frank, die meinen Texten, Ideen, Launen und Tragikkomödien am unmittelbarsten ausgesetzt war.

Es ist mir eine besondere Ehre, dass Klaus Holitzka dieses Buch mit seinen Arbeiten bereichert. Klaus Holitzka gelingt es auf einzigartige Weise, die Metaebene des Golfsspiels, den »Spirit of Golf«, zu skizzieren. Seine Bilder inspirieren den Mastery-Golfer[25] in uns und führen zu fokussierter Gelassenheit.

Meiner Lektorin Susanne Landskron danke ich für den Zuspruch, den sie mir vor und während des Arbeitsprozesses gab, sowie Ihrer Fähigkeit, meine Schachtelsätze da belassen zu können, wo man sie noch versteht. Für diese Lektorin, sowie die Bereitschaft, mit mir einen zweiten Versuch experimenteller Golfliteratur zu unternehmen, danke ich dem KOSMOS-Verlag und meinem Redakteur Sven Melchert.

Dem Golfclub Attighof, dem Golfpark Winnerod und allen anderen Clubs, die meine Feldstudien durch ihre Gastfreundschaft unterstützt haben, wünsche ich hundert Jahre saftige Fairways und schnelle Grüns.

Eugen Pletsch

PS: Es ist unmöglich über Golfsucht zu schreiben, ohne bestimmte Charaktere zu erwähnen, die in jedem Golfclub zu finden sind, auch in den Golfclubs, die ich von Zeit zu Zeit frequentiere. Deshalb möchte ich gleich allen Spekulationen entgegentreten, ob und über wen aus meinem Bekanntenkreis ich geschrieben haben könnte. Über niemanden! Na ja, fast niemanden.

---

25 Dr. Gio Valiante »Fearless Golf«, KOSMOS-Verlag, 2007

Empfehlungen

Marlies Holitzka ist Buchautorin, NLP-Trainerin der INLPTA und ausgebildet in systemischer Aufstellungsarbeit. *www.holitzka-seminare.de*

Frank Pyko entwickelte ein Inner-Game-Coaching und vermittelt das Handwerkszeug zur Selbsthilfe. *www.innergamegolf-buch.de*

Manfred Hauser Mental-Trainer und Psycho-Kinesiologe, Autor von »Befreit Golfen« – Die GOA-Methode (Golfen ohne Angst). *Kontakt: m.hauser-kleve@t-online.de*

Yürgen Oster unterrichtet in der Tradition der daoistischen Mönche aus den Wudang-Bergen, wohin er auch Reisen organisiert. *www.xing.com/profile/Yuergen_Oster*

Impressum

Umschlaggestaltung von eStudio Calamar unter Verwendung einer Illustration von Klaus Holitzka.

Mit 37 Illustrationen von Klaus Holitzka (*www.holitzka.de*)

Gedruckt auf chlorfrei gebleichtem Papier

Unser gesamtes lieferbares Programm und viele weitere Informationen zu unseren Büchern, Spielen, Experimentierkästen, DVDs, Autoren und Aktivitäten finden Sie unter **www.kosmos.de**.

© 2007, Franckh-Kosmos Verlags-GmbH & Co. KG, Stuttgart
Alle Rechte vorbehalten
ISBN: 978-3-440-11260-1
Lektorat: Susanne Landskron, Uslar
Redaktion: Sven Melchert
Produktion: Siegfried Fischer, Markus Schärtlein
Printed in the Czech Republic/Imprimé en République Tchèque

Literaturverzeichnis

Al Huang, Chungliang: *Tao Wetter*, Sphinx, 1987

Bukowski, Charles: *Roter Mercedes*, dtv, 2002

Castaneda, Carlos: *Das Wirken der Unendlichkeit*, Fischer, 2002

Chang, Yolang: *Das Tao der Liebe*, Rowohlt, 1978

Chopra, Deepak und Simon, David: *Der Jugendfaktor*, dtv, 2004

Cohen, Kenneth: *Qigong*, Weltbild, 2002

Coleman, Vernon: *Wie Sie Ihren Arzt davon abhalten, Sie umzubringen*, Kopp, 2005

Gibson, William: *Neuromancer*, Heyne, 1987

Ginsberg, Allen, Fleischmann, Wolfgang und Wittkopf, Rudolf: *Das Geheul*, Limes, 1959

Graf von Dürckheim, Karlfried: *Wunderbare Katze*, O.W. Barth, 2001

Hauser, Manfred: *Befreit Golfen*, VAK, 2002

Heuler, Oliver: *Jenseits der Scores*, BOD, 2002

Holitzka, Klaus und Marlies: *Der kosmische Wissensspeicher*, Schirner, 2002

Holitzka, Klaus und Marlies: *Ganz im Moment*, Schirner, 2003

Holitzka, Klaus: *I GING, Chinesische Weisheit, 64 Karten*, Agmüller Urania, 1993

Holitzka, Marlies und Remmert, Elisabeth: *Systemische Organisations-Aufstellungen*, Schirner, 2000

Holitzka, Marlies und Remmert, Elisabeth: *Systemische Familien-Aufstellungen*, Schirner, 2001

Holitzka, Marlies und Remmert, Elisabeth: *Systemische Aufstellungen für die Paarbeziehungen*, Schirner, 2001

Janzing, Gereon: *Kannibalen und Schamanen*, Piepers Medienexperimente, 2007

Klein, Nicolas: *Meditation – Das Praxisbuch*, BLV, 2005

Laotse, Bergoint, Marie-Louise und Holitzka, Klaus: *Tao Te King*, Agmüller Urania, 1997

Lilly, John und Lilly, Antonietta: *Der dyadische Zyklon*, Sphinx, 1983

Murphy, Michael: *Die Kunst den Ball zu schlagen*, Piper, 2006

Pletsch, Eugen: *Der Weg der weißen Kugel*, Kosmos, 2005

Rotella, Bob: *Golf ist Selbstvertrauen*, blv, 2005

Seidl, Achim und Holitzka, Klaus: *Die Leere des Zen*, Diederichs, 1992

Stachura, Valiante: *Fearless Golf*, Kosmos, 2007

Tsunemoto, Yamamoto: *Hagakure*, area, 2006

Von Limburger, Bernhard: *Golftrilogie*, van Eck Verlag, 1999